全国高等院校物流专业创新应用型人才培养立体化系列教材

危险品运输与管理

周 艳 白 燕 主 编
屠琳桓 刘华琼 副主编

清华大学出版社
北 京

内 容 简 介

　　本书以危险品运输法规的最新版本为依据,紧密联系危险品运输管理的实际应用,系统地阐述了危险品运输的相关专业知识及国际、国内相关法律、法规。本书共 9 章,主要内容有:危险品运输的法律法规,危险货物的定义、分类及特性,危险货物的包装和运输组件,危险货物的积载与隔离,危险货物运输环节,集装箱装运危险货物的运输与管理,散装危险货物的运输与管理,危险货物的应急管理等。

　　本书贴合危险品运输的工作实际,适合于应用型本科高等院校交通运输、物流管理、物流工程及高职院校港口与航运管理、国际航运业务管理、报关与国际货运等相关专业作为教学用书,也可作为各港航企业、运输仓储企业、物流公司、相关人员的培训教材和业务参考书。

图书在版编目(CIP)数据

危险品运输与管理/周艳,白燕主编. —北京:清华大学出版社,2016(2024.8重印)

全国高等院校物流专业创新应用型人才培养立体化系列教材

ISBN 978-7-302-44541-8

Ⅰ. ①危…　Ⅱ. ①周…②白…　Ⅲ. ①危险货物运输-高等学校-教材　Ⅳ. ①U294.8

中国版本图书馆 CIP 数据核字(2016)第 174407 号

责任编辑:左卫霞
封面设计:常雪影
责任校对:李　梅
责任印制:沈　露

出版发行:清华大学出版社
　　　　　　网　　　址:https://www.tup.com.cn,https://www.wqxuetang.com
　　　　　　地　　　址:北京清华大学学研大厦 A 座　　　　　　邮　　编:100084
　　　　　　社 总 机:010-83470000　　　　　　邮　　购:010-62786544
　　　　　　投稿与读者服务:010-62776969,c-service@tup.tsinghua.edu.cn
　　　　　　质量反馈:010-62772015,zhiliang@tup.tsinghua.edu.cn
　　　　　　课件下载:https://www.tup.com.cn,010-83470142
印 装 者:三河市少明印务有限公司
经　　销:全国新华书店
开　　本:185mm×260mm　　　　**印　张:**15.75　　　　**字　　数:**359 千字
版　　次:2016 年 9 月第 1 版　　　　**印　　次:**2024 年 8 月第 8 次印刷
定　　价:49.00 元

产品编号:070556-03

危险品因其具有易燃、易爆、有毒、腐蚀、放射性等性质,在生产、储存、经营中均对环境条件有非常严苛的要求,在物流运输过程中必须按照不同的危险品的理化特性,采取不同等级的包装,并严格遵守操作规程。随着我国经济的快速发展,危险品需求量不断增加,如何确保危险品运输和管理安全,成为摆在各级政府和交通运输部门面前的一个重要课题。

为了确保危险品安全运输,要求危险品的包装、标记、标志、积载、隔离、装卸、搬运、仓储、运输等必须严格遵守国际公约和规则以及国内的规则和规定,切实加强对危险品运输的监督和管理,从而有效防止危险事故发生。

本书分为9章,其中周艳(广州航海学院)编写了第1章、第5章、第6章、第9章;屠琳桓(广州航海学院)编写了第4章和第8章;白燕(山东交通学院)编写了第2章和第3章;刘华琼(山东交通学院)编写了第7章。在编写过程中,我们参阅、借鉴、引用了大量危险品安全运输管理方面的书刊资料和网络资源,在此对资源提供者一并致谢。

本书内容系统、全面,结构合理,具有科学性、实用性、可操作性、专业性强等特点,适合于应用型本科高等院校交通运输、物流管理、物流工程及高职院校港口与航运管理、国际航运业务管理、报关与国际货运等相关专业作为教学用书,也可作为各港航企业、运输仓储企业、物流公司、相关人员的培训教材和业务参考书。

本书在编写过程中难免有不妥之处,敬请有关专家、学者及广大读者批评指正。

编 者
2016 年 6 月

目 录

第 1 章

危险货物的运输法规

 引导案例

一起违法装载危险品事故

2011 年 7 月 22 日 3 时 43 分,山东威海市交通运输集团有限公司驾驶员邹某驾驶鲁 K08596 号大型卧铺客车,乘载 47 人(核载 35 人),行驶至河南省信阳市境内京港澳高速公路 938 公里加 115 米处,因车厢内违法装载的易燃危险化学品突然发生爆燃,客车起火燃烧,造成 41 人死亡,6 人受伤。

危险化学品因其自身的物质特性和化学成分存在着极强的危险性,使得其储存、运输也要有特殊的方式,否则极易因危险化学品泄漏、爆炸、燃烧导致人民生命财产受到损失。对此,《危险化学品安全管理条例》第三十八条规定:"通过公路运输危险化学品的,托运人只能委托有危险化学品运输资质的运输企业承运";第四十一条规定:"托运人托运危险化学品,应当向承运人说明运输的危险化学品的品名、数量、危害、应急措施等情况"。

此次事故中,张某在明知偶氮二异庚腈属于易燃、易爆、有毒危险化学品情况下,隐瞒货物性质,通过公路营运客车托运没有危险品标识且运输条件不符合标准的偶氮二异庚腈,违反了《危险化学品安全管理条例》的有关规定。鲁 K08596 号卧铺客车在营运过程中,站外上客、上货,客厢内客货混装,违反了《中华人民共和国道路运输条例》中"道路运输车辆运输旅客的,不得超过核定的人数,不得违反规定载货"的规定,将危险品装载于客厢内部,并导致在运输过程中,偶氮二异庚腈在堆放挤压、摩擦、发动机放热等因素综合作用下受热分解,发生爆燃,最终导致事故发生。

资料来源:http://www.jxhld.gov.cn/news/zhuanti/122/cases/201211/28-135146.html

案例解析:

危险品的运输必须严格遵守和执行各项法规的规定,任何违反法规的行为都会埋下安全隐患并最终引发危险品安全事故。因此,从事危险品运输业务的人员务必熟悉危险货物的运输法规并遵照执行,方能确保运输安全。

本案例涉及的主要知识点:危险货物的运输法规。

学习导航

掌握危险货物的定义;了解国际、国内有关危险品运输的法律、法规及其使用范围和管

理要求；重点掌握《关于危险货物运输的建议书》《全球化学品统一分类和标签制度》《1974 年国际海上人命安全公约》《经 1978 年议定书修订的 1973 年防止船舶造成污染公约》《国际海运危险货物规则》的相关内容。

 教学建议

本章的备课要点：《关于危险货物运输的建议书》《全球化学品统一分类和标签制度》《1974 年国际海上人命安全公约》《经 1978 年议定书修订的 1973 年防止船舶造成污染公约》《国际海运危险货物规则》的相关规定及其修订情况。教学以理论为主，采用多媒体教学，穿插案例讲解。建议授课学时为 3 学时。

我国是危险货物的生产和运输大国，95％以上的化学危险货物涉及异地运输。危险货物在运输中一旦发生事故，除了发生货损，还可能导致交通工具毁损、人员伤亡及重大的环境污染事故。为了避免由危险货物导致的事故发生，就要在整个运输环节中遵从科学的原理，实施严格的预防措施，以保证危险货物运输安全。

对于不同的行业，危险货物的定义和所指的物质类别略有不同。

我国《水路危险货物运输规则》和《汽车运输危险货物规则》中指出：危险货物系指具有爆炸、易燃、毒害、腐蚀、放射性等性质，在运输、装卸和储存保管过程中，容易造成人身伤亡和财产损毁而需要特别防护的货物。

我国《铁路危险货物运输规则》中指出：在铁路运输中，凡具有爆炸、易燃、毒害、感染、腐蚀、放射性等特性，在运输、装卸和储存保管过程中，容易造成人身伤亡和财产损毁而需要特别防护的货物，均属危险货物。

《中国民用航空危险品运输管理规定》中指出，危险品是指对健康、安全、财产或环境构成严重危害的物品或物质，并在 ICAO（国际民航组织）《危险品安全运输技术细则》的危险品表中列出并进行了分类。

就海运货物来说，外贸危险货物应按《船舶载运外贸危险货物申报规定》中第三条的规定：危险货物是指《1974 年国际海上人命安全公约》（SOLAS 1974）第Ⅶ章和《经 1978 年议定书修订的 1973 年防止船舶造成污染公约》（MARPOL 73/78）附则Ⅰ、附则Ⅱ、附则Ⅲ以及我国加入的其他国际公约与规则中规定的危险有害物质与物品，包括包装危险货物、散装油类、散装液态危险化学品、散装液化气体、散装固体危险货物及放射性核燃料、钚和高辐射水平的放射性废弃物。在水路运输中内贸危险货物的定义是，符合《水路危险货物运输规则》中规定的危险货物及主管机关规定的其他危险有害物质和物品。

从包装角度，危险货物可以分为包装危险货物和散装危险货物，见图 1-1。

包装危险货物（Dangerous Goods）是指容器、可移动罐柜、集装箱或车辆中装载的任何危险货物。本术语包括原来装运过危险货物的空容器、可移动罐柜。但是如果这些容器或罐柜经清洗并干燥过，或在原货物的性质能保证安全的情况下已牢固封闭，则可除外。

散装危险货物（Dangerous Chemicals in Bulk）是指装载于船舱或船舶载货处所中或永久固定在船内或船上的罐柜中的无任何中间包装的所有危险货物。散装危险货物包括散装固体危险货物和散装液体危险货物，散装液体危险货物又可分为散装油类、散装液体化学品和散装液化气。

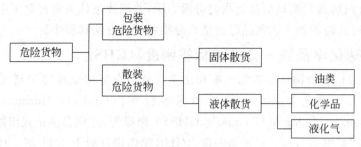

图 1-1 危险货物分类

1.1 国际危险货物运输法规

1.1.1 《关于危险货物运输的建议书》（橙皮书）

联合国经济社会理事会（ECOSOC）于 1953 年成立，1954 年联合国经济社会理事会成立了联合国危险货物运输专家委员会（UNCETDG）。该专家委员会经过一段时间的工作，于 1956 年提出了一份《关于危险货物运输的建议书》（橙皮书）。该建议书在国际上极具权威性，涉及各种运输方式和各类运输工具的包装危险货物的运输。其中的许多规定被国际上各种运输形式的专业组织、协会以及各国采用或参考，作为制定各种运输工具危险货物运输管理法规或规章的基础。国际海事组织制定的 IMDG Code 就以该建议书作为依据，而且其内容有越来越贴近的趋势。

该建议书制定的原则是尽可能防止发生人身和财产事故，防止所使用的运输工具和货物受损；制定规则必须不妨碍危险货物的运输，但对太危险的货物，可不予受理运输；该建议书对危险货物运输提出了一个原则要求，国际上和各国的规章制度应在这个基本制度下以统一的形式予以发展；该建议书适用于各种运输形式的包装危险货物，对于不同的运输形式，可允许有较宽或较严的要求。

该建议书在历次专家委员会会议上进行修订（以前每 2 年 1 次，2012 年起改为每 4 年 1 次）。在 1996 年的第 19 届会议上通过了《规章范本》第一版，以方便将其纳入国家和国际规章，使其有助于协调一致，从而使各成员国政府、联合国、各专门机构和其他国际组织都能节省大量资源，委员会将《规章范本》作为建议书的附件，从第十修订版起，定名为《关于危险货物运输的建议书：规章范本》。截至 2013 年，《规章范本》已经颁布了 18 版。为对危险品作适当的分类，委员会还编写了《关于危险货物运输的建议书：试验和标准手册》（简称小橙皮书）。

新版的橙皮书主要包括《关于危险货物运输的建议书》《规章范本》和《试验和标准手册》3 大部分。①《关于危险货物运输的建议书》的内容有：介绍《规章范本》的目的和原理；《试验和标准手册》的内容、分类及托运的目的；明确政府部门在应急反应、遵章保证、放射性物质运输、意外和事故报告中的职责。②《规章范本》提出了一套基本规定，使各国和国际上对各种运输方式的管理规定能够统一发展，共由 7 个部分组成：一般规定、定义和训练；分类；危险货物一览表和限量内豁免的规定；包装和罐柜规定；托运程序；包装、中型散装容器、大宗包装、可移动罐柜和公路罐车的构造和试验要求；运输作业的要求。③《试验和标准手册》介绍了联合国对某些类别危险货物的分类方法,并阐述被认为最有助于主管当局获得所需资料以便对待运输的物质和物品做出适当分类的试验方法和程序。

1.1.2 《全球化学品统一分类和标签制度》(GHS)

2002 年 12 月,联合国危险货物运输和化学品分类及标记全球协调制度专家委员会首次会议通过了《全球化学品统一分类和标签制度》(Globally Harmonized System of Classification and Labelling of Chemicals,GHS)工作报告,经联合国正式出版 GHS,因其封面为紫色,又称"紫皮书",每 2 年更新一次。GHS 第四修订版于 2011 年 6 月发布。我国从 2011 年 5 月 1 日起,强制实行 GHS 制度。

GHS 是为定义和对化学品进行分类而制定的常规、连贯的方法,并通过标签和安全数据表向其他环节传递信息的一种制度,作为指导各国控制化学品危害和保护人类与环境的规范性文件。对化学品的危险信息的表述手段有标签和安全数据表。

目前 GHS 共设有 28 个危险性分类,包括 16 个物理危害性分类种类、10 个健康危害性分类种类以及 2 个环境危害性分类种类。具体有如下几种分类种类:①物理危害性物质。包括爆炸性物质、易燃气体、易燃气溶胶、氧化性气体、高压气体、易燃液体、易燃固体、自反应物质、发火液体、发火固体、自燃物质、遇水放出易燃气体物质、氧化性固体、氧化性液体、有机过氧化物和金属腐蚀剂。②健康危害性物质。包括急性毒性、皮肤腐蚀/刺激性、严重眼损伤/眼刺激性、呼吸或皮肤致敏性、生殖细胞致突变性、致癌性、生殖毒性、特定靶器官系统毒性(单次接触)、特定靶器官系统毒性(反复接触)和吸入危害性物质。③环境危害性物质。包括危害水生环境物质和危害臭氧层物质。

GHS 建立在《关于危险货物运输的建议书》多年的研究成果之上,与建议书在内容上存在很多交叉,但二者应用的范围和针对的问题不完全一致。建议书强调的是运输过程中对危险货物的管理,GHS 针对的是化学品在运输、储存、生产、经营、使用和处置中的安全管理和控制。化学品的管理必须遵循 GHS,危险货物运输的权威性法规标准是《关于危险货物运输的建议书》,两者的标签不同,分类方法也不完全一致,化学品进入运输环节必须同时满足《关于危险货物运输的建议书》和 GHS 的规定,比如货物内包装标签采用 GHS 规定,外包装运输标志应满足《关于危险货物运输的建议书》的规定。

1.1.3 《1974 年国际海上人命安全公约》(SOLAS 1974)

SOLAS 公约是有关海上安全的最早的国际公约,1974 年政府间海事协商组织(IMCO)(现为国际海事组织,IMO)为了海上安全管理的新需要,在 SOLAS 1960 的基础上议定了 SOLAS 1974,并于 1980 年 5 月 25 日生效。在 SOLAS 公约中设立了第Ⅶ章"危险货物运输"。该公约以后又经过多次修订,到目前为止,SOLAS 公约第Ⅶ章"危险货物运输"的内容分为 5 部分:

A 部分——包装危险货物的运输;

A-1 部分——固体散装危险货物的运输;

B 部分——散装运输危险液态化学品船舶的构造和设备;

C 部分——散装运输液化气体船舶的构造和设备;

D 部分——船舶载运包装的放射性核燃料、钚和高放射性核废料的特殊要求。

此外,《国际散装化学品船舶结构和设备规则》(IBC Code)、《国际散装液化气船舶结构和设备规则》(IGC Code)以及《国际船舶安全载运放射性核燃料、钚和高辐射水平的放射性废弃物规则》(INF Code)分别成为 SOLAS 第Ⅶ章下 B、C 和 D 部分的强制性规则。

我国政府于 1979 年 11 月 7 日加入 SOLAS 1974。目前已有 100 多个国家加入该公约,其拥有的船舶吨位几乎接近世界商船总吨位的百分之百。

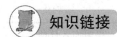

《1974 年国际海上人命安全公约》(SOLAS 1974)的起源

19 世纪 60 年代以前,海上危险货物的运量很少,也没有专门的法规指导这方面的工作。1894 年,英国的商业航运法中第一次提到危险货物,那时由于技术上的局限性,对炸弹、硫酸和摩擦火柴等危险货物,禁止在船上装运。

1912 年"Titanic"号船失事而直接导致的 1914 年第一次海上人命安全会议,制定了第一个关于海上人命安全多边性条约,其中规定"所载的货物由于其数量、性质及积载方式,被认为有害于旅客的生命或船舶安全,原则上是被禁止的"。至于哪些货物是危险的,这一问题留给缔约国政府来决定。对于能按要求对包装和运输方式采取措施,达到安全运输的目的的危险货物,是允许运输的。虽然 1914 年的海上人命安全多边性条约从来就没有实施过,但依靠国家管理的原则以及国家的主管机关决定对危险货物的确认和处理方法的原则被确立。1929 年修订的海上人命安全多边性条约,主要内容没有变化,但首次对危险货物做出了定义。

从 1929 年起到 1948 年,化学工业得到了较大的发展。海上危险货物运输的种类和数量也大大地增加了,相应地由危险货物导致的运输事故也越来越多。这一现状迫使航运业在 1948 年海上人命安全条约中加入了专门涉及"谷物和危险货物运输"的第Ⅵ章。在此次会议上,人们意识到 1948 年海上人命安全条约的内容是不够的,同时又正式通过了第 22 号建议案,强调海运危险货物在安全防范上采取国际统一措施的重要性,并推荐了一些化学品出口贸易大国已经采取的详细规则。大会还指出:决定货物的危险性应根据其性质和特性及使用"标志",即用有区别的符号来表明每种危险货物的危险性。

1960 年,IMCO 举行了修改 1948 年海上人命安全条约的协商会议,产生了《1960 年国际海上人命安全公约》(SOLAS 60)。其中涉及危险货物运输的要求是以独立的第Ⅶ章提出的。该章适用于 500 总吨及以上的从事国际航线运输的船舶。该公约于 1965 年 5 月 26 日生效。

1974 年,IMCO 又一次对公约进行了大幅度的修改,即 SOLAS 74。SOLAS 74 扩大了第Ⅶ章的适用范围,包括 500 总吨以下的国际航线的船舶。SOLAS 74 此后又经过了多次修改。

1.1.4　《经 1978 年议定书修订的 1973 年国际防止船舶造成污染公约》（以下简称 MARPOL 73/78 公约）

为了保护海洋环境和防止船舶造成海洋污染,1973 年 11 月 2 日召开了国际海上污染会议,通过了《1973 年国际防止船舶造成污染公约》(含议定书Ⅰ、Ⅱ,附则Ⅰ～Ⅴ)。由于 MARPOL 1973 对当时的情况来说要求太高,不够科学和合理,迟迟不能生效,而海洋污染事故又频频发生。为此,1978 年 2 月 17 日,IMO 通过了《经 1978 年议定书修订的 1973 年国际防止船舶造成污染公约》(MARPOL 73/78)。MARPOL 73/78 现有 6 个附则(见表 1-1)。该公约的附则Ⅰ、Ⅱ、Ⅲ分别涉及防止和控制油类、散装有毒液体物质、包装有害物质污染的具体要求。

表 1-1　MARPOL 73/78 的 6 个附则

附则	名　　称	生　效　日　期	我国加入日期
Ⅰ	防止油污染规则	1983 年 10 月 2 日	1983 年 7 月 1 日
Ⅱ	控制散装有毒液体物质污染规则	1987 年 4 月 6 日	1983 年 7 月 1 日
Ⅲ	防止海运包装有害物质污染规则	1992 年 7 月 1 日	1994 年 9 月 13 日
Ⅳ	防止船舶生活污水污染规则	2003 年 9 月 27 日	2006 年 11 月 2 日
Ⅴ	防止船舶垃圾污染规则	1988 年 12 月 31 日	1988 年 11 月 21 日
Ⅵ	防止船舶造成空气污染规则	2005 年 5 月 19 日	2006 年 8 月 23 日

 知识链接

“托雷·卡尼翁”号溢油污染事故

1967 年 3 月,载运 12 万吨原油的利比里亚籍油轮“托雷·卡尼翁”号从波斯湾驶往美国米尔福港,该轮行驶到英吉利海峡触礁,造成船体破损,在其后的 10 天内溢油 10 万吨。当时英国、法国共出动 42 艘船只,使用了 1 万吨清洁剂,英国还出动轰炸机对部分溢出原油进行焚烧,全力清除溢油污染,但是溢油仍然造成附近海域和沿岸大面积严重的污染,使英、法两国蒙受了巨大损失。

事件发生后,国际海事组织(IMO)为此召开特别会议就安全技术和法律问题进行讨论,专门成立了一个常设的“立法委员会”,并且为了防止船舶污染海域出台了著名的国际船舶防污染公约——MARPOL 73/78 防污染公约。

1.1.5　《国际海运危险货物规则》(IMDG Code)

为了制定船舶运输危险货物的国际规则,在制定 SOLAS 1960 公约的同时,成员国请求 IMCO 负责进行研究,以便制定一个统一的国际海上危险货物运输规则。为了响应这一建议,当时的海上安全委员会(MSC)指派了一个由在海上运输危险货物方面具有丰富经验的国家的一些专家组成的工作组。该小组从在 1961 年 5 月召开的第一次会议直到 1965 年的第十次会议,产生了著名的《国际海运危险货物规则》(International Maritime Dangerous Goods Code)的第一版。《国际海运危险货物规则》(简称《国际危规》)于 1965 年 9 月 27 日由国际海事组织 A.81(Ⅳ)决议通过。而该工作组经 MSC 复审为它的分支机构——危险货物运输分委会(CDG),该分委会每两年召开一次会议,审议危险货物的议题,修改 IMDG Code。1995 年,集装箱和货物分委会与 CDG 合并成为危险货物、固体货物和集装箱分委会(DSC)。

我国从 1982 年 10 月 2 日起正式在国际航线和涉外港口使用 IMDG Code。

虽然 IMDG Code 最初设计是用于海上运输,但这并不影响它的广泛使用。其条款对生产、消费、仓储、经营和运输行业都产生了重大的影响。生产商、包装商、船东和装卸经营人都使用了规则中的分类、定义、包装、标记、标志以及单证等条款;相应地,其他行业如公路、铁路、港口和内陆水域也都遵循了规则中的条款。

MSC 决定从 2004 年 1 月 1 日起使 IMDG Code 中的主要部分成为 SOLAS 下的强制性的规则(除 1.3.1.4～1.3.1.7(培训)、第 1.4 章(保安规定)(除 1.4.1.1 外)、第 2.1 章 2.1.0 节(第 1 类爆炸品,引言说明)、第 2.3 章 2.3.3 节(闪点的测定)、第 3.2 章危险货物一览表的第 15 栏和第 17 栏、第 5.4 章 5.4.5 节(多式联运危险货物表格)、第 7.3 章(有关发生只涉及危险货物的事故和火灾的预防办法的特殊规定)、第 7.9 章 7.9.3 节(主管机关地址)、附录 B 术语汇编以外)。

IMDG Code 从首次出版到现在,已经经历了一系列的重大修改,有形式上的修改又有内容上的修改,以适合生产和运输的发展。基本上为每两年进行 1 次修正,到目前为止已经进行了 37 次修订。

IMDG Code 的正本和补充本的具体内容如下。

(1)第一册:总则、定义和培训,分类,包装和罐柜的规定,托运程序,容器、中型散装容器、大宗包装、可移动罐柜、多单元气体容器和公路罐车的构造和试验,运输作业的有关规定。

(2)第二册:危险货物一览表、特殊规定和限量免除,附录 A——通用的和未另列明条目的正确运输名称清单;附录 B——术语汇编,危险货物英文索引,危险货物中文索引。

(3)补充本:应急措施,医疗急救指南,报告程序,货物运输组件的装载,船舶安全使用杀虫剂,INF 规则。

IMDG Code 的使用方法:首先应熟悉第一册的所有内容,然后查阅第二册的"危险货物一览表"(对 4.1 类中的自反应物质和 5.2 类有机过氧化物,因为只提供了按类型分类的相关内容,所以还需查阅在第 2 章分类中的一览表;对放射性物质,还需查阅第 3.5 章的放射性物质明细表)及相关的附录。例如,可根据正确的运输名称索引(中文翻译版有中、英文两种),也可由联合国编号直接在"危险货物一览表"中查出要找的物质。所有的说明和要求在一览表中都清楚地列出,如表 1-2 所示。

表 1-2　危险货物一览表(节选)

UN No 1	正确运输名称(PSN) 2	类别 3	副危险 4	包装类 5	特殊规定 6	限量免除		包　装		中型散装容器	
						限量 7a	可免除量 7b	包装导则 8	特殊包装规定 9	IBC 包装导则 10	IBC 特殊规定 11
1230	甲醇	3	6.1	Ⅱ	279	1L	E2	P001	—	IBC02	—

罐柜与散装容器			EmS No	积载与隔离	特性与注意事项	UN No
12	UN 罐柜导则 13	罐柜特殊规定 14	15	16	17	18
—	T7	TP2	F-E, S-D	积载类 B 避开生活居住处所	无色,挥发性液体。闪点 12℃(c.c);爆炸极限: 6%～36.5%。与水混溶。吞咽会中毒,引起眼睛失明。避免与皮肤接触	1230

1.1.6　《国际海运固体散装货物规则》(IMSBC Code)

船运固体散货的主要危险是货物分布不均引起的结构损坏、航行期间失去或减小稳性以及货物化学反应的有关危险。因此,IMSBC 规则的主要目的是通过提供船运某些种类固体散货的危险性的相关资料和在完成固体散货船运时采用的程序的有关说明,便于固体散货的安全积载和船运。

IMSBC Code 的适用范围为在 1984 年 9 月 1 日以后但在 2002 年 7 月 1 日之前建造的 500 总吨或以上的货船;或 1992 年 2 月 1 日以后但在 2002 年 7 月 1 日之前建造的低于 500 总吨的货船。

IMSBC Code 的前身为《固体散装货物安全操作规则》(BC Code)。通过对 BC Code 的不断修改和完善,在 2007 年 9 月召开的 DSC 分委会第 12 次会议上形成了《国际海运固体散装货物规则》(IMSBC Code)的建议稿并报 MSC 第 84 届会议讨论。经讨论,原则上通过了该建议稿并作为 IMSBC Code 草案报 MSC 第 85 届会议通过,同时要求 DSC 分委会对建议稿中遗留的问题(直接还原铁条目、加工成形的硫磺条目、自卸式船舶载运货煤等)进行研究并形成相应提案,报 MSC 第 85 届会议一并通过。在 2008 年 9 月召开的 DSC 分委会第 13 次会议上形成了相应提案。根据 DSC 分委会提交的提案,MSC 第 85 届会议对 IMSBC Code 草案进行了修改,最终通过了该规则,并于 2011 年 1 月 1 日生效,成为强制性规则。

IMSBC Code 规则包括 13 节和 4 个附录:

第 1 节　一般规定

第 2 节　装载、载运和卸载的一般性预防规定

第 3 节　人员与船舶安全

第 4 节　评定货物的安全适运性

第 5 节　平舱程序

第 6 节　静止角的确定方法

第 7 节　易流态化货物

第 8 节　易流态化货物的测定程序

第 9 节　具有化学危险性的货物

第 10 节　散装固体废弃物运输

第 11 节　保安规定

第 12 节　积载因数换算表

第 13 节　参考相关信息和建议

附录 1　各固体散装货物明细表

附录 2　试验室测试程序、使用的仪器和标准

附录 3　固体散装货物的特性

附录 4　索引

1.1.7　《国际散装运输危险化学品船舶构造和设备规则》(IBC Code)和《散装运输危险化学品船舶构造和设备规则》(BCH Code)

1983 年,海上安全委员会根据 SOLAS 74 公约第 7 章的有关规定,通过了 IBC 规则,1986 年 7 月 1 日以及其后建造的化学品船舶必须执行 IBC 规则的规定,但是 BCH 规则仍

作为一个建议案保留。1987 年 4 月,MARPOL 73/78 附则 Ⅱ(MARPOL 73/78 1985 年修正案)生效,使 IBC 规则和 BCH 规则成为强制性规则,并规定 1986 年 7 月 1 日前建造的散装运输化学品船舶应执行 BCH 规则。综上所述,在 IBC 规则生效以后,1986 年 7 月 1 日以后建造的船舶应符合 IBC 规则的要求,1986 年 7 月 1 日以前建造的船舶则应符合 BCH 规则的要求。1998 年 7 月 1 日,IMO 通过了这两个规则的 1996 年修正案,在 IBC 规则的第 17 条和 18 条中增加了许多新的内容。这些内容适用于 1986 年 7 月 1 日以后建造的船舶。根据 MARPOL 73/78 和 SOLAS 74 公约的有关规定,该修正案是强制性的。

这两个规则对散装运输化学品船舶,包括船型、船舶残存能力、液货舱位置、船舶布置、货物围护系统、机械通风、管系、温控、液货舱透气系统、环境控制、防火与灭火、电气设备、测量设备、人员保护和操作等,都做出了详细规定,是实施 SOLAS 74 公约第 7 章 B 部分的细则。在 IBC 规则第 17 章还列出了 500 多种散装液态危险化学品对运输船舶的船型、舱型及相关设备的最低要求,更便于规则的执行。

1.1.8　《国际散装运输液化气体船舶构造和设备规则》(IGC Code)、《散装运输液化气体船舶构造和设备规则》(GC Code)和《现有散装运输液化气体船舶规则》

这 3 个规则是实施 SOLAS 74 公约第 7 章 C 部分要求的具体细则。其中,IGC Code 是 SOLAS 74 公约的强制性规则,适用于 1986 年 7 月 1 日以后建造或改建的所有船舶,2000 年 12 月 5 日 IMO 以 MSC 103(73)号决议通过了对 IGC Code 的修正案,于 2002 年 7 月 1 日生效。GC Code 是非强制性规则,适用于 1976 年 10 月 31 日以后签订建造或改装合同、无合同的在 1976 年 12 月 31 日以后安装龙骨(或处于相似建造阶段)或开始改装、1980 年 6 月 30 日后建完交货或改装完工的船舶。《现有散装运输液化气体船舶规则》是非强制性规则,适用于 1976 年 10 月 31 日前交付使用或在此之后,但在 GC Code(决议 A328(Ⅸ))实施之前交付使用的船舶。

1.1.9　《国际船舶安全运输包装辐射核燃料、钚和高度放射性废弃物规则》(INF Code)

为了进一步加强放射性物质的安全运输,IMO 于 1999 年 5 月 27 日通过了《国际船舶安全运输包装辐射核燃料、钚和高度放射性废弃物规则》(INF Code),并于 2001 年 1 月 1 日生效,成为 SOLAS 74 下的强制性规则。

其中辐射核燃料(INF)货物系指按照 IMDG Code 第 7 类作为货物运输的包装类辐射核燃料、钚和高度放射性废弃物。辐射核燃料系指含有铀、钍和钚的同位素已被用于维持自供式核连锁反应的材料;钚系指回收中从辐射核燃料提取的钚的同位素的合成混合物;高度放射性废弃物系指在辐射核燃料的回收设施中,从第一阶段提取系统的操作中产生的液体废物,或在其后的提取阶段产生的浓缩废物,或由此种废物转化成的固体物质。运输上述物质必须遵守 INF Code。运输辐射核燃料货物还应适用 IMDG Code 的规定。

除了以上海上运输危险货物的相关法规,其他运输方式的国际组织也制定了危险货物运输规则:国际民航组织(ICAO)制定了《国际民用航空公约》附件 18(《危险品的安全航空运输》)、《危险品安全航空运输技术细则》(TI),国际航空运输协会(IATA)制定了《危险品规则》(DGR),欧洲铁路运输中心局(OCTI)制定了《国际铁路运输危险货物技术规则》

（RID），欧洲经济委员会（ECE）制定了《国际公路运输危险货物协定》（ADR）和《国际内河运输危险货物协定》（ADN），等等。

1.2 国内法规及管理要求

1.2.1 《中华人民共和国海上交通安全法》

《中华人民共和国海上交通安全法》于1983年9月2日第六届全国人民代表大会常务委员会第二次会议通过，同日由第7号国家主席令公布，自1984年1月1日起施行。本法共十二章五十三条，其中第六章涉及危险货物运输，第三十二条规定"船舶设施储存、装卸、运输危险货物，必须具备安全、可靠的设备和条件，遵守国家关于危险货物管理和运输的规定"；第三十三条规定"船舶装运危险货物必须向主管机关办理申报手续，经批准后，方可进出港口或装卸"。

1.2.2 《中华人民共和国海洋环境保护法》

《中华人民共和国海洋环境保护法》于1982年8月23日第五届全国人大常委会第24次会议通过，1999年12月25日第九届全国人大常委会第13次会议修订，于2000年4月1日起实施。本法是一部关于我国海洋环境保护的综合性法律，旨在保护海洋环境及资源、防止污染损害、保护生态平衡、保障人体健康、促进海洋事业的发展及保护全球的海洋环境。该法共十章九十八条。其中第八章是"防止船舶及有关作业活动对海洋环境的污染损害"。

1.2.3 《中华人民共和国港口法》

《中华人民共和国港口法》于2003年6月28日由第十届人大常委会第3次会议通过，同日第5号国家主席令公布，自2004年1月1日起施行。该法共六章六十一条，包括：总则；港口规则与建设；港口经营；港口安全与监督管理；法律责任；附则。该法主要是为了规范港口装卸作业安全而设立的国家大法，是从事港口装卸作业设施的所有人、经营人应严格遵循的法律规定，明确了港口装卸作业的安全责任主体及责任。

1.2.4 《中华人民共和国水污染防治法》

《中华人民共和国水污染防治法》于1984年5月11日第六届全国人大常委会第5次会议通过，1996年5月15日第八届全国人大常委会第19次会议修订，同日第26号国家主席令公布并实施。该法共七章六十二条，是我国对内水（江、河、湖泊等）防污染的根本大法，涵盖了各类污染源的防治和监管要求，我国内水的防污染监督管理就是依据该法的授权和规定要求开展实施的。

1.2.5 《中华人民共和国内河交通安全管理条例》

《中华人民共和国内河交通安全管理条例》经2002年6月19日国务院第60次常务会议通过，于2002年6月28日中华人民共和国国务院令第355号公布，于2002年8月1日起实施。本条例共十一章九十五条，其中第四章"危险货物监管"明确规定了内河船舶载运危险货物的具体要求。

1.2.6 《危险化学品安全管理条例》

《危险化学品安全管理条例》于 2011 年 2 月 16 日国务院第 144 次常务会议修订通过，自 2011 年 12 月 1 日起施行。本条例共八章一百零二条，对危险化学品的生产、储存、使用、经营和运输的安全管理作了更为具体的要求，是一部危险化学品管理的综合性行政法规。

1.2.7 《中华人民共和国防治船舶污染海洋环境管理条例》

《中华人民共和国防治船舶污染海洋环境管理条例》经 2009 年 9 月 2 日中华人民共和国国务院第 79 次常务会议通过，2009 年 9 月 9 日中华人民共和国国务院令第 561 号公布。该《条例》分总则、防治船舶及其有关作业活动污染海洋环境的一般规定、船舶污染物的排放和接收、船舶有关作业活动的污染防治、船舶污染事故应急处置、船舶污染事故调查处理、船舶污染事故损害赔偿、法律责任、附则九章七十七条，自 2010 年 3 月 1 日起施行。1983 年 12 月 29 日国务院发布的《中华人民共和国防止船舶污染海域管理条例》同时废止。

1.2.8 《水路危险货物运输规则》

《水路危险货物运输规则》(第一部分　水路包装危险货物运输规则)(简称《水路危规》)是由中华人民共和国交通部令 1996 年第 10 号颁布，1996 年 12 月 1 日起实施。《水路危规》力求与国际接轨，遵照我国加入的国际公约，以当时的 IMDG Code 为蓝本并结合我国的特点和实践经验制定。它与 IMDG Code 虽然有很多相同的地方，但还是有许多自己的特点。该规则的主要内容包括水路包装危险货物、散装危险液态化学品、散装液化气体的运输规定及船舶载运危险货物应急措施和危险货物事故医疗急救指南等。

职业指导

（1）企业的实际需求：从事危险品运输的企业需要熟悉危险货物运输的法律法规的专业人才。从事危险品运输的企业要严格执行相关法律法规，如货物的运输、货物的包装、危险品仓库的建设和管理、港口的建设和码头管理、水域安全、防污染管理以及应急预案的制定等方面都要遵循各类法律法规的具体规定。

（2）危险货物运输的法律法规在企业中的应用要点：《关于危险货物运输的建议书》《全球化学品统一分类和标签制度》《1974 年国际海上人命安全公约》《经 1978 年议定书修订的 1973 年防止船舶造成污染公约》《国际海运危险货物规则》相关规定；国内《水路危险货物运输规则》《危险化学品安全管理条例》等法规的内容及管理要求。

（3）学生应该具备的基本素养和专业技能：了解国际、国内关于危险品运输的主要法律、法规；掌握《国际海运危险货物规则》的基本内容；熟悉《危险货物一览表》的内容并会查阅。

实训项目

（1）给出 3～5 种货物，要求同学通过编号查阅《危险货物品名表》，获得这些货物运输的相关信息；

（2）查阅近年来《国际危规》的修订情况。

📖 **练习题**

1. 选择题

(1) 所谓危险货物是指凡具有（   ）性质，在运输过程中能引起人身伤亡、财产毁损和海洋污染的物质或物品。

    A. 燃烧、爆炸   B. 腐蚀、毒害

    C. 放射性、污染性   D. A、B、C 都是

(2) SOLAS 公约第Ⅶ章中，（   ）部分涉及散装运输液体危险化学品船舶的构造和设备。

    A. A 部分   B. B 部分   C. C 部分   D. D 部分

(3) MARPOL 73/78 附则Ⅲ是关于（   ）方面的规则。

    A. 防止海运包装有害物质污染   B. 防止油污

    C. 控制散装有毒液体物质污染   D. 防止船舶造成大气污染

(4)《国际危规》主要适用（   ）以上货船的包装和固体散装危险品运输。

    A. 1600 总吨   B. 3000 总吨   C. 500 总吨   D. 50 总吨

(5) 关于危险品的联合国编号，下述（   ）是错误的。

    A. 每一危险货物均有一个编号   B. 每一编号由 4 位数字组成

    C. 编号不连续   D. 每一编号只对应一种危险品

(6) MSC 决定从 2004 年 1 月 1 日起使 IMDG Code 中的主要部分成为（   ）下的强制性的规则。

    A. MARPOL 73/78   B. SOLAS

    C. STCW   D. CSI

2. 判断题

(1) IBC Code 适用于 1986 年 7 月 1 日及以后建造的化学品船。 （   ）

(2) 联合国危险货物建议书适用于所有运输形式包装危险货物。 （   ）

(3) IMDG Code 中的"海洋污染物"与 MARPOL 73/78 附则Ⅲ的"包装有害物质"所指的是同一类物质。 （   ）

(4) IMDG Code 第 37-14 版修正案在我国生效使用的时间是 2016 年 1 月 1 日。 （   ）

3. 简答题

(1) 新版的橙皮书包括哪几部分内容？

(2) GHS 和橙皮书在应用范围及所针对问题方面有哪些不同？

(3) 到目前为止，SOLAS 公约第Ⅶ包含哪几部分的内容？根据这几部分内容，IMO 分别制定了哪些规则？

(4) MARPOL 73/78 有哪几个附则？

(5) IMDG Code 中的危险货物一览表有哪些内容？如何查阅危险货物一览表？

包装危险货物的分类与特性

 引导案例

一起危险货物运输事故

2012年8月26日2时29分,司机驾驶豫HD6962重型半挂货车从安塞服务区出发,违法越过出口匝道导流线驶入包茂高速公路第二车道。此时,一辆蒙AK1475卧铺大客车正沿包茂高速公路由北向南在第二车道行驶至安塞服务区路段。2时31分许,卧铺大客车在未采取任何制动措施的情况下,正面追尾碰撞重型半挂货车。碰撞致使卧铺大客车前部与重型半挂货车罐体尾部铰合,大客车右侧纵梁撞击罐体后部卸料管,造成卸料管竖向球阀外壳破碎,导致大量甲醇泄漏。碰撞也造成卧铺大客车电气线路绝缘破损发生短路,产生的火花使甲醇蒸气和空气形成的爆炸性混合气体发生爆燃起火,大火迅速引燃重型半挂货车后部和卧铺大客车,并沿甲醇泄漏方向蔓延至附近高速公路路面和涵洞。事故共造成大客车内36人死亡、3人受伤,大客车报废,重型半挂货车、高速公路路面和涵洞受损,直接经济损失3160.6万元。

事故发生后,陕西省延安市公安交警、消防官兵迅速赶到事故现场进行处置,延安市、安塞县人民政府及其有关部门也迅速赶赴事故现场组织施救,卫生部门调集专家及医护人员全力救治伤员。接报后,陕西省人民政府立即启动应急救援预案,陕西省人民政府主要负责同志带领安全监管、公安、交通、卫生等部门负责同志赶赴现场指挥应急施救工作。随后,国家安全监管总局、公安部有关负责同志及交通运输部有关司局负责同志于当日下午赶到事故现场,指导协调地方政府做好前期处置和善后处理等工作。内蒙古自治区、河南省人民政府接报后,立即组织安全监管、公安、交通等部门和相关地市负责同志赶赴现场,协助做好事故善后赔付和调查工作。

资料来源:网易新闻

案例解析:

在危险货物的运输过程中,运输事故时有发生。危险货物一旦发生泄漏或遗洒,因其危险特性会引发燃烧、爆炸、腐蚀、中毒等危险性事故,对周边人员的生命健康和财产安全以及生态环境造成严重危害。因此,要切实加强危险品的安全运输管理,预防和控制危险品运输事故的发生。

本案例涉及的知识点:危险货物的特性。

▶ 学习导航

掌握危险货物的每一大类的定义、细分类及相应的危险特性。

▶ 教学建议

本章的备课要点：各类危险货物的分类标准；爆炸品、气体、易燃液体、易燃固体、易自燃物质、遇水放出可燃气体的物质、氧化性物质、有机过氧化物、有毒物质、感染性物质、放射性物质、腐蚀品以及杂类物质和物品的危险性；对具有多种危险性的混合物或具有多种危险性的危险货物分类标准和方法。以理论教学为主，结合案例讲解。建议授课8学时。

2.1　危险货物的分类

2.1.1　爆炸品

1. 定义

爆炸品系指在外界作用下（如受热、撞击等），能发生剧烈的化学反应，瞬时产生大量的气体和热量，使周围压力急剧上升，发生爆炸，对周围环境造成破坏的物品，也包括无整体爆炸危险，但具有燃烧、抛射及较小爆炸危险，或仅产生热、光、音响或烟雾等一种或几种作用的烟火物品。

根据爆炸时发生的变化性质，爆炸可分为物理爆炸、化学爆炸和核爆炸。这个定义非常明确地指出"爆炸品"的爆炸现象是属于化学爆炸。化学爆炸是指物质因得到起爆的能量而迅速分解，释放出大量的气体和热量的过程。炸药、炮弹、爆竹以及爆炸性药品的爆炸都是化学爆炸。

2. 分类

由于各种爆炸物品特性差异，其危险程度也各不相同。将第1类危险货物（爆炸品）按危险程度分为6项。

1.1项：有整体爆炸危险的物质和物品；

1.2项：有迸射危险，但无整体爆炸危险的物质和物品；

1.3项：有燃烧危险并有局部爆炸危险或局部迸射危险或这两种危险都有，但无整体爆炸危险的物质和物品；

1.4项：不呈现重大危险的物质和物品；

1.5项：有整体爆炸危险的非常不敏感物质；

1.6项：无整体爆炸危险的极端不敏感物品。

3. 特性

（1）爆炸性。爆炸性是指爆炸品的主要危险特性。爆炸品的爆炸属于化学爆炸中的爆炸性物质的爆炸，爆炸性物质的爆炸是物质因获得发火的能量引起迅速分解，放出具有足够能量的高温、高压气体，并迅速膨胀做功的现象。

从化学角度看，爆炸品可分为两种类型：爆炸性化合物和爆炸性混合物。

① 爆炸性化合物是自氧化还原化合物,在物质分子结构内含有不稳定的"活性原子基团"(又称致爆源,Explosophore),即含有易氧化而未氧化和易还原而未还原的两种原子,存在着自身的内在矛盾。在许多化合物中含有致爆源,像叠氮化合物、溴酸盐、氯酸盐、亚氯酸盐、碘酸盐、硝酸盐、亚硝酸盐、高氯酸盐和苦味酸盐等。因而,在一定的外界条件影响下,爆炸性化合物就会发生自身氧化还原反应,使化合物分子内各原子重新排布组合成新物质的分子,这个过程就出现了爆炸。如三硝基甲苯(梯恩梯)中硝酸就是致爆源,极易与梯恩梯分子的其余部分发生反应。

② 爆炸性混合物是氧化剂和还原剂的混合物,由性质上是氧化剂和还原剂的两种或多种物质混合。其爆炸反应是通过氧化剂的氧化性和可燃物的还原性之间的矛盾统一而完成的氧化还原反应,也能导致爆炸。像黑火药是由焦炭、硫磺(还原剂)和硝酸钾(氧化剂)组成的。

无论爆炸性化合物还是爆炸性混合物,发生爆炸都不需要外界提供氧气。在无空气的情况下,只要外界提供一定的条件,如受热、摩擦、撞击、引爆等,爆炸品均会发生爆炸。

(2) 毒害性。许多炸药或爆炸性物质爆炸时通常产生大量的 CO,CO_2,N_2,N_2O,NO,NO_2 或 SO_2 等窒息性和有毒气体,有的甚至有剧毒,很容易造成窒息或中毒。

(3) 燃烧性。爆炸品燃烧时放出大量热量,使温度急剧升高,瞬间中心点温度升至 $1500\sim4500℃$,很容易使周围可燃物质燃烧,造成火灾。

4. 决定爆炸品爆炸性能强弱的指标

(1) 感度(亦称敏感度)。感度是指爆炸品在外界作用下,发生爆炸反应的难易程度。

爆炸物品需要外界提供一定量的能量才能触发爆炸反应,否则爆炸反应就不能进行。外界提供的能量也称起爆能,通常是以引起爆炸反应的最小外界能量来表示。显然,引起某爆炸品爆炸所需的起爆能量越小,则该爆炸品的敏感度越高,危险性也越大。

不同的爆炸品所需的起爆能的大小是不同的,其敏感度也是不同的。例如:梯恩梯对火焰的敏感度较小,但如用雷管引爆则立即爆炸。《危险货物品名表》中将很多爆炸品的感受程度特别列出。如"遇火焰或火花能引起爆炸","对机械作用很敏感","撞击、加热或触及金属可发生爆炸"等。即使同一种炸药,所需起爆能大小也不是固定不变的。例如,同样是梯恩梯,在缓慢加压的情况下,它可以经受几千克压力也不爆炸,但在瞬间撞击情况下,即使冲击力很小,也会引起爆炸。这就是爆炸品在运输装卸作业中不能摔碰、撞击的原因。了解爆炸品的敏感度这一特性对安全运输意义重大。

起爆能有多种能量形式,如机械能(冲击、摩擦、针刺)、热能(高温、明火、火花、火焰)、电能(电热、电火花)、光能(激光及其他光线)、爆炸能(雷管、起爆药)等。在运输装卸过程中,温度的变化及机械作用(振动、撞击、摩擦)的影响是不可避免的,所以在各种形式的感度中,主要是确定爆炸品的热敏感度和撞击敏感度。

① 热感度。指爆炸品在外界热能的作用下,发生爆炸反应的难易程度。一般用"爆发点"来表示。爆发点是指物质在一定延滞期内发生爆炸的最低温度。延滞期是指从开始对炸药加热到其发生爆炸所需要的时间。表 2-1 给出了在不同的延滞期下梯恩梯的爆炸点。可见,由于加热速度不一样,同一爆炸品,延滞期越短,爆发点越高;延滞期越长,爆发点越低。虽未受高热,但受低热时间足够长的话,也会诱发爆炸。因此,在运输中一定要使爆炸品远离热源或采取严格的隔离措施。

表 2-1　梯恩梯炸药在不同延滞期下的爆发点

延滞期	5s	1min	5min	10min
爆发点/℃	475	320	285	270

② 撞击感度。指爆炸品在机械冲击的外力作用下对冲击能量的敏感程度,用发生爆炸次数的百分比表示。

目前,各国大都采用立式落锤感度试验机测定爆炸品的撞击感度。几种常用炸药的撞击感度见表 2-2。

表 2-2　几种常用炸药的撞击感度

（锤重 10kg,落高 25cm,试样量 0.05g,标准装置）

炸药品名	爆炸百分数/%	炸药品名	爆炸百分数/%
梯恩梯	4~8	黑索金	70~80
苦味酸	24~32	泰安	100
2,4,6-三硝基苯钾硝胺	50~60	无烟火药	70~80

炸药的纯净度对其撞击感度有很大的影响。当炸药内混入坚硬物质如玻璃、铁屑、砂石等时,则其撞击感度增加,危险性增大。当炸药中混入惰性物质如石蜡、硬脂酸、机油等时,则其撞击感度降低。因此,在运输装卸过程中,严禁混入坚硬杂物,车厢货舱应保持干净,炸药撒漏物绝不能再装入原包装内。有些比较敏感的炸药(如黑索金、泰安等),在运输过程中为确保安全,可加入一些石蜡(这些附加物称为钝感剂)使其钝化,以增加安全系数。

(2) 威力和猛度。

① 威力。指炸药爆炸时的作功能力,即炸药爆炸时对周围介质的破坏能力。威力的大小主要取决于爆热的大小、爆炸后气体的生成量的多少以及爆温的高低。

② 猛度(又称猛性作用)。指炸药爆炸后爆轰产物对周围物体(如弹壳、混凝土、建筑物或矿石层等)破坏的猛烈程度。其大小可用爆轰压和爆速来衡量。

炸药的威力和猛度越大则炸药的破坏作用越强。衡量威力和猛度的参数很多,运输中采用爆速。爆速是指爆炸物品本身在进行爆炸反应时的传播速度(m/s)。当药量相当时,爆速的大小能在一定程度上反映出炸药的爆炸功率及破坏能力。不同的爆炸品具有不同的爆速。爆速越大,单位时间内进行爆炸反应的爆炸物品越多,其爆炸威力也越大。可见,爆速是决定爆炸威力的重要因素。通常将爆速是否大于 3000m/s 作为衡量爆炸品威力强弱的一个参考指标。常见炸药的爆速等参数见表 2-3,可以看出黑索金、泰安、特曲儿、硝化甘油等都是爆炸威力很强的炸药。

表 2-3　常见炸药的爆速等参数

炸药品名	爆速/(m/s)	1kg 炸药爆炸后所产生的气体量/L	1kg 炸药爆炸后产生的热量/kJ
黑火药	500	280	2784
硝化甘油	8400	716	4196
硝化纤维	6300	765	4291
梯恩梯	6990	727	4187

续表

炸药品名	爆速/(m/s)	1kg 炸药爆炸后所产生的气体量/L	1kg 炸药爆炸后产生的热量/kJ
特曲儿	7740	710	4564
黑索金	8380	908	6280
泰安	8400	780	6389
雷汞	4500	315	1541
叠氮铅	4500	310	1089

(3) 炸药的安定性(稳定性)。炸药的安定性是指炸药在一定的储存期间内,不改变自身的物理性质和化学性质(即爆炸性能)的能力。它主要取决于炸药的物理状态、化学结构、环境温湿度、密度、杂质等因素。

根据汽车运输的特点,在我国,以保持在环境温度不超过 45℃(可允许短期略超过45℃)的条件下,运输期间货物不发生分解,不改变其使用效能,即可认为该货物安定性符合安全运输要求。

为增加运输过程中的化学安定性,对某些炸药,在运输途中必须加入一定量的水、酒精,或其他钝感剂(如萘、二苯胺、柴油等)。

综上所述,爆炸性是运输过程中对安定性的最大威胁。其中感度和安定性是用来衡量货物起爆的难易程度,而威力和猛度则关系到一旦发生爆炸所发生的破坏效果。一般来讲,可选用爆发点低于 350℃、爆速大于 3000m/s、撞击感度在 2% 以上为爆炸性的 3 个主要参考数据。三者居其一,即可认为具有爆炸性。

 知识链接

常见的第 1 类危险货物

1. 火药、炸药及起爆药

(1) 火药。火药又叫发射药,是极易燃烧的固体物质,量大时或在密闭状态下也能转变为爆炸,但军事上主要利用其燃烧有规律的性质,用作火炮发射弹丸的能源。火药按其结构又分为如下几类。

① 单基药。主要成分为硝化纤维素(硝化棉)。

② 双基药。主要成分是硝化纤维素、硝化甘油和硝化二乙醇。

③ 三基药。主要成分是硝化纤维素、硝化甘油与硝基胍。

④ 黑火药。主要成分是硝酸钾、硫磺、木炭的机械混合物,各成分配比不同其性能也不同。

硝化纤维素(别名硝化棉)。由纤维素与硝酸—硫酸的混合酸经酯化反应而制得。广泛用于火工、造漆等行业,摄影胶片、赛璐珞、乒乓球都用其做原料。硝酸纤维素不仅易燃而且易分解。干燥的硝化棉极不稳定,易被点燃,松散的硝化棉在空气中燃烧不留残渣,增大密度时,燃速下降。大量硝化棉在堆积或密闭容器中燃烧能转化为爆轰。干燥硝化棉能在较低温度下自行缓慢分解,放出大量的有毒气体并伴随放热,温度迅速上升而自燃。若含水

25%时较为安全。干燥的硝化棉易因摩擦而产生静电。硝化棉外观好像受过潮的棉花,色白而纤维长。误其为棉花而发生事故也时有所见。硝化棉中含氮量不超过12.5%时,只能引起自燃,不会爆炸。因而,含氮量在12.5%以上,所含水分不得少于32%的硝化棉属于1.1项;含氮量在12.5%以下,所含水量不少于32%的硝化棉属于4.1项。

火药是以燃烧反应为主要化学变化形式的爆炸性物质,它具有规定的几何形状和尺寸、一定的密度和足够的机械强度。当采用适当的方式点火后,能够按照平行层规律燃烧,放出大量热和气体,对弹丸作发射功,或对火箭作推进功。常见火药的形式有带状、棍状、片状、长管状、七孔状、短管状和环状等。

(2) 炸药(猛炸药):炸药是相对稳定的物质,在一般情况下比较安定,能经受生产、储存、运输、加工和使用过程中的一般外力作用。只有在相当大的外力作用下才能引爆,通常是用装有起爆药的起爆装置来激发其爆炸反应。猛炸药按其组成情况可分为以下几类。

① 单质炸药。如梯恩梯、黑索金、泰安等。

② 混合炸药。如梯恩梯与黑索金或其他两种以上单质炸药的混合物。

③ 工程炸药。如硝酸铵类的混合爆炸物。

炸药一旦起爆后就发生高速反应,生成大量气体并放出大量热量,因而发生猛烈的爆炸,对周围环境造成破坏。一般炸药按不同的爆炸效应要求和不同的装药形状、条件填装于弹类的弹丸(战斗部)以达到爆炸后杀伤和破坏等作用。

2. 火工品及引信

为了引起炸药爆炸变化所采取的各种机构和装置统称火工品。它是靠简单的激发冲量(如加热、火焰、冲击、针刺、摩擦)引起作用,产生火焰,点燃发射药或引信药剂(延期药、加强药和时间药)引爆雷管、炸药。

引信是装配在弹药中,能够控制战斗部(如炮弹的弹丸、火箭的弹头、地雷的雷体和手榴弹的弹壳等)在相对目标最有利的地位或最有利的时间完全引起作用的装置。而引信中能够适时起激发作用的元件就是火工品。某些火工品不只装在引信中,它还装于发射装药或火箭发动机中用来点燃发射药。所以火工品是引燃和引爆器材的总称。因此,火工品、引信和战斗部三者是不可分割的一个整体。战斗部靠引信来控制,而引信的控制作用,重要的一部分是由火工品来完成的。

火工品都是小的炸药元件,具有比较高的感度。其大致可分为两种:一种按输入冲量形式分为机械、热、电、爆炸装置等;另一种按输出形式分为点火器(包括火帽、底火、延期药、点火索、点火具等)和起爆器材(包括雷管、导爆索、导爆管、传爆管等)。

引信的构造主要包括发火和保险两个部分。引信的机构由多种零件组成,其引爆过程是:击针冲击火帽,火帽的火焰能量引爆雷管产生爆轰波,此波再引爆传爆管药粒后产生较大的爆轰波使整个弹丸爆炸。

3. 烟花爆竹

烟花、爆竹是我国传统的手工艺品,其历史悠久,品种繁多,已有声、光、烟、色、造型等综合效果的产品500多种。其中有欢庆节日的大型高空礼花,有应用于航海、渔业的求救信号弹,有体育、军事训练用的发令纸炮、纸壳手榴弹、土地雷,还有农业、气象用的土火箭等。但对撞击、摩擦引发的拉炮、摔炮(搅炮)以及穿天猴、地老鼠、土火箭之类的烟花,因为不安全,国家已明令严禁制造和销售。

烟火、爆竹大多以氧化剂(如氯酸钾、硝酸钾、硝酸钡等)与可燃物质(如木炭、硫磺、赤磷、镁粉、铝粉等)再加以着色剂(如钠盐、锶盐、钡盐、铜盐等)、黏合剂(如酚醛树脂、虫胶、松香、浆糊等)为主体的物质,按不同用途,装填于泥、纸、绸质的壳体内。其组成成分不但与爆炸品相同,而且还有氧化剂成分,应该是很敏感、很危险的。但其大部分产品用药量甚少,用药量最多占 30%,70% 左右为泥土、纸张等杂物,就决定了它具有较好的安定性。如其包装不妥或对其爆炸危险性认识不足,同样也会造成爆炸事故,因此对烟花、爆竹的包装要求不能低估,应绝对禁止旅客夹带烟花爆竹。

2.1.2　气体

1. 定义

本类气体包括压缩气体、液化气体、溶解气体、冷冻液化气体,一种或多种气体与其他种类的一种或多种物质的蒸气的混合物,充注了气体的物品和烟雾剂。

气体在运输中的主要状态如下。

(1) 压缩气体。气体在压力包装运载时,处于 $-50℃$ 时,完全呈气态;本类包括临界温度低于或等于 $-50℃$ 的所有气体。

(2) 液化气体。气体在压力包装运载时,当温度高于 $-50℃$,部分呈气态,其特性可分为高压液化气体和低压液化气体。其中,高压液化气体的临界温度在 $-50\sim65℃$,低压液化气体的临界温度在 $65℃$ 以上。

(3) 冷冻液化气体。气体在压力包装载运时,由于温度低而部分气体处于液态。

(4) 溶解气体。气体在压力下包装载运时,溶解在液相溶剂中的气体。

2. 分类

第 2 类危险货物分为 3 项。

(1) 2.1 项:易燃气体。

这项气体泄漏时,遇明火、高温或光照,即会发生燃烧或爆炸。燃烧或爆炸后的生成物对人体具有一定的刺激或毒害作用。

"可以燃烧"是这类气体的根本的化学特性。气体"容易"或"不容易"燃烧一般是以爆炸极限或燃烧范围来衡量的。

燃烧需要氧气,空气中含有 1/5 的氧气即可助燃。某种可燃气体散发在空间与空气混合后,如果可燃气浓度太低,则可供燃烧的物质太少,燃烧不能进行;反之,如果可燃气浓度太高,则供氧不足,也不能使燃烧进行。可燃气体与空气混合后遇火花引起燃烧或爆炸的浓度范围,称为该气体的燃烧或爆炸极限,用可燃物占全部混合物的百分比浓度来表示。混合气体能发生燃烧或爆炸的最低浓度称为燃烧或爆炸下限,最高浓度称燃烧或爆炸上限。在上、下限之间的混合气体叫作爆炸性混合气体。爆炸上限与爆炸下限之差,称为爆炸范围。气体的爆炸下限越低或爆炸范围越大,则其燃烧的可能性越大,也就越易燃,越危险。

易燃的气体中,爆炸下限小于 10% 的占 92%,其余的燃烧范围大于 12%。因此,可以用爆炸下限小于 10% 或爆炸范围大于 12% 作为衡量易燃气体的标准。只要参数满足上述两者之一,即可被认为是易燃气体。常见可燃气体、蒸气的参数见表 2-4。

表 2-4　常见可燃气体、蒸气的参数表

可燃气体	自燃点/℃	爆炸极限（体积/%）		危险度 $H=\dfrac{X_2-X_1}{X_1}$
		下限 X_1	上限 X_2	
氢气	585	4.0	75	17.7
二氧化碳	100	1.25	44	34.3
硫化氢	260	4.3	45	9.5
氰化氢	538	6.0	41	5.8
氨	651	15.0	28	0.9
一氧化碳	651	12.5	74	4.9
乙炔	335	2.5	81	31.4
甲烷	537	5.3	14	1.7
丙烷	467	2.2	9.5	3.3
己烷	260	1.2	7.5	5.2

（2）2.2项：非易燃无毒气体。

这项气体泄漏时，遇明火不燃。直接吸入体内无毒、无刺激、无腐蚀性，但高浓度时有窒息作用。

燃与不燃是相对的，有些气体在高温条件下遇明火会燃烧。不燃气体主要是惰性气体和氟氯烷类的制冷剂和灭火剂。

必须给予十分重视的是，有些气体如氧气、压缩空气、一氧化二氮等本身不可燃，但它们有强烈的氧化作用，可以帮助燃烧，称之为助燃气体。助燃气体实质上是气体状的氧化剂，它比液态或固态的氧化剂具有更强烈的氧化作用。所以不能忽视助燃气体的危险性，在储存运输危险货物的实际中，必须把助燃气体与不燃气体区别开来。储运助燃气体要遵守储运危险货物第 5 类的各项要求和规定。

（3）2.3项：毒性气体。

这类气体泄漏时，对人畜有强烈的毒害、窒息、灼伤、刺激等作用。其中有些还具有易燃性或氧化性。

本项气体的毒性指标与危险货物第 6 类的毒性指标相同。其储运的注意事项也必须遵守毒害品的有关规定。主要的毒性气体有液氯、氰、光气、溴甲烷、二氧化硫、液氨等。其中储运量最大的是液氯、液氨和二氧化硫。

3. 特性

（1）扩散性。气体是物质的一种聚集状态，又称气态，它和液态、固态合称物质的三态，分子聚集成物体时，因分子与分子之间距离和作用力的大小不同，而分为气体、液体和固体。气体分子之间的距离最大，作用力最小，其分子所具有的动能最大，分子可以在任意范围内运动，如果没有容器的限定或没有外力的作用，气体可以无限制地扩散。如果盛装气体的容器发生溢漏，气体就会逃逸到环境中去。如果是易燃气体，就会有燃烧和爆炸的危险；如果是毒性气体，就会有人员中毒的危险，即使是无毒不燃气体，由于其扩散性会冲淡环境中的氧含量，对人员也会造成危害。

气体的扩散性及在环境中的分布与该气体的密度相对于空气的密度之比有关。

相对密度即为一种气体(A)对另一种气体(B)在相同条件下(同温、同压、同体积)的密度之比,即 ρ_A / ρ_B,相对密度(D)与气体相对分子质量有下述关系:

$$D = \frac{\rho_A}{\rho_B} = \frac{M_A}{M_B}$$

当同温、同压时,两种气体的密度之比(相对密度)等于它们的相对分子质量之比。气体物质的相对密度是以空气为标准的。例如,在 1 个大气压和 0℃时,1L 空气(空气的平均相对分子质量为 29)的质量为 1.293g,同温、同压下,1L 氢气(氢气的相对分子质量为 2.016)的质量为 0.08987g,则氢气对空气的相对密度为:

$$D_{氢气} = \frac{0.08987\text{g/L}}{1.293\text{g/L}} = \frac{2.016}{29} = 0.0659$$

在危规所列各种气体的特性中都包括有该气体相对于空气的密度,气体可按此分为以下四种:

① 较空气为轻,气体的密度小于(但不小于 1/2)空气的密度;

② 远较空气为轻,气体的密度小于空气密度的 1/2;

③ 较空气为重,气体密度大于(但不大于 2 倍)空气的密度;

④ 远较空气为重,气体的密度大于空气密度的 2 倍以上。

一切比空气轻的气体都会蓄积在空间的封闭顶部;一切比空气重的气体都会沉积在低洼处。如任其蓄积,都有潜在危险。所以,应针对气体相对密度的大小采取相应的防范措施,以确保安全。

(2) 可压缩和液化性。如上所述,气体内各分子之间的距离相当大,它是一种十分疏散的物质,少量的气体占据着很大的空间。例如,在标准状况下(101.3kPa,20℃),1kg 氨气约占 1317.6L 的体积,1kg 氯气约占 315.3L 的体积。像这样庞大的体积,对于生产和运输来说,都会带来很多的问题。

然而,物质的三态是可以转变的,物质所处的状态与温度、压力有关。如果对气体施加压力,则气体可以被压缩。处于压缩状态的气体叫作压缩气体。气体被压缩,压力明显增大,即压力与体积成反比;气体被加热,压力明显增大,即压力与温度成正比。如果再对压缩气体继续施加压力并降低温度,压缩气体就会转化成液体,气体转化成液体的过程叫作液化。经过加压和降温而液化的为液体的气体叫液化气体。也就是说,液化气体不再是气体,而处于液体状态,这时,其体积大大缩小。例如,在临界状态下,1kg 氨气液化成液态氨体积为 4.25L,只是标准状态下 1kg 氨气体积的 3‰;1kg 氯气液化成液态氯,体积为原体积的 5%。利用气体的可压缩和液化性可以解决运输问题。

气体都具有可压缩性,然而,不是在任何情况下只要施加压力都能使气体液化,只有当温度降到一定程度时,再施加压力才能使其液化。在这一温度以上,无论施加多大压力都不能使其液化。这个加压使气体液化时所允许的最高温度叫作临界温度。在临界温度时使气体液化所需的最小压力叫作临界压力。

① 当温度在临界温度以上时,无论施加多大的压力都不能使气体液化,只能使其压缩。当温度在临界温度以下时,气体才有可能液化。

② 在临界温度时,只要施加比临界压力略大的压力,就可以使气体液化。

③ 当温度在临界温度以下时,使气体液化所需要的压力小于临界压力;当温度降至沸

点温度时,在常压下即能使气体液化。

④ 在一般情况下,临界温度低于常温的多数为压缩气体,临界温度高于常温的多数为液化气体。

⑤ 临界温度高的容易液化,压力一般不超过5MPa;临界温度低的(低于常温)不容易液化,为了能在钢瓶里多储存一些,往往需要施加很大的压力。

临界温度和临界压力是了解气体液化的两个重要数据。不同物质,其临界温度、临界压力也不相同。几种常见气体的临界温度、临界压力见表2-5。

表2-5 几种常见气体的临界温度、临界压力

气体名称	化学式	临界温度/℃	临界压力/MPa	气体名称	化学式	临界温度/℃	临界压力/MPa
氦气	He	−267.9	0.23	乙烯	C_2H_4	9.7	5.14
氢气	H_2	−239.9	1.30	二氧化碳	CO_2	31	7.39
氖气	Ne	−228.7	2.62	乙烷	C_2H_6	32.1	4.86
氮气	N_2	−147.1	3.39	氨气	NH_3	132.4	11.28
氧气	O_2	−118.8	5.04	氯气	Cl_2	143.9	7.71
甲烷	CH_4	−82.1	4.69	二氧化硫	SO_2	157.2	7.87
一氧化碳	CO	−138.7	3.51	三氧化硫	SO_3	218.3	8.41

(3)物理爆炸性。所有气体都是加压灌装在压力容器内进行运输的,当容器受到剧烈撞击、振动或受热时,容器内压力增大,若超过容器所能承受的最高压力,就会产生容器爆炸,即物理爆炸性。据测,一个普通氧气钢瓶爆炸相当于5t梯恩梯炸药爆炸的威力,其冲击波甚至更强。

因此,盛装气体的钢瓶必须符合规定标准,使用前必须通过性能试验,必须检查钢瓶上的钢印标记。在装卸作业时,应防止撞击、拖拉、摔落、翻滚,不得溜坡滚动。储运时应远离火源,防治日晒,注意通风散热。

(4)燃烧爆炸性。易燃气体扩散到空气中,与空气形成混合气体,当达到燃烧或爆炸极限(范围)时,遇明火可能发生爆炸或燃烧。

燃烧或爆炸下限越低、燃烧或爆炸范围越大的气体越危险。一些易燃气体的爆炸极限见表2-6。在易燃气体的运输中,爆炸或燃烧极限(范围)是十分重要的参数,必须根据这个数据采取恰当的安全措施。

表2-6 一些易燃气体的爆炸极限

气体名称	化学式	爆炸极限/%	气体名称	化学式	爆炸极限/%
氢气	H_2	4.0～75	丙烷	C_3H_8	2.1～9.5
甲烷	CH_4	5.3～14	丁烷	C_4H_{10}	1.8～8.4
一氧化碳	CO	12～75	环氧乙烷	C_2H_4O	3.0～100
乙烷	C_2H_6	3.0～16	乙炔	C_2H_2	2.1～80

(5)毒性(腐蚀性)。有毒气体在第2类气体中所占比重很大。有毒气体,尤其是剧毒气体对人、畜都有很大的毒害性,吸入少量即可引起中毒或死亡。像氰化氢、一氧化碳、氯甲

烷、氯气、氯化氢和光气等都是剧毒气体。例如,空气中含 0.01%～0.02% 的氰化氢气体时,吸入即中毒,吸入 30～60min 能引起严重中毒甚至死亡。

大多数的酸性气体有较强的腐蚀性,不仅对金属结构、建筑材料进行成年累月的侵蚀,而且对植物、人体皮肤黏膜也有很大的危害。

IMDG Code 将毒性和腐蚀性气体归为一类,尽管性质上有差异,但从对人员伤害的角度上两者是一致的。有毒气体(包括腐蚀性气体)如果发生逸漏,主要通过呼吸道进入人体,这是中毒最危险的途径。因此,有毒气体的储存、积载应特别注意远离一切食品及居住场所。

(6) 助燃性。在第 2.2 类非易燃、无毒气体中有些气体虽然本身不能燃烧,但具有很强的助燃性。例如,氧气就是典型的助燃剂。物质在纯氧中燃烧要比在空气中燃烧容易得多,也猛烈得多。可燃物在助燃气体中,尤其是在高压助燃气体中的燃烧要比在空气中容易得多,有时甚至不需点火即能燃烧。所以,助燃气体因漏气扩散极易引起周围可燃物燃烧。

例如,油脂是较易氧化和燃烧的有机物。在空气中,如果不加热、不点火,一般不会燃烧;但在纯氧中,由于氧化加速,若再加上有火星或光照就可能引起燃烧;若与高压氧气接触,则氧化反应进行得更快,甚至不需要其他条件就能引起燃烧。由此可见,如果将装有高压氧气的钢瓶和油脂配装在一起,高压氧气钢瓶被油脂污染,或装运高压氧气钢瓶的车库残留有油脂等物质,一旦氧气钢瓶漏气,就有可能引起燃烧甚至爆炸。

(7) 窒息性。在第 2.2 类非易燃、无毒气体中有些气体虽然无毒,但在高浓度状态下有窒息性,如二氧化碳。

(8) 溶解性。许多气体能溶解于水和某些溶剂中,有的甚至溶解量非常大。例如,氨可以大量地溶解在水中;乙炔可以大量地溶解在丙酮中。利用这一性质可以储运某些不易液化或压缩的气体。例如,在乙炔钢瓶内填充多孔性物质,再注入丙酮,然后把乙炔加压灌入,使其溶解在丙酮中。这种溶解在溶剂中的气体被称为溶解气体。另外,利用气体在水中的溶解性,一旦发生某些易溶于水的气体逸漏,可将其气体投入水中,避免其在空气中扩散。

 **知识链接**

常见的第 2 类危险货物

(1) 氧气。氧气是空气的重要组成部分。空气中氧气约占 21%,其余主要为氮气(约占 78%)。由于氮气的性质不活泼,空气的许多化学性质实际上是氧气性质的表现。当有压缩空气装在 15MPa 以上高压钢瓶中运输时,应与氧气同样看待。

氧气无色、无嗅、微溶于水,其临界温度为 $-118.8℃$,沸点为 $-183℃$,临界压力为 4.97MPa,液氧为淡蓝色。氧几乎能与所有的元素化合。氧气是生命的基础条件。氧气的浓度对它的化学性质有很大的影响。空气中氧气的含量不大,棉花、酒精等在空气中只能比较平缓地燃烧,超过正常比例的氧气能使燃烧迅猛。铁在空气中与氧的反应是生锈,而在液态氧中,虽是在 $-120℃$ 以下也会燃烧。油脂在纯氧中的反应要比在空气中剧烈得多,当高压氧气(即高压空气)喷射在油脂上时就会引起燃烧或爆炸,这实质上就是油脂与纯氧的反应,所以氧气瓶(包括空瓶)绝对禁油。储氧钢瓶不得与油脂配装,不得用油布覆盖;储运氧气钢瓶的仓间、车厢、集装箱等不得有残留的油脂;氧气瓶及其专用搬运工具严禁与油脂接触,阀门、轴承都不得用油脂润滑;操作人员不能穿戴沾有油污的工作服和手套。

(2) 氢气。氢气是最轻的气体,约为空气的 1/14 重。氢气无色、无嗅,极难溶于水,临界温度为 $-239.9℃$,临界压力为 1.28MPa。氢气可燃,纯净的氢气在空气中燃烧平静,火焰为淡蓝色。燃烧温度可达 2500～3000℃,可作焊接用。液氢可作火箭和航天飞机的燃料。

氢气的爆炸极限极宽,为 4.0%～75%,所以氢气是一种极危险的气体。氢气与空气或氧气混合后,遇明火会发生强烈爆炸。美国"挑战者号"航天飞机起飞时爆炸,其原因即是燃料箱渗漏,液氢与液氧在机体外相遇混合,其时航天飞机外壳的温度足够点燃氢氧混合气体,于是酿成了美国航天史上最惨重的失败。氢气瓶漏气后遇明火或高温会爆炸,这一点要求运输人员充分重视。

氢气是用途极广的工业原料,工业氢气可通过食盐和水的电解取得:

$$2NaCl + 2H_2O \xrightarrow{电解} 2NaOH + H_2\uparrow + Cl_2\uparrow$$

氢气、氯气和氧气占了气体储运量中的极大部分。实验室的氢气可以用金属(比如锌、铁)与酸置换反应取得。

氢气有极强的还原性,能与许多非金属直接化合。如氢能在氯气中燃烧生成氯化氢;能与硫反应生成硫化氢。氢气在氯气中的爆炸极限为 5.5%～89%,氢和氯的混合气体在日光照射下就会发生剧烈的爆炸。

所以,氢气不能与任何氧化剂尤其是氧气、氯气混储、混运。

(3) 氯气。氯气又名液氯,其临界温度为 144℃,临界压力为 7.61MPa。常温下 0.6MPa 就会使氯气液化,故氯气总是在液化的状态下储存运输,习惯称氯气为液氯。

氯气是一种黄绿色的剧毒气体,有强烈的刺激气味。空气中的最高允许浓度为 $1mg/m^3$,如超过 $0.1～0.5g/m^3$,人吸入后,会发生咽喉、鼻、支气管痉挛,眼睛失明,并导致肺炎、肺气肿、肺出血而死亡;如超过 $2.5g/m^3$,则会立即使人畜窒息死亡。

氯气的蒸气相对密度为 2.5。所以,氯气泄漏在空气中会沉在下部沿地面扩散,使地面人员受害。氯气溶于水,常温下 1 体积水可溶解 2.5 体积的氯气。氯气瓶漏气时,可大量浇水,或迅速将其推入水池,或用潮湿的毛巾捂住口鼻,以减轻危害。

氯气是很活泼的物质,有极强的氧化性。例如,铜能在氯气中燃烧;氯气与易燃气体能直接化合,其混合气遇光照会发生爆炸;氯与非金属如磷、砷等接触也会发生剧烈的反应甚至爆炸。

氯气与有机物接触也会发生强烈反应。

(4) 氨。氨又名液氨,其化学式为 NH_3。氨是一种无色、有刺激性的气体,其蒸气相对密度为 0.59。氨的临界温度为 132.4℃,临界压力为 11.13MPa。在常温下 0.7～0.8MPa 的压力就能使氨液化。氨极易溶于水,1 体积的水可以溶解 700 体积的氨。所以,当液氨钢瓶漏气时,以大量水浇之或将其浸入水中,就可暂时减少进入空气中的氨气的量,以免发生更大事故。

氨有强烈的刺激性气味,能使人窒息死亡,故属有毒气体。但少量的氨能刺激神经,处于昏迷状态的人嗅到氨的气味可以恢复知觉。所以,有时也用很稀的氨气来急救昏迷的病人。

氨的水溶液叫氨水，显碱性，可以看作是生成了氢氧化铵 NH_4OH，属腐蚀物品。氨水的含氨量一般在 20% 以下。含氨量大于 20%，需加压才能溶解，所以含氨量大于 20% 的氨的水溶液是作为溶解气体储运的。

氨遇酸化合生成铵盐，如 $NH_3+HCl \Longrightarrow NH_4Cl$，所以氨气钢瓶要远离任何酸类物质。

氨不能在空气中燃烧，但能在纯净的氧气里燃烧。氨能与氯气发生剧烈的反应，生成氯化氢和氮气：

$$2NH_3+3Cl_2 \Longrightarrow 6HCl+N_2\uparrow+热量$$

氯化氢吸湿性很强，能吸收空气中的水蒸气立即形成白雾状的盐酸。工厂中常用这个原理，用喷微量氨水的方法来检验氨气瓶是否有微量的漏气。即漏气量在被人们的嗅觉感觉之前，喷洒上氨水却可以看见一条线状的白雾带。

但如果不是微量的氨气与微量的氯气相遇，而是大量的氯和氨相遇，反应将会继续进行下去，生成氯化铵和三氯化氮等：

$$NH_3+3Cl_2 \Longrightarrow NCl_3+3HCl$$
$$NH_3+HCl \Longrightarrow NH_4Cl$$
$$NH_4Cl+3Cl_2 \Longrightarrow NCl_3+4HCl$$

三氯化氮的性质很活泼，很不稳定，与有机物接触、遇热或被撞击，会立即发生爆炸性分解：

$$2NCl_3 \Longrightarrow N_2\uparrow+3Cl_2\uparrow+热量$$

所以液氯和液氨不能在同一车厢配装，也不可在同一库房内混储。

(5) 乙炔（溶于丙酮）。乙炔（C_2H_2）俗名电石气。电石受潮后放出的气体即为乙炔：

$$CaC_2+2H_2O \Longrightarrow Ca(OH)_2+C_2H_2\uparrow$$

纯净的乙炔无色、无嗅，工业乙炔因含有杂质磷化氢（PH_3）而具有特殊的刺激性气味。

乙炔非常容易燃烧，也极易爆炸，其闪点为 $-17.8℃$，爆炸极限为 2.5%～81%。危险度为 31.4，仅次于二硫化碳。当空气中含乙炔 7%～13% 或纯氧中含乙炔 30% 时，压力超过 0.15MPa 不需明火也会爆炸。未经净化的乙炔内可能含有 0.03%～1.8% 的磷化氢，气态磷化氢在 100℃ 时会自燃，液态磷化氢的自燃点低于 100℃。因而，在乙炔中含有空气、磷化氢等杂质时更容易燃烧爆炸。一般规定，乙炔中乙炔含量应在 98% 以上，磷化氢的含量不得超过 0.2%，硫化氢含量不得超过 0.1%。

乙炔与铜、银、汞等重金属或其盐类接触能生成乙炔铜、乙炔银等易爆炸物质，故凡涉及乙炔用的器材都不能使用银和含铜量 70% 以上的铜合金。

乙炔能与氯气、次氯酸盐等化合成乙炔基氯，乙炔基氯极易爆炸。乙炔还能与氢气、氯化氢、硫酸等多种物质起反应。因而储运乙炔时，不能与其他化学物质放在一起。

在讨论气体的溶解性时，讲到乙炔实际上是溶解气体。因为乙炔是在高压下具有爆炸性质的物质，它所受到的压力越高，越容易引起爆炸。具有这种性质的气体还有二氧化氯、偶氮化氢、氧化氮、氰化氢、氧化亚氮等。所以考察乙炔的临界温度和临界压力是没有实际意义的。

但是，乙炔在丙酮溶液中则能保持稳定。1 体积的丙酮在常压下可溶解 25 体积的乙炔，在 1.2MPa 下可溶解 300 体积的乙炔。乙炔钢瓶内填充有活性炭、木炭、石棉或硅藻土等多孔材料，再将丙酮注入，然后通入乙炔使之溶解于丙酮中，直至在 15℃ 达到 1.55MPa。

国外曾有报道,因容器密封不良而漏气,操作人员在采取措施时,由于衣服摩擦产生静电,因火花放电引起爆炸事故。所以,相比于其他气体,防止乙炔的泄漏显得更为重要。

(6) 天然气(含甲烷,液化的)。天然气别名液化天然气,是广泛用于工业、农业、家用及商业的动力燃料、化学及石油化学工业原料。天然气是无色无嗅的液体,主要成分为83%～99%的甲烷、1%～13%的乙烷、0.1%～3%的丙烷、0.2%～1.0%的丁烷。也含有一定比例的氮气、水蒸气、二氧化碳、硫化氢,有时还含有一些数量不明显的稀有气体(如氦、氩等)。天然气在液化装置中液化,产生液化天然气,其组成与气态稍有不同,因为一部分组分在液化过程中被除去。沸点为－164～－160℃。

天然气极易燃。蒸气能与空气形成爆炸性混合物,在室温下的爆炸极限为5%～14%,在－162℃左右的爆炸极限为6%～13%。当液化天然气由液体蒸发为冷的气体时,其密度与在常温下的天然气不同,约比空气重1.5倍,其气体不会立即上升,而是沿着液面或地面扩散,吸收水与地面的热量以及大气与太阳的辐射热,形成白色云团。由雾可察觉冷气的扩散情况,但在可见雾的范围以外,仍有易燃混合物存在。如果易燃混合物扩散到火源,就会闪回燃着。当冷气温度至－112℃左右时,就变得比空气轻,开始上升。液化天然气比水轻(相对密度约为0.45),遇水生成白色冰块。冰块只能在低温下保存,温度升高即迅速蒸发,如急剧扰动能猛烈爆喷。天然气主要由甲烷组成,其性质与纯甲烷相似,属"单纯窒息性"气体,高浓度时因缺氧而引起窒息。液化天然气与皮肤接触会造成严重灼伤。

2.1.3　易燃液体

1. 定义

本类货物系指易燃的液体、液体混合物或含有固体物质的液体,但不包括由于其危险特性已列入其他类别的液体。其闭杯试验闪点等于或低于60℃,但因不同运输方式而确定本运输方式适用的闪点不得低于45℃。

对运输来说,易燃液体最主要的危险是其挥发性蒸气导致燃烧和爆炸。衡量液体易燃性和易爆性的重要特性参数是闪点、沸点、燃点、爆炸极限和蒸气压等。其中最主要的是闪点和沸点。

闪点是衡量液体易燃性的最重要的指标。如果可燃液体温度高于其闪点时,随时都有接触火源而被点燃的危险。可燃液体的闪点分为闭杯闪点 T_{cc} 和开杯闪点 T_{oc}。闪点较高的液体,为了方便起见,一般用开杯式容器测定。闪点在5～150℃范围内的,开杯式测定的闪点比闭杯式测定的闪点高几摄氏度。世界各国的各种"危规"涉及闪点时,除有特别说明的外,都是指闭杯闪点。闪点越低,液体的危险性越大。

沸点时液体的蒸气压等于大气压力,若此时液体继续受热,越来越多的液体转为气体,其蒸气压随之上升。液体的沸点越低,越容易汽化,越容易与空气形成爆炸性混合物。

2. 特性

(1) 易挥发性。在自然界中普遍存在液态和气态的转化,从液态转变成气态的过程叫作汽化。液体表面的气化现象叫蒸发,蒸发在任何温度下都能够进行。液体在低于沸点温度下的蒸发现象称为挥发。所有液体都能够蒸发,只是各种液体蒸发的快慢不同。影响液体蒸发的速度与温度、蒸发面积、分子间内聚力的大小、在相同温度下液体的饱和蒸气压等有关。在相同条件下,易燃液体内聚力较其他可燃液体内聚力小,而饱和蒸气压大,沸点较低,所以易燃液体易于挥发。易燃液体的易挥发性一方面可能造成物质的减量,另一方面容易形成易燃、易爆、有毒的蒸气。

(2) 易燃性。液体本身并不能燃烧,但其挥发的蒸气与空气的混合物一旦接触火种就容易着火燃烧。绝大部分液体的燃烧形式都是蒸发燃烧,由于易燃液体的沸点都较低,只略高于常温,如乙醚(34.5℃)、二硫化碳(46℃)、丙酮(56.1℃),在常温下就易挥发,在液面上形成较高的蒸气压,液面附近的蒸气浓度很高,易于形成可燃性气体,且易燃液体闪点低,点燃所需的能量又极小,一般只需要 0.2mJ,见表 2-7。因此,易燃液体具有高度的易燃性。

表 2-7　一些常见易燃液体的着火能量

物　　质	最小着火能量/mJ	空气中混合物的浓度/%
二硫化碳	0.009	28～30
汽油	0.1～0.2	—
苯	0.20	4.7
丁酮	0.29	—

(3) 蒸气的易爆性。如上所述,易燃液体一般在常温下就能源源不断地蒸发,液面附近的蒸气浓度都很高,一旦从容器中泄漏出来,与空气混合达到一定的浓度,遇明火会发生爆炸。易燃液体的爆炸性也用爆炸范围(极限)来表示。易燃液体一般都是爆炸下限比较低,且爆炸范围比较宽。一些常见易燃液体的闪点和爆炸极限见表 2-8。

表 2-8　一些常见易燃液体的闪点和爆炸极限

物　　质	闪点/℃(c.c)	爆炸极限/%	物　　质	闪点/℃(c.c)	爆炸极限/%
汽油	<−18	0.6～8.7	乙醇	13	3.3～19
二硫化碳	−30	1～60	丙酮	−20～−18	2.5～13
乙醚	−40	1.7～48	苯	−11	1.4～8

(4) 具有较大的蒸气压。敞开的液体物质总是或快或慢地蒸发着,直到全部变成蒸气。如果把液体在一定温度下放在一个留有空间的密闭容器中,液体的蒸发就不能无限地进行下去,当液体分子由液相进入气相的数量与由气相返回液相的数量一致时,达到动态平衡,使液体上方的空间充满蒸气。如果温度不发生变化,这一平衡将一直维持下去。像这样在密闭容器中,一定的温度下处于平衡状态时,液体蒸气所具有的压力叫作饱和蒸气压(蒸气压)。几种常见液体不同温度时的蒸气压见表 2-9。

表 2-9　几种常见液体不同温度时的蒸气压*

温度/℃	水	乙醇	苯	温度/℃	水	乙醇	苯
−10	2.1	5.6	15.0	30	31.8	78.8	118.0
0	4.6	12.2	27.0	50	92.5	222.2	271.0
10	9.2	23.6	45.0	75	289.1	666.1	643.0
20	17.5	43.9	74.0	100	760.0	1693.3	1360.0

注:表中蒸气压单位为 mmHg,1mmHg=133.322Pa。

易燃液体都是蒸气压较高的液体,而且随温度的升高蒸气压急剧加大,因而储存于密闭容器中时,受热后很容易造成容器胀裂,甚至发生物理爆炸。铁桶装的易燃液体在夏季受热后,出现的"胖桶"现象,主要就是因为蒸气压增高而造成的。所以,对于易燃液体应禁止受热,远离热源、火源,夏季还要做好降温工作。

(5)热胀冷缩性。许多物质都有受热膨胀、受冷收缩的物理特性。易燃液体的受热膨胀系数比较大,其受热膨胀性相当突出,再加上受热后蒸气压提高,其增值很大。因此,装满易燃液体的容器,往往会因受热造成容器胀裂,液体外溢或爆炸。

凡是液体货物,不论用什么形式的包装容器,充装时,必须在包装容器内留有一定的富余空间,以适应温度变化所造成的货物体积的膨胀。这个富余空间就叫包装的膨胀余位。膨胀余位一般以体积的百分比计算。

液体物质的膨胀体积可以用下列公式计算:

$$\Delta V = V_1 \times (T_2 - T_1) \times \beta$$

或

$$V_2 = V_1 + V_1(T_2 - T_1) \times \beta$$

式中:T_1 为灌装时的温度,单位为℃;T_2 为运输途中可能遇到的最高温度,单位为℃;V_1 为 T_1 时的体积,单位为 L;V_2 为 T_2 时的体积,单位为 L;β 为膨胀系数(一些常见液体的膨胀系数见表 2-10);ΔV 为膨胀体积,单位为 L。

$$膨胀余位 \ \alpha = \Delta V / V_1 = (T_2 - T_1) \times \beta$$

表 2-10　一些常见液体的膨胀系数

液体名称	$\beta/(1/℃)$	液体名称	$\beta/(1/℃)$
乙醚	0.001656	乙醇	0.001120
戊烷	0.001608	汽油	0.001080
丙酮	0.001487	醋酸	0.001071
苯	0.001237	松节油	0.000973
四氯化碳	0.001237	甘油	0.000505
甲醇	0.001199	水	0.000107

IMDG Code 规定,向包装充灌液体时,在 55℃时,不应将液体灌满包装。我国规定一般液体的膨胀余位应为 5%,对个别膨胀系数大的液体,或个别温差大的运程,要充分估计液体的膨胀体积,留足膨胀余位。

(6)高度流动性。易燃液体大多是黏度较小的液体,一旦溢漏,极易流动到低处。此外,液体物质能形成与重力方向垂直的水平面,当容器破损时,会迅速扩散。而且由于渗透、毛细管引力、浸润等作用而扩大其表面积,使蒸发速度加快,空气中的蒸气浓度很快提高,并向四周扩散,遇明火等引起燃烧或爆炸。

(7)反应性。易燃液体遇强酸及氧化剂等能发生剧烈反应而引起燃烧。例如,乙醇遇到氧化剂铬酸会引起燃烧;松节油遇到发烟硝酸也会剧烈反应而燃烧。

(8)毒性。大多数易燃液体及其蒸气都有不同程度的毒性或麻醉性。液体可以通过不同途径,如吸入蒸气、皮肤接触或口摄入等方式使人中毒,产生致毒效应。有的毒性很大。例如,苯、二甲苯、二硫化碳等吸入较多会引起急性中毒,出现头痛、眩晕、麻醉、昏迷、休克等急性症状;长时间吸入乙醚蒸气会引起麻醉,若深度麻醉会引起死亡。因此,装载易燃液体的库房、货舱应经常保持通风良好,开舱卸货前应先通风,以控制蒸气浓度。

(9) 易积聚静电。大部分易燃液体的绝缘性能都很好,不管脂肪烃还是芳香烃,都具有 $10^{13}\,\Omega\cdot m$ 左右的高电阻率,一般电阻率大于 $10^{12}\,\Omega\cdot m$ 的液体能呈现带电现象,当它所处的电位发生急剧的变化时,即产生放电。由于易燃液体的着火能量极小,所以在易燃液体的装卸、运输过程中易积聚静电,往往容易被静电火花点燃,引起可燃性蒸气混合物的燃烧或爆炸。表 2-11 为一些常见易燃液体的电阻率。

表 2-11　一些常见易燃液体的电阻率

液体名称	电阻率/($\Omega\cdot cm$)	相对湿度/%	温度/℃
石油精(轻汽油)	2.7×10^{13}	53	27.7
矿油精	2.6×10^{13}	54	28.1
苯(90%)	1.6×10^{13}	54	26.8
甲苯	2.5×10^{13}	54	27.0
二甲苯	2.8×10^{13}	54	28.0
二硫化碳	7.5×10^{11}	57	10.1
醋酸乙酯	1.7×10^{7}	54	27.7

(10) 比重小。液体物质的比重是相对于水测定的,水的比重为1,比重比水小且不混溶于水的液体物质,就会浮于水上。大部分易燃液体的比重都小于 1 且不混溶于水。当这类物质发生火灾时,用水去灭火是无效的,不但起不到覆盖、降温的作用,当液体不只限于某一容器时,还会由于水的流动性,而使火灾蔓延。

对于能溶于水的易燃液体如乙醇等,则可以用大量的水灭火。比水大的二硫化碳也可用水灭火。

一些常见易燃液体的比重见表 2-12。

(11) 蒸气相对密度较大。许多易燃液体的蒸气比空气重,当它们从容器中挥发出来后,其蒸气不是向高空扩散,而往往是向低处扩散。因此,在存放和积载易燃液体的库房和货舱的较低处就可能有易燃液体蒸气聚集,容易产生一些潜在的危险。一些常见易燃液体的比重和蒸气相对密度见表 2-12。

表 2-12　一些常见易燃液体的比重和蒸气相对密度

液体名称	比　重	蒸气相对密度	液体名称	比　重	蒸气相对密度
汽油	0.8	3.0~4.0	乙醚	0.71	2.55
二硫化碳	1.26	2.6	苯	0.88	2.8
乙醇	0.79	1.59			

 **知识链接**

常见的第3类危险货物

（1）苯（C_6H_6）。苯是无色透明液体，易挥发，具有芳香气味；相对密度为 0.879，易溶于有机溶剂，不溶于水，故不能用水扑救苯引起的火灾；沸点为 80.1℃，闪点为 −11℃，爆炸极限为 1.4% ～8%；有毒，能对造血器官与神经系统造成损害，空气中最高允许浓度为 10ppm（1ppm＝10^{-6}）。

苯是从炼焦以及石油加工的副产品中提取的。它是重要的工业原料，广泛用于乙烯、酚的制成，以及合成橡胶、乳酸漆、塑料、黏合剂、农药、树脂、香料等工业。苯与氧化剂反应剧烈，易于产生和积聚静电。

（2）二硫化碳（CS_2）。二硫化碳纯品为无色液体。沸点为 46℃，相对密度为 1.26（比水重），不溶于水，闪点为 −30℃，爆炸极限为 1%～60%。蒸气密度为 2.63，纯净的 CS_2 有令人愉快的气味，易于挥发，蒸气沉积在底部，有毒，空气中含量达到 $15g/m^3$ 时，半小时即可致人死亡。不纯的 CS_2 则为具恶臭气味的淡黄色的液体。

二硫化碳对热量高度敏感，最小着火能量仅为 0.009mJ，是最易燃烧的液体，暖气管、排气管、刚开亮的灯泡都可引燃。燃烧时生成大量有剧毒的二氧化硫和一氧化碳气体。

（3）汽油。汽油系轻质石油产品中的一大类。主要成分是碳原子数为 7～12 的烃类混合物。是一种无色至淡黄色的易流动的油状液体。沸点为 40～200℃，相对密度为 0.67～0.71，闪点为 −45～−50℃，自燃点为 415～530℃，爆炸极限为 0.6%～8.7%，挥发性极强（会使局部空间氧气浓度降低，使人窒息死亡），不溶于水。其蒸气与空气能形成爆炸性混合物，遇火种、高温氧化剂等有火灾危险。用作溶剂的汽油没有添加其他物质，故毒性较小。而用作燃料的汽油因加入四乙基铅等做抗爆剂，而大大增加了毒性（致癌）。

（4）油漆类。油漆（涂料）在易燃液体中占很大比重。油漆一般是胶黏状的液体，在物体表面上能结成一层薄膜，起到装饰和保护作用。

油漆不都是危险品，但人造漆中含有大量的丙酮、甲苯、松香水等，都是易燃液体。

2.1.4 易燃固体、易于自燃的物品和遇水放出易燃气体的物质

1. 定义

除划分为爆炸品以外在运输条件下易燃或可能引起或导致起火的物质。

2. 分类

第4类危险货物分为3项。

（1）4.1项：易燃固体、自反应物质和固态退敏爆炸品。本项物质系指燃点低，对热、撞击、摩擦敏感，易被外部火源点燃，燃烧迅速，并可能散发出有毒烟雾或有毒气体的固体物质，但不包括已列入爆炸品的物质。

可见，易燃物质同时具备 3 个条件：燃点低；燃烧迅速；放出有毒烟雾或有毒气体。这 3 个条件缺一不为危险货物。

易燃固体燃点越低，其发生燃烧的可能性和危险性越大。对固体燃点的测定一般采用专门的测试设备，将适量的固体试样破碎研细，并将其投入预热的玻璃容器中，以一定速度

加热,便可测出物质的最低点火温度(即燃点)。通过对 100 种易燃固体进行分析研究发现,大多数易燃固体的燃点都低于 400℃。因此,可以用燃点低于 400℃作为易燃固体衡量的参考数据之一。

此外,熔点在一定程度上影响着固体的易燃性。一般来说,熔点低的固体具有较强的挥发性,它们在较低的温度下即能转为液态或直接升华,其挥发出的蒸气与空气能形成爆炸性混合物并易于点燃,具有较低的闪点。因此,对低熔点的固体可以用闪点评价其易燃性的大小。

燃烧速度快慢是相对的,它与可燃物的质量、燃烧面积等有直接关系。国内有关方面对此提出了具体实验方法:将能加工成条形的物品制成直径为 3～4mm、长为 10cm 的长条,对不能加工成条形的物品以棉或纸包裹其粉末,做成上述条形纸捻,在无风室内水平放置点燃,以每秒燃烧的长度作为物质燃烧的速度数据。通常纤维质的物品如稻草、纸张、木材等的燃烧速度为 0.2～0.3cm/s,其他易燃物品一般要比它们快一些,因此以 0.5cm/s 作为燃烧速度的参考指标。

(2) 4.2 项:易于自燃的物质。本项货物系指自燃点低,在空气中易于发生氧化反应,放出热量,而自行燃烧的物品。

可见,自燃物品的主要特点是不需外界火源作用,自身在空气中能缓慢氧化放热并积热不散,达到其自燃点而自行燃烧。因此,对运输来讲,此项物品最主要的危险是自行发热、燃烧,有些物质甚至在无氧条件下也会自燃。

自燃是指不经明火点燃就自动着火燃烧的现象。自燃可分为两种情况:一种是物质虽不与明火接触,但受外界热源加热而自燃;另一种是物质不需明火、不需加热,在一定的条件下会自身氧化放热而自燃。前者称为受热自燃,一般易燃物品,包括固态、液态和气态的,都具有受热自燃的特性;后者称为自热自燃,只有一小部分的易燃物品具有这种特性。

物质在发生自燃时所需要的最低温度,叫作自燃点。自燃点的高低是此项物质危险性大小的主要标志。参照美国“材料与实验协会”对自燃物质的标准,有关研究表明,此项物质可采用自燃点在 200℃以下为依据。例如,黄磷的自燃点仅为 30℃,即使是在冰天雪地的环境温度下,只要露在空气中黄磷也很容易自身发热积温到 30℃而燃烧,故黄磷是自热自燃的易燃物品。

(3) 4.3 项:遇水放出易燃气体的物质。本项货物系指遇水或受潮时,发生剧烈化学反应,放出大量的易燃气体和热量的物品。有些不需明火,即能燃烧或爆炸。

可见,本项物品必须具备 3 个条件:在常温或高温下受潮或与水剧烈反应,且反应速度快;反应产物中有可燃气体;反应过程中放出大量热,可引起燃烧或爆炸。此项物质遇酸和氧化剂也能发生反应,而且比与水的反应更为剧烈,因此危险性也更大。

本项物品是以其化学反应的现象与产物作为依据的,无法确定一个鉴别参数。而用实验的方法则较易鉴别。如将少量物品投入水中(常温或高温)能观察到有气泡产生,收集的气体能燃烧或爆鸣,测量水温有显著升高,则该物品为遇湿易燃物品。

3. 特性

(1) 燃烧性。易燃固体的燃点都很低,遇空气(或氧化剂)、遇火、受热、摩擦或与酸类接触等都能引起剧烈的燃烧甚至爆炸。

易自燃物质的自燃点较低,并易于被氧化分解,受潮、受热后放出热量,这些热量又加剧氧化反应,产生的热量越来越多,很容易达到自燃点并引起自燃。

遇水放出易燃气体的物质化学特性极其活泼,遇水(湿)、酸、氧化剂等能发生剧烈的化学反应,放出易燃性气体,并产生一定的热量,当产生的热量达到其自燃点或遇到明火时立即引起燃烧甚至爆炸。

(2)爆炸性。易燃固体、易自燃物质和遇水放出易燃气体的物质的爆炸主要有以下几种情况。

① 易燃固体中有许多物质都是粉末状的,飞散到空气中,在一定条件下会引起粉尘爆炸。

所谓粉尘爆炸是指易燃或可燃性固体粉末均匀地分散在空气中,当它达到一定的浓度范围时,遇明火引起燃烧而产生爆炸。它是粉尘粒子燃烧的急剧传播,瞬间完成整个燃烧过程的现象。可燃性粉尘爆炸属于化学爆炸的一种。

② 有些物质与氧化剂混合会形成爆炸性混合物。

③ 因物质燃烧产生大量气体,使体积迅速膨胀并引起爆炸。

④ 固体退敏爆炸品,当其浸湿液体低于规定含量或处于干燥状态时即为爆炸性物质,具有强烈的爆炸性。

⑤ 遇水放出易燃气体的物质,如放出的易燃气体与空气混合浓度达爆炸极限,遇明火即引起混合气体的爆炸。

⑥ 遇湿放出易燃气体的物质,如与包装内残留的空气中的水汽反应生成气体,此气体如不能及时排泄,压力增大即发生爆炸。

(3)毒性和腐蚀性。本类中的一些物质本身有毒,如黄磷;还有一些物质在燃烧时会产生大量的有毒或腐蚀性气体,特别是硝基和氨基化合物,燃烧时能产生毒性较大的氮氧化物,硫磺和含硫化合物燃烧时产生腐蚀性的硫氧化物;还有一些遇水放出易燃气体的物质有较强的吸水性,与水反应后生成强碱或有毒气体,使人的皮肤干裂、腐蚀,引起中毒。

知识链接

常见的第4类危险货物

(1)赤磷(又名红磷)及磷的硫化物。赤磷与黄磷是磷的同素异形体,但两者性质相差极大。赤磷为紫红色无定型正方板状结晶或粉末,无毒、无嗅;相对密度为 2.2,熔点为 590℃(4.3MPa 时),416℃升华;不溶于水、二硫化碳和有机溶剂,略溶于无水酒精;着火点比黄磷高得多,易燃但不易自燃,燃点为 200℃,自燃点为 240℃。赤磷与氧化剂接触会爆炸。

磷与硫能生成多种化合物(如 P_4S_3、P_2S_5 等),都是易燃固体。所有这些磷化物都不太稳定,在遇水或受热时易分解,甚至发生燃烧。

(2)硫磺。硫磺又称硫黄,是硫元素构成的单质,黄色晶体,性脆,很容易研成粉末。相对密度为 2.06,熔点为 114.5℃,自燃点约为 250℃。在 113~114.5℃时熔化为明亮的液体。继续加热到 160~170℃时变稠变黑,形成新的无定型变体,继续加热到 250℃时,又变成液体。444.5℃时,硫开始沸腾,而产生橙黄色蒸气。硫在空气中燃烧生成 SO_2。硫磺往往是散装运输。由于性脆、颗粒小、易粉碎成粉末散在空气中,有发生粉尘爆炸的危险。每升空气中含硫的粉尘达 7mg 以上遇到火源就会爆炸。这里,硫作为还原剂被氧化,所以硫是易燃物品。

但是,硫对金属如铁、锌、铜等又有较强的氧化性。几乎所有金属都能与硫起氧化反应。反应开始需要加热,但一旦开始反应便产生氧化热,此时不需要外部热源,也能使反应加速进行,有起火和爆炸的危险。

硫与氧化剂(如硝酸钾、氯酸钠)混合,就形成爆炸性物质,敏感度很强。我国民间生产的爆竹、烟花等,就以硫磺、氯酸钾以及炭粉等为主要原料。

(3) 黄磷,又称白磷。黄磷是白色或淡黄色的半透明的蜡状固体。相对密度为 1.828,自燃点为 30℃,熔点为 44.1℃,沸点为 280℃,蒸气相对密度为 4.42,蒸气压为 133.3kPa (76.6℃)。黄磷性质极活泼,暴露在空气中即被氧化,加之自燃点低,因此只需一二分钟即自燃。所以,黄磷必须浸没在水中,若包装破损使水渗漏,导致黄磷露出水面,就会自燃。

黄磷有剧毒。大鼠皮肤 LD_{50} 为 100mg/kg 可致死。黄磷自燃的生成物氧化磷也有毒,在救火的过程中应防止中毒。黄磷对皮肤有刺激性,可引起烧伤。

(4) 油浸的麻、棉、纸等及其制品。纸、布、油脂都是可燃物,但在通常情况下不作为易燃品,更不会自燃。它们在空气中也会氧化,如纸发黄,油结成一层硬膜等。但过程慢,不聚热,不会自燃。然而,当把纸、布等经浸油处理后,油脂与空气的接触面积增加了无数倍,氧化放出的热量就增大,纸、布又有很好的保温作用,使生成的热量难于逸散。时间一长,热量积聚,温度不断升高,达到自燃点就会自燃。特别是在空气潮湿的情况下,温度逐渐升高而发生自燃。

所以这些制品要充分干燥才能装箱储运,且要用花格透笼箱包装,并保持良好的通风散热条件。在装运储存过程中,要慎防这些物品淋雨受潮,只要注意通风,一般不会自燃。

(5) 钠、钾等碱金属。钠、钾都是银白色柔软轻金属。钠相对密度为 0.971,常温时为蜡状,熔点为 97.5℃。钾相对密度为 0.862,熔点为 63℃。碱金属是化学性质最活泼的金属元素,暴露在空气中会与氧作用生成氧化钠:

$$4Na + O_2 \Longrightarrow 2Na_2O$$

也会吸收空气中的水分发生反应,置换出氢气。若放在水中,反应进行得迅速而剧烈,反应热会使放出的氢气爆炸,引起金属飞溅:

$$2K + 2H_2O \Longrightarrow 2KOH + H_2\uparrow$$

二氧化碳不能作为碱金属火灾的灭火剂。因为二氧化碳能与金属钠、金属钾起反应:

$$4Na + CO_2 \Longrightarrow 2Na_2O + C$$

干砂(SiO_2)也不能用于扑救碱金属的火灾。

由于这些金属不与煤油、石蜡反应,所以把钠、钾等浸没在这些矿物油中储存,使它们与空气中的氧和水蒸气隔离。应当注意,用于存放活泼金属的矿物油必须经过除水处理。这些物品的包装如损漏,则非常危险。

(6) 电石(CaC_2),学名碳化钙。电石为灰色的不规则的块状物。相对密度为 2.22。电石有强烈的吸湿性,能从空气中吸收水分而发生反应,放出乙炔(电石气),与水相遇反应更剧烈:

$$CaC_2 + 2H_2O \Longrightarrow Ca(OH)_2 + C_2H_2\uparrow$$

放出的大量热量能很快达到乙炔的自燃点而起火燃烧,甚至爆炸。

2.1.5　氧化性物质和有机过氧化物

1. 定义

氧化性物质和有机过氧化物是指在运输过程中放出氧气并产生大量的热,从而引起燃烧的物质。

2. 分类

第 5 类分为 2 项。

(1) 5.1 项:氧化性物质。该类物质本身未必燃烧,但通常因放出氧气能引起或促使其他物质燃烧,这些物质可能包含在一个物品中。

(2) 5.2 项:有机过氧化物。该类物质属于有机物,在分子结构上含有两价的 —O—O—(可以认为是过氧化氢其中的一个或两个氢原子被烃基取代的衍生物)。

任何有机过氧化物都应考虑划归第 5.2 类,除非配制品含如下有机过氧化物:① 当含有不超过 1.0% 的过氧化氢时,有机过氧化物的有效含氧量不超过 1.0%;② 当含有 1.0%～7% 的过氧化氢时,有机过氧化物的有效含氧量不超过 0.5%。

有机过氧化物根据其危险程度可划分为从 A～G 七种类型,对于 A 型有机过氧化物,尽管其包装通过了检验,也不允许在此包装中运输;对于 G 型有机过氧化物可不遵循第 5.2 类规定;B～F 型有机过氧化物的分类与每一包装所允许的最大重量直接相关。

3. 特性

属于氧化剂的物质很多,它们的氧化能力有强也有弱,有的性质很活泼,有不同的危险性;有的性质比较稳定,不属于危险货物。因此,不能笼统地认为氧化剂都是危险货物。被列入危险货物的氧化剂是一种化学性质比较活泼的物质,既可以做化学试剂及化工原料,也可用作化肥。有机过氧化物更是新型化学工业的重要原料,具有更大的危险性。

氧化剂本身不一定可燃,但可以放出氧而引起其他物质燃烧。有机过氧化物都是含有过氧基(—O—O—)的有机物,很不稳定,容易分解,有很强的氧化性,而且其本身就是可燃物,易于着火燃烧;分解时的生成物为易燃气体,容易引起爆炸。

(1) 氧化剂的特性。本项货物在遇酸、受热、受潮或接触有机物、还原剂后即有分解放出原子氧和热量,引起燃烧或形成爆炸性混合物的危险。

① 氧化性。在其分子组成中含有高价态的原子或过氧基。高价态原子有极强的夺取电子的能力,过氧基能直接释放出游离态的氧原子,两者都具有极强的氧化性。

② 不稳定性,受热易分解。不少氧化剂的分解温度小于 $500℃$,这些物质经摩擦、撞击或接触明火,局部温度升高就会分解放出氧,促使可燃物燃烧。几种无机氧化剂的分解温度见表 2-13。

表 2-13　几种无机氧化剂的分解温度

品　名	分解反应化学式	分解温度/℃
硝酸铵	$2NH_4NO_3 \Longrightarrow 2N_2\uparrow + 4H_2O + O_2\uparrow$	210
高锰酸钾	$2KMnO_4 \Longrightarrow MnO_2 + O_2\uparrow + K_2MnO_4$	<240
硝酸钾	$2KNO_3 \Longrightarrow 2KNO_2 + O_2\uparrow$	400
氯酸钾	$2KClO_3 \Longrightarrow 2KCl + 3O_2\uparrow$	400
过氧化钠	$Na_2O_2 \Longrightarrow Na_2O + (O)$	460

③ 化学敏感性。氧化剂与还原剂、有机物、易燃物品或酸等接触时,有的能立即发生不同程度的化学反应。如氯酸钾或氯酸钠与蔗糖或淀粉接触,高锰酸钾与甘油或松节油接触,三氧化铬与乙醇等混合,都能引起燃烧或爆炸。用扫帚清扫撒在地上的硝酸银即能引起局部燃烧爆炸。同属氧化剂类的物品,由于氧化性的强弱不同,相互混合后也能引起燃烧爆炸,如硝酸铵和亚硝酸钠,硝酸铵和氯酸盐等。有机过氧化物中的过氧化苯甲酰,分解温度只有 130℃,甚至在拧瓶盖时如操作不当也可能引起爆炸。

④ 吸水性。大多数盐类都具有不同程度的吸水性。如硝酸盐中的钠、钙、镁、铵、锌、铁、铜和亚硝酸钠等,在潮湿的环境里很容易从空气中吸收水分,甚至溶化、流失。有的还容易吸水变质,如过氧化钠、过氧化钾遇水则猛烈分解释放氧,若遇有机物、易燃物即引起燃烧;三氧化铬迅速吸水变成铬酸;高锰酸锌吸水后的液体接触有机物(如纸、棉布等),能立即燃烧;漂粉精遇水后,不仅放出氧,同时还产生大量剧毒和具有腐蚀性的氯气等。

⑤ 氧化剂能在某种情况下释放出氧。含氧化合物一般在受热情况下易于分解出氧,氧是助燃剂,若遇有机物、易燃物即引起燃烧。

氧化剂一般都具有不同程度的毒性,有的还具有腐蚀性,人吸入或接触可能发生中毒、灼伤现象。如硝酸盐、氯酸盐都有不同程度的毒性,三氧化铬(铬酸酐)、过氧化钠都有腐蚀性等。

(2) 有机过氧化物的特性。由于含有极不稳定的过氧基(—O—O—),有机过氧化物有强烈的氧化性能,对热、振动或摩擦极为敏感。当有机过氧化物受到振动、冲击、摩擦或遇热时即分解且放出热量,加之有机过氧化物本身为可燃物,就会由于高温引起自身的燃烧,而燃烧又产生更高的热量,最后导致体系的爆炸。有机过氧化物具有前述氧化剂的特点,而且比无机氧化剂有更大的危险性,其危险主要表现如下。

① 有机过氧化物比无机氧化剂更容易分解。其分解温度一般在 150℃ 以下,有的甚至在常温或低温时即可分解,一些有机过氧化物的分解温度见表 2-14,故需保持低温运输。同时有机过氧化物对杂质很敏感,痕量的酸类、金属氧化物或胺类即会引起剧烈分解。由于分解温度低,有机过氧化物对摩擦、撞击等因素也比无机氧化剂敏感。

表 2-14　一些有机过氧化物的分解温度

品　　名	自催化分解温度/℃	品　　名	自催化分解温度/℃
过氧化叔丁醇	88～93	过氧化三甲醋酸叔丁酯	29.4
过氧化苯甲酸叔丁酯	64	过氧化二碳酸二异丙酯	12
过氧化醋酸叔丁酯	93	过氧化二月桂酰	48.9

② 有机过氧化物绝大多数是可燃物质,有的甚至是易燃物质;有机过氧化物分解产生的氧往往能引起自燃;燃烧时放出的热量又加速分解,循环往复极难扑救。

③ 有机过氧化物分解后的产物,几乎都是气体或易挥发的物质,再加上易燃性和自身氧化性,分解时易发生爆炸。

📜 **知识链接**

常见的第 5 类危险货物

（1）硝酸钾（KNO_3），又称钾硝石、火硝。无色透明晶体或粉末，相对密度为 2.109，溶于水。遇热分解出氧：

$$2KNO_3 \xrightarrow{\triangle} 2KNO_2 + O_2\uparrow$$

当 KNO_3 与易燃物质混合后，受热甚至轻微的摩擦冲击都会迅速地燃烧或爆炸。黑火药就是根据这个原理配制的。

硝酸钾遇硫酸会发生反应生成硝酸：

$$2KNO_3 + H_2SO_4 \xrightarrow{\hspace{1cm}} K_2SO_4 + 2HNO_3$$

所以硝酸盐类不能与硫酸配载。

（2）氯酸钾（$KClO_3$）。白色晶体或粉末，味咸、有毒，相对密度为 2.32，在 400℃时能分解放出氧：

$$2KClO_3 \xrightarrow{\triangle} 2KCl + 3O_2\uparrow$$

因包装破损，氯酸钾撒漏在地后被践踏发生火灾的事故时有发生。

氯酸钾与硫、碳、磷或有机物（如糖、面粉）等混合后，经摩擦、撞击即爆炸。氯酸钾的热敏感和撞击感度都比黑火药灵敏得多。

$$2KClO_3 + 3S \xrightarrow{\hspace{1cm}} 2KCl + 3SO_2\uparrow$$

氯酸钾遇浓 H_2SO_4 则生成高氯酸和二氧化氯：

$$3KClO_3 + 3H_2SO_4 \xrightarrow{\hspace{1cm}} 3KHSO_4 + HClO_4 + 2ClO_2\uparrow + H_2O$$

$HClO_4$ 是一种极强的酸，也有极强的氧化性。ClO_2 是极不稳定、易爆炸的物质，所以氯酸盐不可与浓硫酸配载。

（3）过氧化二苯甲酰，又称苯甲酰过氧化物。白色结晶粉末。有难闻的气体，不溶于水，微溶于乙醇，溶于苯、氯仿等，相对密度为 1.33，熔点为 103℃，分解温度为 130℃。干燥的过氧化二苯甲酰易燃烧，在受到撞击、受热或摩擦时会爆炸。与硫酸接触能发生剧烈反应引起燃烧，放出大量有毒气体。为了安全起见，一般储存在水中。在运输时必须保持 30% 以上的水分（水用作稳定剂），严禁撞击。

（4）过氧化甲乙酮，又称过氧化甲基乙基酮、甲基乙基酮过氧化物、过氧化丁酮、催化剂 M。无色油状液体，具有愉快气味，不溶于水，分解温度为 105℃。一般用苯二甲酸二甲酯溶剂稀释。溶剂量不低于 45% 方可运输。40% 溶液的自催化分解温度为 65℃，在 110℃时急剧分解，产生爆炸。对热、振动极为敏感。遇某些化学品、热源或阳光可引起分解；如遇氧化物、有机物、易燃物、促进剂会剧烈反应，着火或爆炸。刺激性强。蒸气能刺激眼睛和呼吸系统。与眼睛接触，如不立即治疗，会给角膜造成严重伤害。误服会中毒。液体与皮肤接触能造成灼伤。

2.1.6　毒性物质和感染性物质

1. 定义

毒性物质是指如吞咽、吸入或皮肤接触易于造成死亡、严重伤害或损害人体健康的物质。

感染性物质是指那些已知或有理由认为含有病原体的物质。病原体是指会使动物或人感染疾病的微生物(包括细菌、病毒、立克次氏体、寄生虫、真菌)和其他媒介,如病毒蛋白等。

2. 分类

第 6 类分为 2 项。

(1) 6.1 项：毒性物质。毒性物质的确认指标及危险等级标准见表 2-15。

表 2-15　经口吞咽、皮肤接触和吸入粉尘、烟雾或蒸气的分类标准

包装类	危险等级	经口吞咽毒性 LD_{50}/(mg/kg)	皮肤接触毒性 LD_{50}/(mg/kg)	粉尘、烟雾吸入毒性 LC_{50}/(mg/L)
Ⅰ	大	$LD_{50} \leqslant 5$	$LD_{50} \leqslant 50$	$LC_{50} \leqslant 0.2$
Ⅱ	中	$5 < LD_{50} \leqslant 50$	$50 < LD_{50} \leqslant 200$	$0.2 < LC_{50} \leqslant 2$
Ⅲ	小	$50 < LD_{50} \leqslant 300$	$200 < LD_{50} \leqslant 1000$	$2 < LC_{50} \leqslant 4.0$

注：毒性数据相当于包装类Ⅲ的催泪性毒性物质,应将其列入包装类Ⅱ。

如果一种物质经两种或多种致毒途径,动物试验所得结果显示不一致,则使用试验中显示最高危险性的一种来确定包装类。

(2) 6.2 项：感染性物质。本类物质的具体分类情况如下。

① 生物制品。生物制品是从活生物体取得的,根据可能有特别许可证发放要求的国家主管机关的要求制造或发放的,并用于预防、治疗或诊断人类或动物的疾病,或用于与此类活动有关的开发、实验或调查目的的产品。生物制品包括但不限于诸如疫苗等成品或半成品。

② 培养物。培养物是人为培养病原体的产物。

③ 直接从人类或动物采集的受感染的样品。包括但不限于为研究、诊断、调查、治疗及预防疾病而运输的排泄物、分泌物、血液及其成分、组织及其组织液以及身体的某部位。

④ 基因重组的微生物和生物。是其遗传物质已经通过遗传工程,有目的地以非自然方式进行改变的一些微生物和生物。

⑤ 医疗或临床废弃物。指的是从人类或动物的医疗中,或从生物研究中产生的废料。

3. 特性

(1) 毒害性。有毒物质少量地进入人类或动物机体后,能与液体及组织发生作用,扰乱或破坏机体的正常生理功能,引起暂时性或永久性的病理状态,甚至危及生命安全的物质。

不同的物质其毒性大小各不相同,影响毒物毒性大小的主要因素有毒物的化学组成、结构、溶解性(水溶性还是脂溶性)、溶解度、颗粒大小、沸点高低、蒸气密度、环境温度等。

有毒物质的物理形态是固体或液体,或它们散发、挥发出来的气体、蒸气、雾、烟雾和粉尘。

(2) 遇热、酸、水等分解性。几乎所有的有毒物质遇火或受热都分解会散发有毒气体。有些毒物遇酸会发生剧烈反应,产生剧毒气体,如氰化钠、氰化钾等。有些毒物遇水发生分解反应,产生剧毒、腐蚀性气体,如氟化砷、磷化铝等。此外,有些毒物遇碱类,或与金属接触也会产生反应放出有毒气体。

（3）有机毒品可燃性。毒害品中的有机物都是可燃的，其中还有不少液体是易燃的，它们遇火、高热或与氧化剂接触会发生燃烧甚至爆炸，并放出有毒气体，加大危害性。例如，氯甲酸甲酯，闪点为5℃；氯甲苯，闪点为52℃。

（4）污染性。大部分有毒物质具有污染性。

（5）腐蚀性。有不少毒害品对人体和金属有较强的腐蚀性，强烈刺激皮肤和黏膜，甚至发生溃疡，加速毒物经皮肤的入侵。例如，苄基溴、苄基氰、溴化氰、氯甲酸乙酯等毒物都具有较强的腐蚀性。

（6）感染性。第6.2类物质具有对人类或动物发生感染性疾病的危害性。

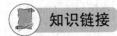 **知识链接**

常见的第6类危险货物

（1）氢氰酸及氰化物。氢氰酸即氰化氢（HCN），具有苦杏仁味，极易扩散，易溶于水（即称为氢氰酸）。含氰基（—CN）的化合物叫氰化物。大多数氰化物属剧毒物质，在体内能迅速离解出氰根离子（CN^-）而起毒性作用，50～100mg就可使人死亡。例如氰化钠，俗称山萘或七步倒，人仅服1～3mg走不出七步路就会死亡。

氰化物虽有较大毒性，但易被分解成低毒或无毒的物质。如氰化钾与水作用会逐渐被分解甲酸钾和氨。遇H_2O_2分解很快，故小量的含氰毒物可用H_2O_2作解毒剂：

$$H_2O + KCN + H_2O_2 \Longrightarrow KHCO_3 + NH_3 \uparrow$$

氰化物遇酸或酸性腐蚀物品时会放出HCN。

（2）砷及其化合物。砷的俗名为砒，为元素砷（As）的单质。通常为灰色的金属状晶体，还有黄及黑两种同素异形体，灰色的金属特性较突出，但性脆。相对密度为5.7，不溶于水。在空气中表面会很快被氧化而失去光泽。纯的未被氧化的砷是无毒的，口服后几乎不被吸收就排出体外。但因为砷易氧化，表面几乎都生成了剧毒的氧化物，所以砷也列入剧毒品。砷在自然界主要以化合物存在，如硫化砷（雄黄，化学式为AsS）、三硫化二砷（雌黄，化学式为As_2S_3）等。

砷主要有三价和五价两种化合物。五价的砷毒性较弱，三价的砷毒性极强。砷的三价氧化物（三氧化二砷，As_2O_3）又称亚砷酐。不纯的三氧化二砷俗称砒霜或白砒，有剧毒。

砷为非金属，故其氧化物为酸性氧化物。有两种氧化物：三氧化二砷（As_2O_3）和五氧化二砷（As_2O_5）。其对应的酸为亚砷酸（H_3AsO_3）和偏亚砷酸（$HAsO_2$）及砷酸（H_3AsO_4），皆为弱酸。其对应的盐则为亚砷酸盐和偏亚砷酸盐及砷酸盐。亚砷酸钠（$NaAsO_2$）及砷酸钾（K_3AsO_4）等皆为剧毒品。其他砷化物也大多具有毒性。

砷与氢的化合物叫砷化氢，是气体，极毒，当砷化氢分子中的氢原子被有机化合物的烃基取代后得到的有机砷化合物则叫作胂。胂类化合物也大都具有毒性。

一般，砷的可溶性化合物都具有毒性。砷及其化合物可用作药物和杀虫剂等。

（3）四乙基铅[$Pb(C_2H_5)_4$]。四乙基铅又名四乙铅，为无色油状液体。相对密度为1.64，有苹果香味。不溶于水，易溶于有机溶剂和脂肪，易挥发。主要作汽油抗爆剂。因高度挥发，易进入呼吸道。因溶于脂肪，易为皮肤接触吸收。毒性较大，主要侵害中枢神经系统。大鼠口服LD_{50}为17mg/kg，空气中TLV为0.005mg/m^3。

（4）生漆。生漆又名大漆、国漆，是一种天然树漆的分泌物，是从割开生长着的漆树皮层内流出来的白色黏稠液体。我国西南、西北、华中沿海及台湾均有出产，是我国久享盛名、经久耐用的天然漆料，也是我国出口的土特产主要品种之一。

生漆的化学成分复杂，主要成分也是碳氢元素为主的有机化合物。生漆的本色为乳白色或略带微黄色，当接触空气后色泽逐渐变深。在室温 20～35℃、相对湿度在 80％以上时干燥速度最快，漆膜的光泽及耐腐蚀、绝缘等性能均好。生漆有毒，其主要毒性表现在对皮肤有刺激，容易引起漆疮，特别是皮肤过敏者更易产生，其主要症状为搔痒、红肿，严重时会出现脓包，及时医治，一般在 1～2 周内即可痊愈，也不会产生其他后遗症，但中毒时奇痒难忍。因此，有皮肤过敏者应避免接触生漆。因生漆的包装到目前为止仍用木桶，尚无其他更好包装取而代之（生漆接触铁器或塑料等容器会起化学反应，而影响生漆质量），因此，在运输过程中渗漏也是难免的。装卸操作人员在操作时应尽量站在上风处，尽可能地避免生漆的蒸气侵蚀，更应注意皮肤不要接触生漆。

生漆因其化学成分是有机化合物，因此还具有可燃性，遇火种、高温有引起燃烧的危险。

生漆应储于避风阴凉的仓库内，防止受潮后包装腐烂；避免日光直晒，最高仓温不宜超过 30℃，以防止表面漆膜干燥变硬。闷热梅雨季节宜将漆桶敞开，利用夜露透气，防止发霉变质。冬季室温不宜低于 0℃。储存期不宜过久，免使质量降低。应与酸、碱、氧化剂等危险货物隔离存放。

操作时皮肤勿触生漆，可用溶剂（如乙醇等）擦去，再用肥皂水洗净。注意切不可用热水洗浴，防止皮肤过敏。

2.1.7　放射性物质

1. 定义

放射性物质是指所托运的货物中放射性比活度和总活度都超过 IMDG Code 所规定的数值的任何含有放射性核素的物质。

2. 分类

第 7 类不分小项。IMDG Code 按放射性活度限值或安全程度分为以下几种。

1）免除（例外）包件的物质或物品

（1）该类放射性物质的总量不超过表 2-16 规定限量的非裂变物质。

（2）对于除了用天然铀、贫化铀或天然钍制成的物品以外的放射性物质，例外包件所含活性不应大于下列限量：

① 如果放射性物质被封装在仪器内或放射性物质作为仪器或其他制成品的部件，例如钟表或电子装置，表 2-16 中"物品限量"和"包件限量"栏分别给出了每个单项和包件的限量；

② 如果放射性物质没有被封装在仪器内或不作为其他制成品的部件，表 2-16"物质"栏列出了包件的限量；

③ 对于用天然铀、贫化铀或天然钍制成的物品，只要铀或钍的外表面被封装在一个由金属或其他坚固材料制造的无放射性外壳内，例外包件可含有任何数量的该物品；

④ 例外包件外部表面任何一点上的辐射水平不应超过 $5\mu Sv/h$。

表 2-16 例外包件的活度限量

内装物的物理状态	仪器或物品		物 质
	物品限量	包件限量	包件限量
固体：特殊形式 其他形式	$10^{-2}A_1$ $10^{-2}A_2$	A_1 A_2	$10^{-3}A_1$ $10^{-3}A_2$
液体	$10^{-3}A_2$	$10^{-1}A_2$	$10^{-4}A_2$
气体：氚 特殊形式 其他形式	$2\times10^{-2}A_2$ $10^{-3}A_1$ $10^{-3}A_2$	$2\times10^{-1}A_2$ $10^{-2}A_1$ $10^{-2}A_2$	$2\times10^{-2}A_2$ $10^{-3}A_1$ $10^{-3}A_2$

注：1. A_1 是特殊形式放射性物质的活度值。

2. A_2 是特殊形式放射性物质以外的活度值，可以从 IMDG Code 中的表查出，并通过公式推算出来（以 TBq 为单位）。

2）低比活度放射性物质（LSA）

低比活度放射性物质是指本身的比活度有限的放射性物质或评估平均比活度低于有关限值的放射性物质。在评估平均比活度时，不考虑低比活度放射性物质的外部屏蔽材料。低比活度放射性物质（LSA）分为如下三种。

（1）LSA-Ⅰ。

① 含铀或钍的矿石浓缩物，其他含有天然放射性核素且对其加工是为了利用这些核素的矿石。

② 未经辐照的固体天然铀、贫化铀、天然钍或其固体或液体的混合物或化合物。

③ 除未被确认为例外数量的裂变物质外，A_2 为无限制的放射性物质。

④ 除未被确认为例外数量的裂变物质外，活度分布普遍的其他放射性物质，并且评估平均比活度不超过规定比活度值的 30 倍。

（2）LSA-Ⅱ。

① 氚浓度 0.8TBq/L 以下的水。

② 活度分布普遍，固体和气体的评估平均比活度不超过 $10^{-4}A_2/\text{g}$，液体的评估平均比活度不超过 $10^{-5}A_2/\text{g}$ 的其他物质。

（3）LSA-Ⅲ。

除粉末以外的固体（如压缩的废弃物、活化的物质），其中：

① 放射性物质遍布于固体或固体物质的集合体中，或实质上均匀地分布于固体压缩紧固剂（如混凝土、沥青或陶瓷等）中。

② 相对不溶解的放射性物质，或实质上被包含于相对不溶解的基质中，因此，即使包装破损，每个包件被置于水中 7 天，通过渗漏造成的放射性物质损失不超过 $0.1A_2$。

③ 排除其任何屏蔽材料，固体的评估平均比活度不超过 $2\times10^{-3}A_2/\text{g}$。

3）表面污染物体（SCO）

表面污染物体是指本身不具有放射性，但其表面分布有放射性固体物质的物体。表面污染物体（SCO）分被为两类：

（1）SCO-Ⅰ。

在固体物品上：

① 在可接近表面上每 300cm^2（若表面积小于 300cm^2，则按表面积计）的平均非固定污

染为：β 和 γ 辐射源及低毒 α 辐射源不超过 4Bq/cm²，或所有其他 α 辐射源不超过 0.4Bq/cm²；

② 在可接近表面上每 300cm²（若表面积小于 300cm²，则按表面积计）的平均固定污染为：β 和 γ 辐射源及低毒 α 辐射源不超过 4×10⁴Bq/cm²，或所有其他 α 辐射源不超过 4×10³Bq/cm²；

③ 在不可接近表面上每 300cm²（若表面积小于 300cm²，则按表面积计）的平均非固定污染为：β 和 γ 辐射源及低毒 α 辐射源不超过 4×10⁴Bq/cm²，或所有其他 α 辐射源不超过 4×10³Bq/cm²。

（2）SCO-Ⅱ。

在固体物品上，其表面固定污染或非固定污染超过了上述（1）中规定的适用限度，并且在固体物品上：

① 在可接近表面上每 300cm²（若表面积小于 300cm²，则按表面积计）的平均非固定污染为：β 和 γ 辐射源及低毒 α 辐射源不超过 400Bq/cm²，或所有其他 α 辐射源不超过 40Bq/cm²；

② 在可接近表面上每 300cm²（若表面积小于 300cm²，则按表面积计）的平均固定污染为：β 和 γ 辐射源及低毒 α 辐射源不超过 8×10⁵Bq/cm²，或所有其他 α 辐射源不超过 8×10⁴Bq/cm²；

③ 在不可接近表面上每 300cm²（若表面积小于 300cm²，则按表面积计）的平均非固定污染为：β 和 γ 辐射源及低毒 α 辐射源不超过 8×10⁵Bq/cm²，或所有其他 α 辐射源不超过 8×10⁴Bq/cm²。

4）A 型包件的物质

A 型包件内装放射性物质的活度不应大于下列数值：

① 特殊形式放射性物质——A_1；

② 所有其他的放射性物质——A_2；

③ 对于标识和共同活度都已经确定放射性核素混合物，A 型包件的物质也应符合下列公式：

$$\sum \frac{B_{(i)}}{A_{1(i)}} + \sum \frac{C_{(j)}}{A_{2(j)}} \leqslant 1$$

式中：$B_{(i)}$ 是特殊形式放射性物质放射性核素 i 的活度；$A_{1(i)}$ 是放射性核素 i 的 A_1 值；$C_{(j)}$ 值是除特殊形式放射性物质外的放射性核素 j 的活度；$A_{2(j)}$ 是放射性核素 j 的 A_2 值。

5）B(U) 型包件的物质

（1）内装的放射性物质活度（包装设计和散热所必须遵守的积载规定）不超过由单方主管机关批准的限制，且在批准证书中给出。

单方主管机关批准是指只需设计的原产国主管机关批准。

（2）该包件不应含有：

① 活度大于那些认可设计的包件；

② 与那些认可设计的包件不同的放射性核素；

③ 在形式或物理、化学状态上与那些认可设计的包件不同的内装物，如其批准证书中所述。

6）B(M)型包件的物质

(1) 内装的放射性物质活度（包装设计和散热所必须遵守的积载规定）不超过由多方主管机关批准的限制，且在批准证书中给出。

(2) 该包件不应含有：

① 活度大于那些认可设计的包件；

② 与那些认可设计的包件不同的放射性核素；

③ 在形式或物理、化学状态上与那些认可设计的包件不同的内装物，如其批准证书中所述。

7）C型包件的物质

(1) 此项规定主要针对在多式联运过程中，空运 C 型包件所载运的放射性物质数量可能超过 $3000A_1$ 或 $100000A_2$（海上运输这样数量的放射性物质使用 B(U) 或 B(M) 型包件就可以了，不需要使用 C 型包件）。

(2) 由于有可能在海上转运此类包件，所以 C 型包件不应含有：

① 活度大于那些认可设计的包件；

② 与那些认可设计的包件不同的放射性核素；

③ 在形式或物理、化学状态上与那些认可的设计包件不同的内装物，如其批准证书中所述。

8）可裂变物质

(1) 可裂变物质为铀-233、铀-235、钚-239、钚-241 或这些放射性核素的任何组合。

(2) 含裂变物质的包件不应含有：

① 与那些认可设计的包件不同的一批裂变物质；

② 与那些认可设计的包件不同的任何放射性核素或裂变物质；

③ 在形式或物理、化学状态上，或空间安排上与那些认可的设计包件不同的内装物，如其批准证书中所述。

9）低弥散性放射性物质

(1) 低弥散性放射性物质又称特殊形式放射性物质，系指：

① 不会弥散的固体放射性物质；

② 装有放射性物质的密封盒，密封盒的制造应做到只有将该盒破坏时才能打开。特殊形式放射性物质应至少有一边尺寸不得小于 5mm。

(2) 特殊形式放射性物质应具有上述这样的性质和设计，若使其进行规定的试验，应符合下列规定：

① 在适用的冲击、振动和弯曲试验中不会断裂或粉碎；

② 在适用的受热试验中不会融化或弥散；

③ 在规定的渗漏试验获得的水的活度不会超过 2kBq；或者对于封闭源，在国际标准化组织 ISO 9978：1992(E)"防辐射—封闭放射源—渗漏试验方法"中规定的体积渗漏评估试验中，渗漏率不会超过主管机关能接受的适用的认可阈值。

(3) 性能标准的证明应与第 7 类物质包件的构造、试验和批准规定相一致。

(4) 对于非低弥散性的放射性物质，如果在 B(U) 型或 B(M) 型包件中数量超过 $3000A_1$

或 $3000A_2$ 就不允许空运。这个限制不适用于 B(U)型或 B(M)型包件的海上运输,但由于装有低弥漫性放射性物质的此类包件也可能进行海上运输,所以做出下列规定。

① 低弥漫性放射性物质应是在包件中放射性物质的全部数量满足下列规定。

A. 距离未覆盖放射性物质 3m 处的辐射水平不超过 10mSv/h。

B. 如果进行规定的试验,100μm 以下的空气动力学等量直径的气体和颗粒形态的悬浮物不超过 $100A_2$。每个试验应用一个单独的样品。

C. 如果进行规定的试验,水中的活度不超过 $100A_2$。进行该试验时,上述(2)中所述该试验的损坏作用应予以考虑。

② 对含有或模拟低弥漫性放射性物质的样品进行增强型热试验和冲击试验。每个试验应用不同的样品。每个实验做完以后,应对该样品进行渗漏试验并确定其是否符合相关的规定。

10)特殊安排的放射性物质

可以在特殊安排下进行船舶运输的放射性物质。特殊安排是指经主管机关批准并提出相应的要求,以便那些不完全符合放射性物质适用规定的托运货物可以按照这些要求进行运输。

11)六氟化铀的包件

包件中的六氟化铀的重量不得超过一定的数值,这个数值使包件在最高温度下产生小于 5% 的空档,而 5% 的空档是对使用包件的设备系统规定的。交付运输时,六氟化铀须以固体形式,并且包件的内部压力须低于大气压力。

3. 特性

1)放射性

本类物质的主要危险性是放射性。

2)其他特性

有些放射性物质还具有爆炸性、易燃性、腐蚀性、毒性等。例如,金属钍粉末遇热或火焰或氧化剂发生剧烈反应,引起燃烧或爆炸;氟化铀具有强腐蚀性和毒性。

4. 运输指数和临界安全指数

1)运输指数(Transport Index,TI)

运输指数(TI)是指给包件、集合包件、罐柜、集装箱或无包装的 LSA-Ⅰ 和 SCO-Ⅰ 确定一个数字。利用数字对辐射照射量进行控制。其确定方法如下。

(1)包件、集合包件运输指数的测定。

测定出距离包件、集合包件外表面 1m 远处的以毫希沃特/小时(mSv/h)为单位的最高辐射水平。该测定值乘以 100,结果就是运输指数。

(2)对于铀和钍矿石及其浓缩物,在距离货物外表面 1m 远处的任何一点,其最高辐射水平可以取以下的数值:铀和钍矿石及其物理浓缩物为 0.4mSv/h;钍的化学浓缩物为 0.3mSv/h;除六氟化铀外的铀化学浓缩物为 0.02mSv/h。

(3)罐柜、集装箱或无包装的 LSA-Ⅰ 和 SCO-Ⅰ 的运输指数的测定。

测定出罐柜、集装箱或无包装的 LSA-Ⅰ 和 SCO-Ⅰ 外表面 1m 远处的以毫希沃特/小时(mSv/h)为单位的最高辐射水平。该测定值乘以 100,再乘以表 2-17 大尺寸货载的放大系数中的相应系数。

表 2-17　大尺寸货载的放大系数

取整体货物的最大横截面积/m²	放 大 系 数
整体载货尺寸≤1	1
1＜整体货载尺寸≤5	2
5＜整体货载尺寸≤20	3
20＜整体载货尺寸	10

（4）按上述（1）、（3）方法确定的运输指数值的有效数字为小数点后第 1 位。

（5）确定每个集合包件、集装箱或运输工具的运输指数，可取所装包件运输指数之和或直接测量辐射水平；对于非刚性集合包件，其运输指数只能按所有包件运输指数之和来计算。

2）临界安全指数（Criticality Safety Index，CSI）

临界安全指数（CSI）是指用于对含有裂变物质的包件、集合包件或集装箱进行临界安全控制的累加数字。其确定方法如下。

（1）装有裂变物质包件的临界安全指数应用 50 除以 IMDG Code 中推出的两个 N 值中较小的那个，即 $CSI=50/N$。

（2）每批托运货物的临界安全指数应是该批货物所有包件临界安全指数的总和。

5. 放射性包件和集合包件分级

根据运输指数和表面辐射水平对盛装放射性物质、物品的包件和集合包件的危险程度分级见表 2-18。

表 2-18　包件和集合包件危害级别划分

条 件		级 别
运输指数（TI）	表面任何一点的最大辐射水平/（mSv/h）	
0[①]	最大辐射水平≤0.005	Ⅰ级—白色标志
0＜TI≤1	0.005＜最大辐射水平≤0.5	Ⅱ级—黄色标志
1＜TI≤10	0.5＜最大辐射水平≤2	Ⅲ级—黄色标志
TI＞10[②]	2＜最大辐射水平≤10	Ⅲ级—黄色标志

注：① 如果所测得的运输指数不大于 0.05，其值可视为 0。
　　② 还应以独家使用运输。

所谓"独家使用"是指由一个发货人独自使用一个运输工具或一个大的货物集装箱，有关起始、中途和最终的装卸作业全部按发货人或收货人的要求进行。

6. 两种常见放射性物质

（1）放射性物质，例外包件——仪器或物品，第 7 类，UN2911，积载类 A。

（2）六氟化铀，裂变的，第 7 类，副危险性 8，UN2977，积载类 A。

7. 放射性指标

1）放射性衰变和半衰期

放射性物质的原子核由于放出某种粒子而转变为新核的变化叫作衰变。衰变是自发地、连续不断地进行的，并且不受任何外界条件的影响，一直衰变到原子处于稳定状态才停止。但是,完成衰变的过程中,有的元素快,有的元素慢。这是由于放射性元素原子的衰变并不是所有的原子都同时发生,而是每个时刻只有占原子总数一定比例的原子在发生衰变。为了表示放射性元素衰变的快慢,采用"半衰期"这个概念。所谓半衰期就是放射性物质的原子数目因衰变而减小到原来的一半所需要的时间。

 **知识链接**

放射性物质的半衰期

　　每一种放射性物质的半衰期都是恒定的,而且各种放射性物质的半衰期都不同。如镭-226 的半衰期是 1620 年,磷-32 的半衰期是 14.3d,碘-131 的半衰期为 8.04d,硼-12 的半衰期只有 0.027s。对于运输储存来说,了解半衰期是十分重要的。经过 n 个半衰期后,放射性物质中只剩下 $\frac{1}{2^n}$ 的原子还没有放射性,而其余的都已蜕变成没有放射性的新原子核了。例如,经过 4 个半衰期,放射性物质的有效成分只剩下 $\frac{1}{16}$。如果其余的 $\frac{15}{16}$ 的放射性原子的衰变都是发生在运输储存过程中,而没有发挥任何的有益作用,损失就太大了。所以,对于半衰期短的放射性物质要优先运输,不能久储。对于在一个半衰期内不能运达目的地的放射性物质,汽车运输不宜受理,建议采用更快的运输方式。半衰期对于内照射防护也是十分重要的,半衰期短的放射性物质如果滞留在人体内,过一段时间,其放射性会自行减弱直至消失;而半衰期长的放射性物质如果滞留在人体内,其内照射危害就是长期的。

　　半衰期短的放射性物质称为短寿命放射性物质。长短只是一个相对概念,没有划定半衰期大于多少为长,小于多少为短。尤其对于运输而言,时间取决于速度和距离两个因素,时间的观念在各种运输方式中都不同,长短相对性更为明显。

　　2) 放射性活度(也称为放射性强度)

　　放射性活度是量度放射性物质的放射性的一个物理量。用每秒内某放射性物质发生核衰变的数目或每秒内射出的相应粒子数目来表示某物质的放射性活度。这反映了某放射性物质放射性的强弱程度。某放射性物质在每秒内发生衰变的核子数目越多,即射出的相应粒子的数目越多,那么这种物质的放射性活度就越大。

　　放射性活度单位,用贝可或居里来表示。贝可即每秒的核衰变数目,记为 Bq,即 1 贝可＝1 衰变/s。居里,记为 Ci。贝可单位太小,故常用居里。居里还细分为毫居里(mCi)和微居里(μCi),换算关系:

$$1\mu Ci = 3.7 \times 10^4 Bq; 1mCi = 3.7 \times 10^7 Bq$$
$$1Ci = 10^3 mCi = 10^6 \mu Ci = 3.7 \times 10^{10} Bq$$

　　即当放射性物质在每秒内有 370 亿(3.7×10^{10})个原子核发生衰变时,则其放射性活度为 1Ci。这个活度相当于 1g 纯镭的放射性活度。

　　放射性活度除了用居里、贝可表示外,γ 射线的活度还可以用克镭当量来表示。即放射性物质所放出的 γ 射线在空气中所产生的电离效应与 1g 镭的 γ 射线在同样条件下所产生的电离效应相等时,记为 1 克镭当量。

$$1 克镭当量＝10^3 毫克镭当量＝10^6 微克镭当量$$

有了放射性活度,半衰期的概念就可以转换成放射性物质的活度减少到原来一半所需要的时间。例如有 100mCi 的磷-32,半衰期为 14.3d。

3) 放射性比活度

放射性比活度即单位质量(或体积)的放射性物质的放射性活度,又称比放射性或放射性比度。

使用放射性比活度,可以更确切地表示某种物质放射性活度的大小。通常用放射性比活度来度量某一种物品是否应列入放射性物品。

放射性比活度的计算公式为

$$放射性比活度(Am) = \frac{放射性活度(A)}{放射性物质的质量(m)}$$

放射性比活度的计量单位可以是 Bq/kg(贝可/千克)、Bq/g(贝可/克)或 Ci/kg(居里/千克)、μCi/g(微居里/克)。

4) 射线的剂量

射线照射到物质或生物体上时,被照射者吸收了射线的能量产生电离作用。为了说明物质或生物体吸收能量的大小,引用剂量这个概念。活度是从放射体的角度衡量射线能量的大小,剂量则从射线的接受体的角度来衡量射线能量大小。剂量是表示受照射物质在单位质量(或体积)内吸收射线的能量值。照射量是用来度量 X 射线或 γ 射线在空气中的电离能力的量。常用的照射量单位有 R(伦琴)、C/kg(库/千克)。1R = 2.58×10⁻⁴C/kg。照射量虽也是一种计量,但它的被照射体是空气。照射量不能用来度量暴露在该辐射场中的物质所吸收的能量,所以提出吸收剂量和剂量当量的概念。

吸收剂量是用来度量电离辐射与物质相互作用时,单位质量所吸收射线的能量多少的一个物理量。简单地说,吸收剂量是单位质量物质所吸收射线的能量。

吸收剂量的计量单位是 J/kg(焦/千克),命名为戈[瑞](Gray),记为 Gy,也可以记为拉德(rad),1Gy = 1J/kg = 100rad。

照射量是吸收射线的物质为空气时的吸收剂量。

人体受到辐射时,虽然生物体的吸收剂量相同,但由于辐射类型和照射条件各不相同,可能产生完全不同的生物效应。因此,提出剂量当量的概念,表示人体对一切射线所吸收能量的剂量单位。为了便于对人体所受的各种辐射剂量做统一衡量,将焦耳每千克命名为希[沃特](Sievert),简记为 Sv。1Sv = 1J/kg = 100rem。雷姆(rem)也是剂量当量的单位。

剂量当量和吸收剂量的单位都是 J/kg,但其含义却有本质的不同。吸收剂量是说明单位质量的介质吸收辐射能量的大小,而剂量当量则说明吸收了上述能量对人体组织可能带来的危害的大小。单位质量人体组织吸收了相同的辐射能量,由于辐射射线不同,剂量当量的数值可能会有很大的差异。例如,同样的吸收剂量,X 射线、γ 射线和电子的剂量当量与吸收剂量大致相同,而中子带来的危害 10 倍于 X 射线、γ 射线和电子,所以其剂量当量10 倍于吸收剂量,而如果是 α 辐射,其剂量当量 20 倍于吸收剂量。

所以剂量当量与吸收剂量的关系为

剂量当量 = 吸收剂量×射线品质因素系数×其他修正因素系数

射线品质因素系数见表 2-19。其他修正因素系数是除品质因素以外的各种有关因素的乘积。这些修正因素的存在是肯定的,但这些修正因素究竟应包括哪些,目前尚在研究中,还无法确定相应的修正系数,所以暂定为 1。

表 2-19　射线品质因素系数

射线种类	X 射线	γ 射线	电子	中子	α 射线
射线品质因素系数	1	1	1	10	20

单位时间内计量的大小,称为剂量率。相应于剂量的不同而有照射剂量率、吸收剂量率和辐射剂量当量率。

单位时间内的照射量称为照射量率。其计量单位为 C/kg·s(库/千克·秒)、R/s(伦琴/秒)。

单位时间内的吸收计量称为吸收剂量率。其剂量单位为 J/kg·s(焦/千克·秒)、rad/s(拉德/秒)。单位时间内所受到的剂量当量称为辐射剂量当量率,简称剂量当量率,又称辐射水平。其计量单位为 Sv/s(希/秒)、rem/s(雷姆/秒)、mSv/h(毫希沃特/时)等。

很明显,时间越短,剂量当量越大,货物的辐射水平就越高,说明该放射性货物的放射危险性越大。所以辐射水平是一个很重要的参数。运输上,把辐射水平转化为运输指数,以确定放射性货物的危险程度。运输指数是距放射性货包或货物外表面 1m 处的最大辐射水平的数值,单位为 mrem/h(毫雷姆/时)。

5) 最大容许剂量

随着放射性同位素及其制品的应用和运输量的不断增长,接触放射性物品的人也越来越多。为了确保人身安全,提出和制定了最大容许剂量的概念和限值。所谓最大容许剂量,是人们通过当前大量的实践,并在现有知识水平来看,这样大的剂量在人的一生中任何时候都不应引起人体的显著损伤。也就是人体所受到对身体健康没有危害的最大的射线照射量。在实际工作中,即使在最大容许剂量下,仍应争取将辐射的强度减至尽可能低的程度。

我国 1974 年 5 月 1 日颁布了《放射防护规定》,对 256 种放射性核素规定了其在露天水源中的限制浓度和工作现场空气中的最大允许浓度,同时规定了最大容许剂量当量和限制计量当量,见表 2-20。

表 2-20　电离辐射的最大容许剂量当量和限制计量当量　　(单位:rem)

受照射部位		职业性工作人员的年最大容许剂量当量[①]	放射性工作场所相邻及附近区域工作人员及居民的年限制剂量当量
器官分类	名　称		
第 1 类	全身、红骨髓 性腺、眼晶体	5	0.5
第 2 类	皮肤、骨、甲状腺	30	3[②]
第 3 类	手、前臂、足踝	75	7.5

注:① 表内所列数值均指内、外照射的总剂量,不包括天然本底照射和医疗照射。

② 16 岁以下人员甲状腺的年限制剂量当量为 1.5rem。

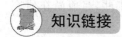

辐　射

实际上,人们日常就生活在放射性的世界中。人在日常生活中受到的辐射见表2-21。一般说每人每年从天然辐射受到的剂量当量为 $0.1 \sim 0.15$rem,在地壳放射性含量较高的地区,居民每年从天然辐射中受到的剂量当量可达 $0.5 \sim 1$rem。也未发现对人体或后代引起任何异常效应。此外,一次医疗 X 光胸部透视,可使人体受到 40mrem 的剂量当量。国际上和我国都把除天然辐射和医疗辐射以外的受照射剂量当量限制在每人每年 500mrem 以下,这个标准是国际公认的安全标准。

表 2-21　人在日常生活中受到的辐射剂量当量　　　　　　（单位：mrem）

天 然 辐 射		人 工 辐 射	
宇宙射线	44	肠胃 X 光透	200
住房	40	放射性照相拍片	50
呼吸	18	X 光胸部透视	40
地面	15	牙科放射性治疗	20
饮食	7	电视机（每观看 1h）	约 0.15

2.1.8　腐蚀性物质

1. 定义

腐蚀性物质是指通过化学作用使生物组织接触时造成严重损伤或在渗漏时严重损害甚至毁坏其他货物或运载工具的物质。本类包括满足下列条件之一的物质。

(1) 使完好皮肤组织在暴露超过 60min 但不超过 4h 之后开始的最多 14d 观察期内全厚度毁损的物质。

(2) 被判定不引起完好皮肤组织全厚度毁损,但在 55℃试验温度下,对钢或铝的表面年腐蚀率超过 6.25mm 的物质。

腐蚀品对物质的即刻的腐蚀作用,主要是化学作用。有时会引起一系列复杂的化学变化。盐酸对铝制品的腐蚀比较简单:

$$6HCl + 2Al = 2AlCl_3 + 3H_2 \uparrow$$

而氢氧化钠对铝制品的腐蚀就是一个比较复杂的过程。首先是铝表面上的氧化铝保护膜溶解在碱溶液中,生成偏铝酸钠（$NaAlO_2$）和水:

$$Al_2O_3 + 2NaOH = 2NaAlO_2 + H_2O$$

然后,失去保护膜的铝与水作用,生成 $Al(OH)_3$,并置换出氢:

$$2Al + 6H_2O = 2Al(OH)_3 + 3H_2 \uparrow$$

最后,氢氧化铝与强碱氢氧化钠反应,生成偏铝酸钠和水:

$$2Al(OH)_3 + 2NaOH = 2NaAlO_2 + 4H_2O$$

总反应式为

$$2Al + 2NaOH + 2H_2O = 2NaAlO_2 + 3H_2 \uparrow$$

可见,强碱对铝的腐蚀实质上是水与铝的置换反应,强碱的存在只是起了溶解氧化膜和氢氧化铝的作用,促使铝与水的反应能顺利地、迅速地进行。

各种腐蚀品接触不同物品发生腐蚀反应的效应及速度是不同的,说明各种腐蚀品腐蚀性强弱不一,各物品的耐腐蚀性也参差不齐。

2. 分类

腐蚀品构成复杂多样,其中不乏相互抵触的物品,如可燃物品与氧化剂、酸性物质与碱性物质等。分类时,可以酸碱性作为其主要的分类标志,再考虑其可燃性。这样,根据化学性质,第 8 类危险货物(腐蚀品)分为酸性腐蚀品、碱性腐蚀品和其他腐蚀品 3 项。其中,酸性腐蚀品又分为无机酸性腐蚀品和有机酸性腐蚀品两个子项。

(1) 酸性腐蚀品。酸性腐蚀品按其化学组成可分为无机酸性腐蚀品和有机酸性腐蚀品两个子项。

① 无机酸性腐蚀品。这类物品都是具有酸性的无机物。其酸性的大小决定了腐蚀性的强弱。其中不少酸具有很强的氧化性,如硝酸、硫酸、氯磺酸等。很明显,具有强氧化性的无机酸不能接触有机物。无机酸性腐蚀品中还包括遇水或遇湿能生成酸的物质,如三氧化二硫、五氯化磷等。

② 有机酸性腐蚀品。酸性的有机物品,如甲酸、溴乙酰、三氯乙醛、冰醋酸等,绝大多数是可燃物,有很多是易燃的。例如,乙酸的闪点为 40℃;丙烯酸的闪点为 54℃;丁基三氯硅烷的闪点为 52℃;丙酸的闪点为 54.4℃;等等。所以,同样是酸性腐蚀品,无机酸具有强氧化性,有机酸大多数可燃,绝不能认为同是酸性就把它们配载混储,它们之间必须分类管理,储存运输是不能一起存放的。

(2) 碱性腐蚀品。碱性腐蚀品包括碱性的无机物和碱性的有机物。其碱性决定了其腐蚀性。一般地说,碱性的大小决定了其腐蚀性的强弱;碱性腐蚀品的腐蚀性要比酸性物品的腐蚀性弱一些;无机碱比无机酸的腐蚀性弱;有机碱比有机酸的腐蚀性弱;同是碱性物品,无机碱要比有机碱的腐蚀性强。无机碱性腐蚀品中没有具有氧化性的物质,所以没有必要再把碱性腐蚀品分为有机碱性和无机碱性两个子项。碱性腐蚀品中的有机物如水合肼等是强还原剂,具有易燃性,其蒸气会爆炸。

(3) 其他腐蚀品。其他腐蚀品指既不显酸性也不显碱性的腐蚀品,如次氯酸钠、三氯化锑、苯酚、甲醛等,分为无机物和有机物两类。无机物中的次氯酸钠、漂白粉有氧化性。有机物可燃,如甲醛的闪点为 50℃,爆炸极限为 7%～73%,具有极强的还原性。因为无机其他腐蚀品中的氧化剂和有机其他腐蚀品中的还原剂都不多,所以没有必要把本项物品再分为无机和有机两个子项。

腐蚀品的上述分类是由各种腐蚀品本身的化学性质决定的。看不到各种腐蚀品具有各种不同的性质,认为凡是腐蚀品就可以混储配载,酸与碱混装,氧化剂与还原剂配载,势必酿成恶性事故。

3. 特性

腐蚀品是化学性质非常活泼的物质,能与很多金属、非金属及动植物机体等发生化学反应。腐蚀品不仅具有腐蚀性,很多腐蚀品同时还具有毒性、易燃性或氧化性等性质中的一种或数种。

(1) 腐蚀性。腐蚀品与人体及很多物品接触后,都能形成程度不同的腐蚀。其中对人体的伤害通常又称为化学烧伤(或化学灼伤)。

① 对人体的烧伤。具有腐蚀性的固体、液体和气体物品都会对皮肤表面或器官的表面(如眼睛、食道等)产生化学烧伤。

固体腐蚀品如氢氧化钠等,能烧伤与之直接接触的表皮。液体腐蚀品能很快侵害人体的大部分表面,并能透过衣物发生作用。气体腐蚀品虽然不多,但许多液体腐蚀品的蒸气和粉末状固体腐蚀品的粉尘,同样具有严重的腐蚀性,它们不仅能伤害人的外部皮肤,尤其会侵害呼吸道和眼睛。

腐蚀品接触人的皮肤、眼睛或进入呼吸道、消化道,就立即与表皮细胞组织发生反应,使细胞组织受到破坏,而造成烧伤。呼吸道、消化道的表面黏膜比人体表皮更娇嫩、更容易受到腐蚀。内部器官被烧伤时,会引起炎症(如肺炎等),严重的会死亡。

有些腐蚀品对皮肤的伤害能力很小,但对某些器官有强烈的刺激。如稀氨水对皮肤的腐蚀作用很轻微,但如溅入眼睛,则可能引起失明。

浓硫酸使皮肤和组织脱水,脱水后的皮肤组织从成分到外观都与木炭无异。氢氧化钠的浓溶液能使不溶于水的活体组织成为能溶于水的酸酯钠和醇。所以,氢氧化钠能溶解丝、毛和动物组织。皮肤接触液碱会被溶解,甚至极短的时间也会造成严重的伤害。摄入液碱,如不立即使用1%的醋酸溶液中和就可致命。氢氧化钠溶液是带微红色(含量为45%的氢氧化钠水溶液)或微蓝色(含量为30%的氢氧化钠水溶液)的透明液体,将之误认为红白葡萄酒、烧酒或饮料误食而丧命的事故时有耳闻。

必须注意的是化学烧伤(灼伤)与物理烧伤(烫伤)有很大的不同。物理烧伤会使人立即感到强烈的刺痛,人的肌体会本能地立即避开。而化学烧伤有一个化学反应的过程,开始并感到不太疼痛,要经过数分钟、数小时,甚至数日后才表现出其严重伤害来,所以常常被人们忽视,其危害性也就更大。例如,皮肤接触氢氟酸后,表皮腐蚀似乎不严重,但氢氟酸会侵蚀骨骼中的钙而造成严重的后果。另外,物理烧伤脱离接触后,伤害可以不继续加深;而腐蚀品与皮肤接触后,灼伤逐步加剧,要清除掉沾在皮肤上的腐蚀品颇费周折,同时腐蚀品对皮肤等组织细胞的吸附作用很强,还会通过皮肤被吸收,引起全身中毒,加之化学烧伤的周围组织因坏死及中毒等原因,较难痊愈,故化学烧伤比物理烧伤更应引起重视。

② 对物品的腐蚀。腐蚀性物品中的酸、碱甚至盐都能不同程度地对金属进行腐蚀。它们会腐蚀金属的容器、车厢、货仓、机舱及设备等。即使这些金属物品不直接与腐蚀品接触,也会因腐蚀品蒸气的作用而锈蚀。如化工物品运输车辆的损耗程度比普通车辆的损耗程度大得多。

有机物质如木材、布匹、纸张和皮革等也会被碱、酸腐蚀。腐蚀品甚至能腐蚀水泥建筑物,撒漏于水泥地上的盐酸,能把光滑的地面腐蚀成为麻面。撒漏的硫酸不加水稀释流入下水道,会使水泥制的下水道毁坏。氢氟酸甚至能腐蚀玻璃。

(2) 毒性。腐蚀品中有很多物品还具有不同程度的毒性,如五溴化磷、偏磷酸、氢氟硼酸等。特别是具有挥发性的腐蚀品,如发烟硫酸、发烟硝酸、浓盐酸、氢氟酸等,能挥发出有毒的气体和蒸气,在腐蚀肌体的同时,还能引起中毒。

(3) 易燃性和可燃性。有机腐蚀品具有可燃性,这是所有有机物的通性,是它们本身的化学构成所决定的。挥发性强的有机腐蚀品(如冰醋酸、水合肼等)的闪点比较低,接触明火会引起燃烧。

有些强酸强碱,在腐蚀金属的过程中放出可燃的氢气。当氢气在空气中占一定的比例时,遇高热、明火即燃烧,甚至引起爆炸。

(4) 氧化性。腐蚀品中的含氧酸大多是强氧化剂。它们本身会分解释放出氧,或在与其他物质作用时,夺得其电子将其氧化。例如,硝酸暴露在空气中就会分解产生氧气。

一方面,强氧化剂与可燃物接触时,即可引起燃烧,如硝酸、硫酸、高氯酸等。与松节油、食糖、纸张、炭粉、有机酸等接触后,即可引起燃烧甚至爆炸。

浓硫酸、浓硝酸可以氧化铜,同时放出有毒的二氧化硫或二氧化氮气体。

硝酸还能氧化毛发和皮肤的组成部分——蛋白质,使蛋白质转化为一种称为黄朊酸的黄色的复杂物质。所以,硝酸溅到皮肤上,愈合很慢,并会留下很难看的疤痕。

另一方面,氧化性有时也可以被利用,浓硫酸和浓硝酸的强氧化性,使铁、铝金属在冷的浓酸中被氧化,在金属表面生成一层致密的氧化物薄膜,保护了金属。这种现象称为钝化。根据这一特点,可用铁质容器盛放浓硫酸,用铝制容器盛放浓硝酸。

(5) 遇水反应性。腐蚀品中很多物品与水会发生反应,并放出大量的热量。这些反应大致分为两种。

① 遇水分解。这类反应以氯化物为典型。

氯磺酸能被水分解,发生强烈反应,生成盐酸和硫酸:

$$ClSO_3H + H_2O \Longrightarrow HCl + H_2SO_4$$

三氯化磷被水分解为盐酸和亚磷酸:

$$PCl_3 + 3H_2O \Longrightarrow H_3PO_3 + 3HCl$$

四氯化硅被水分解后生成硅酸和盐酸;亚硫酰氯和硫酰氯遇水反应后分别生成氯化氢和二氧化硫或亚硫酸等。

② 遇水化合。这类反应以各种酸酐为典型。例如,三氧化硫遇水生成硫酸;五氧化二磷遇水生成磷酸;等等。会发生这类反应的物品受潮后腐蚀性增强。

遇水反应的腐蚀品都能与空气中的水汽发生反应而发烟(实质上是雾,习惯上称烟),它对眼睛、喉咙和肺有强烈的刺激作用,而且有毒。由于反应剧烈,并同时放出大量的热量,当满载这些物品的容器遇水后,则可能因漏进水滴猛烈反应,使容器炸裂。所以,尽管没有给这些物品贴上"遇潮时危险"的副标志,其防水的要求应和 4.3 项危险货物(遇湿易燃物品)相同。

 知识链接

常见的第 8 类危险货物

(1) 硫酸(H_2SO_4)。一般认为,硫酸的消费量可以从某个角度衡量一个国家的经济状况和发展水平。硫酸是重要的工业原料,硫酸铝、盐酸、氢氟酸、磷酸钠和硫酸钙等,在制造时都要用硫酸。因此,硫酸市场是比钢铁工业更好地反映实业状况的指标。硫酸的运输量和储存量在整个酸性腐蚀品中占首位。

纯硫酸是无色的油状液体,常见的不纯的硫酸为淡棕色。硫酸在水中可以无限溶混。98% 的硫酸水溶液的相对密度为 1.84,沸点为 338℃,凝固点为 10℃。SO_3 溶于硫酸中所得产物俗称发烟硫酸,其化学式为 $H_2S_2O_7$,称为焦硫酸。焦硫酸比硫酸还要危险。

稀硫酸具有酸的一切通性,能腐蚀金属,能中和碱,并能与金属氧化物和碳酸盐作用。

浓硫酸具有以下特性:

① 浓硫酸溶于水时,能释放出约 $84kJ/mol$(千焦/摩尔)的高热量。因此,稀释浓硫酸时必须十分小心,应该把浓硫酸缓缓加入水中。否则,把水倒入浓硫酸中,开始时因为水较轻依旧浮在酸层的上部,当水扩散至酸中时即释放出溶解热,可发生局部沸腾,会剧烈溅散而伤人。

② 浓硫酸对水有极强的亲和性,当其暴露在空气中时,能吸收空气中的水蒸气。浓硫酸的脱水能力前面已作了介绍,浓硫酸甚至能使高氯酸脱水生成七氧化二氯:

$$H_2SO_4(浓) + 2HClO_4 = H_2SO_4 \cdot H_2O + Cl_2O_7$$

七氧化二氯很不稳定,几乎在生成的同时就爆炸性地分解成氯和氧,所以浓硫酸与高氯酸不能配载混储。

③ 浓硫酸能与许多物质反应,生成一种或多种危险产物,含氯和氧的氧化剂能与浓硫酸反应生成氯的氧化物。氯的氧化物不稳定,化学性质异常活泼,氯酸钾混以浓硫酸会立即发生爆炸性反应,生成二氧化氯:

$$3KClO_3 + 3H_2SO_4(浓) = HClO_4 + 2ClO_2 + 3KHSO_4 + H_2O$$

二氧化氯能自动分解成单质氯和氧,氧化能力极强。

浓硫酸也能分解由沸点较低的酸生成的盐。把盐与硫酸混合加热,即可分馏出更易挥发的产物。如:

$$2NaF + H_2SO_4 = Na_2SO_4 + 2HF$$

浓硫酸与硝酸盐、盐酸盐也会发生类似的反应,故浓硫酸不宜与盐类混储配载。事实上浓硫酸不宜与其他任何物质配载。

④ 浓硫酸还可起氧化剂的作用。例如:

$$C + 2H_2SO_4(浓) = CO_2\uparrow + 2SO_2\uparrow + 2H_2O$$
$$Pb + 3H_2SO_4(浓) = Pb(HSO_4)_2 + SO_2\uparrow + 2H_2O$$

这些反应的潜在危险性在于产物 SO_2 为有毒气体。

(2) 硝酸(HNO_3)。硝酸盐与硫酸之间的复分解反应可以生成硝酸:

$$2NaNO_3 + H_2SO_4 = Na_2SO_4 + 2HNO_3$$

纯硝酸为无色液体,但通常由于溶有二氧化氮(NO_2)而呈红棕色。二氧化氮是由于硝酸暴露在光线下面生成的产物:

$$4HNO_3 = 4NO_2\uparrow + 2H_2O + O_2\uparrow$$

工业上硝酸的重要性仅次于硫酸。$68\% \sim 70\%$ 的硝酸水溶液相对密度为 1.5,沸点为 $86℃$,凝固点为 $-42℃$。硝酸可以与水以任意比混溶。

硝酸与碳酸盐、金属氧化物及碱能以一般酸的典型方式进行反应。但硝酸与金属接触发生的不是置换反应,不放出氢气,而是氧化反应:

$$Zn + 4HNO_3(浓) = Zn(NO_3)_2 + 2NO_2\uparrow + 2H_2O$$

硝酸作为氧化剂,几乎能与一切金属和非金属起反应。银能溶于硝酸,金则不溶。粉末状金属能与硝酸起爆炸性反应。硝酸的氧化能力随酸中溶有的二氧化氮量的增加而增强。纯硝酸中溶有过量的二氧化氮称为发烟硝酸,这是一种非常强的氧化剂。

浓硝酸还能因氧化反应而溶解非金属:

$$C + 4HNO_3 = CO_2\uparrow + 4NO_2\uparrow + 2H_2O$$

$$S + 6HNO_3 = H_2SO_4 + 6NO_2\uparrow + 2H_2O$$

不管具体的反应如何,硝酸在发生腐蚀反应的同时一般总会生成有毒气体 NO 或 NO_2 中的一种。

硝酸的氧化能力能引起木材和其他纤维产品的燃烧。松节油、醋酸、丙酮、乙醇、硝基苯等常见的有机物与浓硝酸反应能发生爆炸。硝酸还能氧化蛋白质。

(3) 盐酸(HCl)和氯化氢(HCl)。在工业中,盐酸的重要性仅次于硫酸和硝酸。工业上俗称的三酸二碱是最重要的化工原料,三酸即硫酸、硝酸和盐酸。就产量和运输量来看,盐酸超过硝酸占第二位。

氯化氢是无色的气体,有强烈气味,在空气中能冒烟,蒸气密度 1.2,有毒。空气中浓度超过 1.5‰ 时数分钟内可致人死亡。

氯化氢极易溶解于水,85g 氯化氢溶解于 100g 水中时,所得水溶液称为盐酸。氯化氢和盐酸的化学式均为 HCl。工业等级的盐酸的水浓度一般为 31%,通常因含铁离子而呈黄色,相对密度为 1.2。

浓盐酸和稀盐酸均为强酸,它们的主要危险在于能迅速腐蚀金属及大多数与其接触的物质,其酸蒸气的毒性为第二个严重危险性。吸入达危险数量的氯化氢可使呼吸管道中的细胞完全变态,并能破坏气管内层,对于成人来说,氯化氢在空气中的浓度为 0.055‰ 时开始有气味;0.005‰～0.01‰ 时对黏膜有轻度刺激;0.035‰ 时短暂接触会强烈刺激咽喉;0.05‰～0.1‰ 时达忍耐的限度;1‰ 时短暂接触就有肺水肿的危险。

盐酸的第三个危险性与溶解气体相同。盐酸受热时,氯化氢会从水中逸出,此时盐酸容器内会产生相当大的压力,而导致耐压能力不大的耐盐酸腐蚀的容器破裂。

(4) 氯磺酸(ClSO_3H)。氯磺酸是无机酸性腐蚀品,是由硫酸衍生出来的强酸。硫酸中去掉一个羟基(—OH)后的基团(—SO_3H)称为磺(酸)基。磺基与烃基(R—)或卤素原子(F—、Cl—、Br—等)结合而成的化合物统称为磺酸,命名为某磺酸。与甲基(CH_3—)相连叫甲磺酸(CH_3SO_3H);与苯基(C_6H_5—)相连称苯磺酸(C_6H_5SO_3H);与氯原子相连即氯磺酸。大多数磺酸是易溶于水的晶体,具有强酸性,并有相似的性质。

氯磺酸是无色的油状液体,在空气中能发烟,具有很强的腐蚀性,甚至比浓硫酸的危险性还大,遇水会发生强烈的反应,同时放出大量的热。

氯磺酸是一种能与许多化合物反应的强氧化剂,其与粉状金属、硝酸盐均能起爆炸性反应。

在 180℃ 以上高温时,氯磺酸能分解成硫酰氯和硫酸:

$$2ClSO_3H = SO_2Cl_2 + H_2SO_4\ (T > 180℃)$$

硫酰氯 SO_2Cl_2 会继续分解成有毒的二氧化硫和氯气:

$$SO_2Cl_2 = SO_2\uparrow + Cl_2\uparrow$$

除了对人体健康的影响外,这些气体的产生还能导致容器内部压力增高而爆炸,所以氯磺酸卷入火场是很危险的。试图用淋水的常规方法来救护卷入火场的氯磺酸容器必定适得其反,因为氯磺酸遇水反应更强烈。

(5) 氢氧化钠(NaOH)。氢氧化钠(别名烧碱、苛性钠、苛性碱、苛性曹达、固碱、火碱)是最常见的强碱,在整个工业部门有许多用途。纯氢氧化钠是白色的块状或片状固体,极易溶于水。大量的氢氧化钠是以 30% 和 45% 的水溶液形式在市场出售和运输,运输量很大。

固体氢氧化钠在空气中除极易吸收空气中的水汽外,还会吸收二氧化碳生成碳酸钠而变质:

$$2NaOH + CO_2 = Na_2CO_3 + H_2O$$

这是因 NaOH 能与非金属氧化物反应生成盐和水。因此在储存和运输固体氢氧化钠时,必须防止其与空气接触。

氢氧化钠的浓溶液能与活体组织作用,能溶解丝、毛和动物组织,会严重灼伤皮肤。

氢氧化钠与酸类反应剧烈,能腐蚀某些铝、锌、铅类金属和某些非金属,并放出氢气。还能与玻璃的主要成分二氧化硅反应,生成易溶于水的硅酸钠,而使玻璃遭受腐蚀:

$$2NaOH + SiO_2 = Na_2SiO_3 + H_2O$$

但其反应速度缓慢,故长期存放氢氧化钠溶液(又称液碱)时,不宜使用玻璃或陶瓷器皿。

2.1.9　杂项危险物质和物品,包括危害环境物质

1. 定义

(1) IMDG Code 中的定义。第 9 类杂类危险物质和物品(Miscellaneous Dangerous Substances)是指在运输中呈现出未列入其他类别的危险物质和物品。第 9 类杂类危险物质和物品主要包括如下内容。

① 未列入其他类别的物质和物品,根据已经表明或可以表明该物质或物品具有的危险特性必须适用于经修订的《1974 年国际海上人命安全公约》第Ⅶ章 A 部分的规定。

② 不适用于上述公约第Ⅶ章 A 部分的规定,但适用于《经 1978 年议定书修订的 1973 年防止船舶造成污染公约》(MARPOL 73/78)附则Ⅲ的物质。

(2)《水路危规》中的定义。《水路危规》指出:第九类货物系指在水路运输中呈现出的危险性质不包括在上述第 1 类至第 8 类危险货物中的货物。

第九类货物的具体品名(除干冰外)及运输条件由交通部另行公布。

(3) 环境有害物质(水环境)。为了与《全球化学品分类和标签制度》(GHS)相协调,IMDG Code(34—08 版)第 2.9 章新增了环境有害物质定义和确认标准,危害性分类和标准、分类程序,混合物危害性分类和标准。

环境有害物质(Environmentally Hazardous Substances)主要包括对水环境造成污染的液体或固体物质及此类物质的溶液和混合物(如制剂和废弃物)。

这里的物质系指自然状态的化学元素及其化合物,或在生产加工工程中所衍生的任何杂质,但不包括在不影响该物质的稳定性或不改变其成分条件下可被分离的任何溶剂。

水环境可以从水中生存的水生物及作为其组成部分的水生态系统方面考虑(本部分未涉及需考虑水环境以外作用的水生污染物,如对人类健康的影响等)。因此,对有害性的判定基础是该物质或混合物的水生毒性,尽管进一步的生物降解和生物聚集方面的资料可能对此做出改变。

2. 危险但不能满足其他类别定义的物质和物品

① 以微细粉尘吸入可危害健康的物质,如 UN2212、UN2590;

② 会放出易燃气体的物质,如 UN2211、UN3314;

③ 锂电池组,如 UN3090、UN3091、UN3480、UN3481;

④ 救生设备,如 UN2990、UN3072、UN3268;

⑤ 一旦发生火灾可形成二噁英的物质和物品,如 UN2315、UN3432、UN3151、UN3152;

⑥ 在高温下运输或提交运输的物质,是指在液态温度达到或超过 100℃,或固态温度达到或超过 240℃条件下运输的物质,如 UN3257、UN3258;

⑦ 危害环境物质,包括污染水生环境的液体或固体物质,以及这类物质的混合物(如制剂和废物),如 UN3077、UN3082;

⑧ 不符合 6.1 项毒性物质或 6.2 项感染性物质定义的经基因修改的微生物和生物体,如 UN3245;

⑨ 其他,如 UN1841、UN1845、UN1931、UN1941、UN1990、UN2071、UN2216、UN2807、UN2969、UN3166、UN3171、UN3316、UN3334、UN3335、UN3359、UN3363。

3. 危害水生环境物质的分类

物质满足表 2-22 所列急性 1、慢性 1 或慢性 2 的标准,应列为"危险环境物质(水生环境)"。

表 2-22　危害水生环境物质的分类

急性(短期)水生危害	慢性(长期)水生危害		
	已掌握充分的慢毒性资料		没有掌握充分的慢毒性资料
	非快速降解物质	快速降解物质	
类别:急性 1	类别:慢性 1	类别:慢性 1	类别:慢性 1
LC_{50}(或 EC_{50})d ≤1.00	NOEC(或 ECx) ≤0.1	NOEC(或 ECx) ≤0.01	LC_{50}(或 EC_{50})d≤1.00,并且该物质满足下列条件之一: (1)非快速降解物质 (2)BCF≥500,如没有该数值,lgKow≥4
—	类别:慢性 2	类别:慢性 2	类别:慢性 2
—	0.1<NOEC(或 ECx)≤1	0.01<NOEC(或 ECx)≤0.1	1.00<LC_{50}(或 EC_{50})d≤10.0,并且该物质满足下列条件之一: (1)非快速降解物质 (2)BCF≥500,如没有该数值,lgKow≥4

BCF:生物富集系数;

EC_X:产生 50%最大反应的物质有效浓度,单位为毫克/升(mg/L);

EC_{50}:造成 50%最大反应的物质有效浓度,单位为毫克/升(mg/L);

ErC_{50}:在减缓增长上的 EC_{50},单位为毫克/升(mg/L);

Kow:辛醇溶液分配系数;

LC_{50}(50%致命溶液):物质在水中造成一组试验动物 50%死亡的浓度,单位为毫克/升(mg/L);

NOEC(无显见效果浓度):试验浓度刚好低于产生在统计上有效的有害影响的最低测得浓度。NOEC 不产生在统计上有效的应受管制的有害影响。NOEC 单位为毫克/升(mg/L)

a. 以鱼类、甲壳纲动物和/或藻类或其他水生植物的 LC_{50}(或 EC_{50})数值为基础的急性毒性范围;

b. 物质按不同的慢毒性分类,除非掌握所有三个营养水平的充分的慢毒性数据,在水溶液以上或 1mg/L;

c. 慢性毒性范围以鱼类或甲壳纲动物的 NOEC 或等效的 ECx 数值,或其他公认的慢毒性标准为基础;

d. LC_{50} 或 EC_{50} 分别指 96HLC_{50}(对鱼类)、48HEC_{50}(对甲壳纲动物),以及 72h 或 96hEr(对藻类或其他水生植物)

表 2-23　危险性判断顺序表

类别及包装类	4.2	4.3	5.1 I	5.1 II	5.1 III	6.1 I 皮肤	6.1 I 口入	6.1 II	6.1 III	8, I 液体	8, I 固体	8, II 液体	8, II 固体	8, III 液体	8, III 固体
3, I *		4.3	5.1			3	3	3	3	3	—	3	—	3	—
3, II *		4.3	5.1			3	3	3	3	8	—	3	—	3	—
3, III *		4.3	5.1			6.1	6.1	6.1	3**	8	—	8	—	3	—
4.1 II *	4.2	4.3	5.1	4.1	4.1	6.1	6.1	4.1	4.1	—	8	—	4.1	—	4.1
4.1 III *	4.2	4.3	5.1	4.1	4.1	6.1	6.1	6.1	4.1	—	8	—	8	—	4.1
4.2 II		4.3	5.1	4.2	4.2	6.1	6.1	4.2	4.2	8	8	4.2	4.2	4.2	4.2
4.2 III		4.3	5.1	5.1	4.2	6.1	6.1	6.1	4.2	8	8	8	8	4.2	4.2
4.3 I			5.1	4.3	4.3	6.1	4.3	4.3	4.3	4.3	4.3	4.3	4.3	4.3	4.3
4.3 II			5.1	4.3	4.3	6.1	4.3	4.3	4.3	8	8	4.3	4.3	4.3	4.3
4.3 III			5.1	5.1	4.3	6.1	6.1	6.1	4.3	8	8	8	8	4.3	4.3
5.1 I						5.1	5.1	5.1	5.1	5.1	5.1	5.1	5.1	5.1	5.1
5.1 II						6.1	5.1	5.1	5.1	8	8	5.1	5.1	5.1	5.1
5.1 III						6.1	6.1	6.1	5.1	8	8	8	8	5.1	5.1
6.1 I 皮肤										8	6.1	6.1	6.1	6.1	6.1
6.1 I 口入										8	6.1	6.1	6.1	6.1	6.1
6.1 I 吸入										8	6.1	6.1	6.1	6.1	6.1
6.1 II 皮肤										8	6.1	8	6.1	6.1	6.1
6.1 II 口入										8	8	8	8	6.1	6.1
6.1 III										8	8	8	8	8	8

注: *4.1 类中除了自反应物质和固体退敏爆炸品以外的物质和第 3 类液体退敏爆炸品之外的物质。

**6.1 指农药。

—指不可能的组合。

2.1.10　具有多种危险性的物质、混合物和溶液的分类

对于含有多种危险性且在 IMDG Code 中未列入的新物质、混合物或溶液,其类别的确定按下列步骤。

1. 优先列出的类别和分类

第 1 类:爆炸品;

第 2 类:气体;

第 3 类:液体退敏的爆炸品;

第 4.1 类:自反应物质和固体退敏的爆炸品;

第 4.2 类:引火性物质;

第 5.2 类:有机过氧化物;

第 6.1 类:具有吸入毒性的包装类 I 的物质;

第 6.2 类:感染性物质;

第 7 类:放射性物质。

2. 根据危险性判断顺序表进行判断

如果有一种含有多种危险性且在 IMDG Code 中未列入的新物质、混合物或溶液需要判定其所隶属的类别,首先应看其是否属于优先列出类别和分类的物质,如不适用再根据危险性判定顺序表,在该表中考虑其物理状态(固体还是液体)、适用的包装类以及有毒物质的致毒方式(吸入、口入还是皮肤接触进入),在纵横两个相关的类别和包装类的交叉处找到最恰当的类别(见表 2-23)。

2.2　危险货物的特性

根据危险货物的定义可以看出危险货物具有以下一种或一种以上的危险特性。

2.2.1　燃烧性

许多危险货物具有燃烧性,火灾危险是危险货物运输中的主要危险之一。一般把能发光、放热的剧烈的化学变化过程叫作燃烧。

1. 燃烧的条件

物质的燃烧不是随时都可以发生的,它必须具备三个条件,即可燃物、助燃物、热量。可以把这三个条件看作一个燃烧三角形,三角形中的三条边分别代表三个条件,可清楚地知道组成三角形的三条边不能缺少其中任何一条边,如缺少一条边,三角形就不存在。因此,燃烧三角形中缺少任何一条三角形的边,燃烧三角形就不成立,那么燃烧也就不成立。

2. 燃烧的形式

危险货物的燃烧形式是多样化的,可燃气体、液体或者固体在空气中燃烧时,其燃烧形式一般有四种,即扩散燃烧、蒸发燃烧、分解燃烧和表面燃烧。

(1) 扩散燃烧。如氢、乙炔等可燃气体从管口等处流向空气时的燃烧,就是由于可燃气体分子与空气分子相互扩散、混合,当浓度达到可燃范围时,遇明火则燃烧,形成的火焰使燃烧继续下去,此为扩散燃烧。

（2）蒸发燃烧。如乙醇、乙醚等易燃液体的燃烧，就是由于液体蒸发产生的蒸气，在空气中扩散并与空气混合，当其在空气中的浓度达到可燃范围时，遇明火则燃烧并形成火焰，其火焰温度又进一步加热液体表面，从而促进其蒸发，使燃烧继续下去，此为蒸发燃烧。除液体的燃烧为蒸发燃烧外，有些固体也为蒸发燃烧，如萘。

（3）分解燃烧。分解燃烧是指在燃烧中伴随着热分解现象的燃烧，如木材、煤、纸等固体可燃物或者如油脂一类高沸点液体可燃物的燃烧，就属此类。在空气中加热木材时，木材首先因失去水分而干燥，然后产生热分解，放出可燃气体，这种气体被点燃而燃烧产生火焰，由于这些火焰的温度不断地把木材再分解，从而使燃烧继续下去。

（4）表面燃烧。表面燃烧是指固体可燃物表面与空气相接触的部位被点燃，虽不产生火焰，但燃烧产生的热量能使内层继续燃烧，如无定形的木炭、铝粉、镁粉等的燃烧。

在上述情况中，前面三种形式的燃烧中，可燃物虽然是气体、液体、固体，但它们经过溢出、蒸发（或升华）、分解等过程，最后还是归结于可燃气体的燃烧，而且都产生火焰，并且它们都以扩散的方法与空气相互接触而燃烧，其燃烧传播的速度取决于可燃物质及空气的扩散速度。

3. 衡量物质燃烧性的指标

衡量物质燃烧特性的主要指标是闪点、燃点、自燃点和燃烧（爆炸）范围。

（1）闪点（Flash Point）。闪点是易燃液体的蒸气和空气形成的混合物与明火接触时，可以发生瞬间闪火的最低温度。

闪点是引起易燃蒸气燃爆的最低温度，虽然此时的易燃蒸气还不足以维持持续的燃烧，但从安全角度，把它作为一个危险的信号是非常恰当的，且容易把握。

对某一易燃液体闪点的测试方法是在预计的闪点温度下，将一定量的待测样品注入闪点测定仪器的容器中，然后对容器缓慢加热，每隔一段时间，用一小火苗划过液面上方，发生瞬间闪火时液体所具有的温度即为闪点。它可按测试仪器的类型分为闭杯闪点（Closed Cup, c. c）和开杯闪点（Open Cup, o. c）。闭杯闪点测试仪器的容器在加热过程中是关闭的，仅在用火苗划过液面时打开容器；开杯闪点在整个加热过程中容器是开放的。一般来说，开杯试验测得的闪点要比闭杯实验测得的闪点高几度，而闭杯仪器的重复性比开杯仪器好。IMDG Code 所用的闪点数据基本上是依据闭杯方法测得的。

在 IMDG Code 中列出了下列 6 个国家的闪点测试标准，便于比照、协调。

① 法国标准：NF M07-019，NF M07-011/NF T30-050/NF T66-009，NF M07-036。

② 德国标准：DIN 51755（闪点低于 65℃），DIN EN 22719（闪点高于 5℃），DIN 53213（适用于清漆、真漆以及闪点低于 65℃ 的黏性液体）。

③ 荷兰标准：ASTM D93-96，ASTM D3278-96，ISO 1516，ISO 1523，ISO 3679，ISO 3680。

④ 俄罗斯标准：GOST 12.1.044-84。

⑤ 英国标准：BS EN 22719，BS EN 2000 Part 170。

⑥ 美国标准：ASTM D 3828-93（小型封闭式闪点测试仪的标准测试方法），ASTM D 56-93（标记封闭式闪点测试仪的标准测试方法），ASTM D 3728-96 Setaflash（闭杯闪点测试仪的标准测试方法），ASTM D 0093-96 Pensky-Martens（闭杯闪点测试仪的标准测试方法）。

我国有关闪点试验方法的规定有 GB 261-77(石油产品闪点测定)，GB 7634-87(石油及有关产品低闪点的测定)，GB 267-77(石油产品闪点及燃点测定)。

对某一易燃液体而言，闪点不是一个准确的物理常量。在一定程度上，它的值依赖于所使用试验仪器的结构和试验程序。因此，闪点数据应标明试验仪器的名称。

(2) 燃点(Ignition Point)。在常压下能维持物质持续燃烧的最低温度称为燃点。

对某一易燃液体而言，若在闪点温度上继续加热，使易燃物体挥发出来的蒸气闪火后能维持燃烧 5s 以上，这一能维持燃烧的最低温度称为该易燃液体的燃点(或着火点)。

(3) 自燃点(Spontaneous Ignition Point)。物质在某一温度下，无须明火点燃就能发生燃烧，这种现象称为自燃(Spontaneous Combustion)。发生自燃的最低温度称为自燃点。

(4) 燃烧或爆炸极限(范围)(Explosive Limit)。燃烧或爆炸极限(范围)一般用可燃性气体或蒸气在混合物中的体积百分数表示。混合气体能发生燃烧或爆炸的最低浓度叫作燃烧或爆炸下限，最高浓度叫作燃烧或爆炸上限。燃烧或爆炸上、下限之差叫作燃烧或爆炸极限(范围)。在燃烧或爆炸极限之外不会引起爆炸，因为，当空气中可燃气体或蒸气含量少时，能燃烧的物质有限，产生的热量不足以引起爆炸；当空气中可燃气体或蒸气含量多时，空气(氧)的含量少了，不能支持充分燃烧，产生的热量也不足以引起爆炸。

4. 引起燃烧或爆炸的火源(或热源)

由上述可知，物质的燃烧不是随时都可以发生的，它必须具备三个条件，即可燃物、助燃物、热量。危险货物中很多是可燃(易燃)物，空气是良好的助燃物，在大多数情况下只有严格控制热量这一条件才能防止燃烧。

在危险货物作业场所，能引起燃烧或爆炸的火源(或热源)主要包括如下一些。

(1) 明火。指敞开的火焰、火星和灼热的物体等，具有很高的温度和热量，是引起火灾的最主要火源，如焊接和切割时的火花、烟囱火星、厨房火种、炉火、打火机、火柴、烧红的电热丝或铁块等。

(2) 电器火花。指各种电器设备由于超负荷、短路、接触不良等引起的火花，如电动机械非封闭式电动机、闪电雷击、舱内(库内)电源短路、接触不良、电线陈旧老化等所产生的电火花。

(3) 撞击火花。指物体相互碰撞或摩擦而产生的火花。如装卸的金属工具与包装容器相撞，穿带铁钉的鞋子与甲板摩擦，装卸中使用撬或进行敲铲作业等所产生的火花。

(4) 静电火花。指两种不同的物质相互摩擦引起静电荷集聚，在电位发生变化时放电而产生的火花。如石油产品在装卸时因流动而产生的静电火花，工作人员穿着和更换化纤服装而产生的火花等。

(5) 化学热。指因物质发生化学反应所产生的热量，这种热量达到一定温度，引起物质的燃烧，如黄磷与空气发生氧化反应引起燃烧，金属钠与水反应引起燃烧，氧化剂与易燃液体或易燃固体发生反应引起燃烧等。

(6) 其他热源。如聚焦、辐射等作用产生的热量也能引起火灾。

2.2.2　爆炸性

爆炸是物质发生急剧的物理、化学变化，并在极短的时间内放出大量能量的一种现象。在这个变化的过程中，伴有物质所含能量的快速转变，即变为该物质本身变化的产物或周围介质的压缩能或运动能。因此，它的一个重要特点是大量能量在有限的体积内突然释放并急剧转换。这种能量在极短时间内和有限的体积内大量积聚,造成高温、高压等非寻常状态,对周围介质形成急剧的压力突跃和随后的复杂运动,显示出不寻常的移动或机械破坏效应。爆炸的另一个显著的外部特征是由于介质受震动而发生一定的音响效应。

1. 爆炸类型

爆炸依据变化形式的不同主要分为三种类型,即物理爆炸、化学爆炸和核爆炸。

(1)物理爆炸。物质因状态或压力发生突然变化而形成的爆炸,并且在爆炸前后没有新的物质产生,这种现象称为物理爆炸,如车胎爆炸、锅炉爆炸、高压气瓶爆炸等现象,地震、闪电雷击也属于物理爆炸现象。

(2)化学爆炸。物质因发生急剧的化学变化而引起的爆炸称为化学爆炸。化学爆炸又分为爆炸性物质爆炸、可燃性混合气体爆炸和可燃性粉尘爆炸。如炸药、炮弹、爆竹的爆炸都是化学爆炸。

(3)核爆炸。由原子核的裂变(如 U235 的裂变)或聚变(如氘、氚、锂的聚变)反应所释放的能量引起的爆炸现象称为核爆炸。

核爆炸反应放出的能量比炸药爆炸放出的化学能大得多,集中得多,可形成数百万到数千万摄氏度的高温,在爆炸中心区造成数百万个大气压的高压,释放出大量的热辐射和强烈的光,产生各种对人类有害的放射性粒子,造成地区长时间污染。

2. 爆炸的必要条件

(1)反应的快速性。反应的快速性是炸药发生爆炸的必要条件,它是爆炸反应过程区别于一般化学反应过程的最重要的标志。爆炸反应过程以高速进行,并在瞬间完成。只有高速才能使爆炸物的体积、能量、密度急骤增大而致爆。例如,煤炭虽然所含热量比同样重量的梯恩梯炸药(TNT)高 1 倍多,但由于燃烧速度缓慢而不能形成爆炸;而 TNT 完全反应所需时间约 $1/105s$,瞬间所产生的热量来不及散失,气体生成物升温到 $2000\sim3000℃$,压力达到 10 万～40 万个大气压($10000\sim40000MPa$),因而发生爆炸。

(2)反应的放热性。反应的放热性也是炸药发生爆炸变化的必要条件,对于这一点,所有的炸药都没有例外。热量是爆炸做功的能量来源。没有大量的热放出,爆炸反应不可能完成,更不能形成高温、高压、高能量气体而膨胀做功。例如,1kg TNT 爆炸时能产生 4200kJ 的热量;1kg 硝化甘油爆炸时可放出 6196kJ 的热量。

(3)产生大量气体生成物。爆炸对周围介质的做功是通过高温、高压气体迅速膨胀实现的,因此在反应过程中生成大量气体产物也是炸药爆炸的一个重要产物。反应生成的气体产物主要是 CO、CO_2、N_2、H_2O(水蒸气)和 O_2 等。例如,1kg TNT 爆炸后能生成 727.2L 气体,是爆炸前体积的 1180 倍;1kg 硝铵炸药爆炸后能生成 906L 气体,体积膨胀 1530 倍。

综合上述炸药爆炸的三个条件,可以了解到炸药爆炸的整个过程,首先是外界给予一定的能量引起爆炸物质的化学反应,由于反应放出大量热量,一部分热量促使反应继续进行,一部分热量用来加热所产生的气体,由于反应速度极快,所产生的气体来不及扩散,所放出的热量集中在炸药原来占有的容积内,维持很高的能量密度,因此形成了高温、高压气体,使炸药爆炸具有巨大的功率和强烈的破坏作用。

2.2.3 毒害性

某些物质少量进入人或动物的机体后,能与液体及组织发生作用,扰乱或破坏机体的正常生理功能,引起暂时性或永久性的病理状态,甚至危及生命安全,这种物质称为有毒物质

（毒物）。此种物质具有的这种特性称为毒害性。

在危险货物中除了第 6.1 类有毒物质和第 2.3 类有毒气体具有很强的毒害性以外，还有许多其他类别的物质也具有一定的毒害性。运输中有毒的气体、液体或固体会因为破包、泄漏、蒸发等通过经口、吸入或皮肤接触等途径使人中毒。

1. 影响毒物毒性大小的因素

不同的物质其毒性大小各不相同，影响毒物毒性大小的主要因素有毒物的化学组成和结构、溶解性（水溶性还是脂溶性）、溶解度、颗粒大小、沸点高低、蒸气密度、环境温度等。

（1）毒物的化学组成及结构是影响毒物毒性大小的决定因素。在无机毒物中，毒物的毒性决定于是否含有汞（Hg）、铅（Pb）、砷（As）、硒（Se）、钡（Ba）、氰根离子（CN^-）等化学组成，当然这些化学组成在水溶液中应呈离子状态。

在有机毒物中，含有磷（P）、氯（Cl）、硫（S）、汞（Hg）、氰基（—CN）、铅（Pb）、氨基（—NH_2）、硝基（—NO_2）等物质的多数属于毒物。当然，有机毒物毒性的大小不仅与它的化学组成有关，而且还与其化学结构有关。

毒物的化学结构与毒性间的关系，在脂肪族烃类化合物中，毒物作用随碳原子数的增加而增强，其结构中如以支链代替直链，则毒性减弱。毒性的大小随着不饱和程度的增加而增加。另外，碳链上的氢原子被卤素原子取代时，毒性变大，随着卤素原子增多，其毒性也大。分子的对称性与毒性也有关系，一般认为对称结构化合物的毒性大于不对称的结构化合物。如有机磷杀虫剂进入人体后，对人体产生的毒作用的大小随它们的化学结构而异，对氧磷>对硫磷>甲基对硫磷。

（2）溶解度。毒物在水中的溶解度越大，其毒性也越大。例如，氯化钡在 25℃时在水中的溶解度是 9.9g，毒性越大；而硫酸钡在 25℃时在水中的溶解度是 0.00028g，基本无毒性。硫化汞不溶于水，也不属于毒害品。

（3）颗粒度。毒物的颗粒越小，越易引起中毒。这是由于颗粒越小，越易进入呼吸道而被吸收。大于 $10\mu m$ 的气溶胶粒子沉着在上呼吸道，而 $1\sim10\mu m$ 的粒子能侵入呼吸道深部，甚至侵入到肺泡内。

（4）环境温度。环境温度越高，越易中毒。因为环境温度越高，毒物的挥发性越大，毒物的溶解度越大，且人体的呼吸也会加剧，这样就增加了毒物进入人体的量。

（5）沸点。毒物的沸点越低，就越易于挥发成蒸气，增加毒物在空气中的浓度，人体就易于中毒。

（6）蒸气密度。毒物的蒸气密度越大，越易在低洼处积聚。如果通风不良，非常容易引起中毒。

（7）脂溶性。毒物易溶于脂肪，则易渗过皮肤引起中毒。脂溶性的毒物可通过皮肤吸收，同时易黏附在皮肤上，使吸收更有利于进行。如苯胺、硝基苯之类的毒物很容易渗透皮肤，进入血液循环系统而引起中毒。

2. 毒性指标

不同的物质其毒性大小各不相同，在危险货物的运输与保管中，衡量毒物毒性大小的指标有急性指标和慢性指标。

（1）急性指标。衡量该物质是否属于毒害品的急性指标如下。

① 急性经口吞咽毒性半数致死剂量 LD_{50}。系指在 14 天内，使雄性和雌性刚成熟的天

竺鼠半数死亡所使用的物质剂量。其结果用 mg/kg 表示。

② 急性皮肤接触毒性半数致死剂量 LD_{50}。系指在白兔裸露皮肤上连续接触 24h，在 14 天内使受试验动物半数死亡所施用的物质剂量。其结果用 mg/kg 表示。

③ 急性吸入毒性半数致死浓度 LC_{50}。系指使雌性和雄性刚成熟的天竺鼠连续吸入 1h，在 14 天内是受试验动物半数死亡所施用的蒸气、烟雾或粉尘的浓度。其结果粉尘和烟雾用每升空气中的毫克数 mg/L 表示；蒸气用每立方米空气中的毫升数 mL/m^3（ppm）表示。

(2) 慢性指标。毒物虽对人体有毒害作用，但如果进入人体内的毒物的量不足，则毒性再高也不会引起中毒死亡。一般可通过降低环境空气中的毒物浓度含量来控制进入人体的剂量。以下两个慢性指标是控制作业环境安全的指标。

① 最高容许浓度（MAC）。工作场所空气中有害物质规定的最高浓度限值，单位用 mg/m^3（ppm）或 mL/L 表示。

② 阈限值（TLV）。一个健康成人一整天内反复经受毒物浓度的上限，单位用 mg/m^3（ppm）或 mL/L 表示。

MAC 和 TLV 都表示工作人员在这一浓度下长期劳动也不至于引起急性或慢性中毒，这一浓度值是经过代表性的多次采样测定得出的。超过这一浓度限值，工作人员必须做好防护才能进入这个环境，否则会对工作人员身体健康产生有害影响。

3. 毒物进入人体的主要途径

(1) 呼吸道。整个呼吸道都能吸收有毒物质，尤其以肺泡的吸收能力最大。肺泡的面积很大，大约 $55m^2$，肺泡的壁很薄，肺泡上有丰富的微血管，所以肺泡对毒物的吸收很快，直径 $10\mu m$ 以下的气体或粉尘能进入呼吸道，直径 $5\mu m$ 以下的气体或粉尘能直接达到肺泡，在气体交换的同时进入循环系统达到全身各部位，可在肝脏转化之前就起作用。经呼吸道吸收毒物的数量和速度与吸入的气体中毒物的浓度、时间、肺活量以及毒物的理化性质有关。

(2) 皮肤。虽然健康的皮肤有屏障作用，但一些毒物可以不同程度地通过表皮、毛囊或汗腺进入人体。毒物进入皮肤后，不经肝脏，直接进入血液循环。经皮肤吸收毒物的数量和速度与物质的溶解性、浓度、接触时间、皮肤是否有破损和出汗等因素有关。

皮肤的表皮屏障有三道：首先是皮肤的角质层，一般相对分子量大于 300 的毒物不易透过此层；其次是位于表皮角质层下面的表皮细胞膜，它富含有固醇磷脂，对非脂溶性物质具有屏蔽作用；表皮与真皮连接处的基膜也有类似作用，脂溶性的毒物虽能通过此屏障，但除非同时具有一定的水溶性，否则也不易被血液吸收。所以，一些脂溶性和水溶性兼有的毒物很容易通过皮肤的表皮屏障进入人体，从而引起中毒。但当皮肤破裂或有皮肤病时，其屏障作用被破坏，此时原来不会被皮肤吸收的毒物也能被大量吸收。

毒物经毛孔进入毛囊后，可绕过表皮屏障直接透过皮脂腺细胞和毛囊壁而进入真皮，但它的总截面积仅占表皮面积的 $0.1\% \sim 1.0\%$，所以这一途径不如经表皮吸收的比例高。

(3) 消化道。一般情况下，毒物经消化道进入人体的可能性不大。除误服外，可能会由于在作业现场进食或饮水，作业后未进行彻底清洗，一些在呼吸道中吸收较慢的粉尘状毒物可随痰咳出又重新咽下，都可导致毒物经过消化道进入人体。进入消化道的毒物在胃中吸收较少,主要在小肠中吸收,经肝脏转化后进入血液循环系统。但某些无机盐,如氰化物及脂溶性毒物,可经过口腔黏膜吸收,由于经过消化道吸收的毒物先经过人体肝脏等器官,对某些毒物有解毒作用,所以消化道中毒较呼吸中毒表现得比较缓慢。

毒物被吸收后,通过血液分布到全身,最后到达各种细胞内的作用点起作用而发生毒性,其毒性作用表现在两个方面,一方面毒物进入作用点后直接起毒性作用;另一方面毒物进入作用点后,经过代谢可使其毒性降低或增加,其代谢是通过在各种酶的作用下经过水解、氧化、还原、结合等过程完成的。经代谢其毒性变小了,这叫解毒。毒物的代谢基地主要在肝脏,其次在肠、胃、肾和皮肤等。经口进入的毒物被吸收后首先要经肝脏的作用,其他途径进入的毒物则先经过大循环,再转到肝脏。

毒物排出体外的主要途径有呼吸道、肾脏、消化道、汗液、乳汁等。

毒物在吸收、分布和排出的过程中,除被身体内的解毒功能所作用外,同时使机体组织或功能受到损伤、产生中毒症状。如毒物一氧化碳和氰化氢都能对细胞色素氧化酶起抑制作用。在正常的情况下,细胞色素氧化酶中的铁可通过 $Fe^{++} \longrightarrow Fe^{+++}$ 而进行氧化还原反应。但由于一氧化碳和氰化氢都能与酶的蛋白质部分的金属起作用,一氧化碳能与 Fe^{++} 结合,而氰化氢能与 Fe^{+++} 结合,两者都能使酶的功能受到影响而发生细胞窒息。

2.2.4　放射性

所谓放射性是指一些物质能自发地、不断地放出穿透力很强、人的感觉器官察觉不到、对人体组织会造成伤害、使人体产生急性或慢性放射性疾病的特性。

危险货物中第 7 类放射性物质即具有这个特性。物质的这种特征是 1896 年由法国科学家贝可勒尔从天然铀石中首先发现的,此后施密特发现钍盐也具有类似的辐射特性,居里夫人进一步发现了具有辐射性质的物质钋和镭。

放射性物质放射出的射线通常有三种:α 射线、β 射线和 γ 射线,此外,还有一种中子流,是原子核裂变的产物,不是原子核衰变的产物。

1. α 射线

α 射线是一种带正电的粒子流,α 粒子即氦原子核,带两个正电荷,通过物质时,电离作用很强,本身则不断损耗能量,故它的穿透力弱,射程很短(空气中 2.7cm、生物体中 0.035mm)。但由于它的电离作用强,一旦进入体内,能引起很大伤害。所以,α 射线内照射危害大,外照射危害不大。一般用两张纸、一层金属片、普通衣服、木板或一定厚度的空气层就能将 α 射线挡住。

2. β 射线

β 射线是一种带负电的电子流。β 粒子即电子,由于 β 射线电荷少、质量小、运动速度快,所以它的穿透力比较强,射程比 α 射线长(在空气中为 7m、在生物体中为 3mm)。但电离作用比 α 射线弱得多,约为它的 1/100。所以,β 射线内照射危害较小,外照射危害较大。一般用 9mm 厚的铝片、塑料板、木板或多层厚纸等也足以将它挡住。

3. γ 射线

γ 射线是一种波长很短的电磁波,即光子流,与 X 射线相似,不带电,速度高(30 万 km/s),能量大,穿透力强,比 β 射线强 50～100 倍,比 α 射线强一万倍。γ 射线电离能力最弱,只有 α 射线的 1/1000,β 射线的 1/10。因此,γ 射线外照射危害很大,内照射危害很小。一般用原子序数较高的金属,如铁、铅等,就能起到一定的屏蔽作用。

4. 中子流

只有在原子核发生裂变时,才能从中释放出中子束。运输中常见的是由中子源放出的一种不带电的粒子源。因为中子不带电,不能直接产生电离,所以它的穿透力也是很强的。中子对人体的危害主要是外照射,一般认为,中子引起人体损伤的有效性是 γ 射线的 2.5~10 倍。中子最容易被氢原子或含有氢原子的化合物吸收。常用石蜡、水、有机纤维、水泥等作为吸收材料。

2.2.5　腐蚀性

腐蚀性是指某些物质化学性质非常活泼,能与很多金属、非金属及动植物机体等发生化学反应,并使其遭到破坏的性质。具有这种特性的物质称为腐蚀性物质或腐蚀品。

危险货物中除了第 8 类腐蚀性物质具有很强的腐蚀性外,还有许多物质也具有一定的腐蚀性。在危险货物运输规则中定义腐蚀性物质以及衡量其腐蚀作用大小常采用两个主要指标:一是根据在规定时间内看其与受实验动物皮肤接触后出现可见的坏死现象;二是让其与规定类型的钢或铝的表面接触由其年腐蚀率的大小来判断。后者适用于不具化学灼伤性的腐蚀品的判断。

2.2.6　污染性

水路危险货物运输中污染性主要指的是对海洋的污染性。在危险货物运输规则中的海洋污染物即海洋环境有害物质具有污染性。

海洋污染物进入海洋后,可能危害人类健康,伤害生物资源和海洋生物,损害优美环境或妨碍海洋的其他合法利用。

判断海洋污染物的标准依据 MARPOL 73/78,通过其进入海洋后在生物体内积累对水生生物或人类健康造成的危害程度大小来确定。根据 2010 年 1 月 1 日强制实施的 IMDG Code(34－08 版),环境有害物质的判别和分类应该按照联合国《全球化学品统一分类和标签制度》(紫皮书,或 GHS)的分类标准和国际海事组织海洋污染问题专家组提供的分类导则执行。

职业指导

(1) 企业的实际需求:危险品运输企业要掌握所承运的危险品的物理、化学特性及其危害性,从而采取正确、合理的安全运输措施。

(2) 本章介绍了第 1 类~第 9 类危险货物的定义、类别及其危险特性,这些知识是从事危险品运输工作的基础知识。

(3) 学生应该具备的基本素养和专业技能:掌握第 1 类~第 9 类危险品的定义、分类及其特性的相关知识;熟悉常见的危险品的特性及其危害性;了解危险品进行化学反应的原理。

实训项目

以小组为单位(4~6 人为一组)开展以下实训内容:

(1) 每人依次说出危险货物的分类;

（2）列举常见危险货物，并说出其特性；

（3）选择某一危险货物运输案例进行分析和研究。

 练习题

1. 选择题

（1）氧气、氨、三氧化硫、二氧化碳中，属于第 2 类的共有（　　）种。

    A. 1　　　　　　　　B. 2　　　　　　　　C. 3　　　　　　　　D. 4

（2）下列选项中（　　）不是化学爆炸时必须具备的因素。

    A. 反应速度快　　　　　　　　　　B. 压强迅速增大

    C. 释放出大量的热　　　　　　　　D. 产生大量气体生成物

（3）爆炸品的特性不包括（　　）。

    A. 爆炸性　　　　　B. 毒害性　　　　　C. 燃烧性　　　　　D. 腐蚀性

（4）下列选项中（　　）不属于危险品。

    A. 油漆　　　　　　B. 生漆　　　　　　C. 丙酮　　　　　　D. 电石

（5）放射性物质所放出的射线通常有三种，其中电离作用最大的射线为（　　）。

    A. α 射线　　　　　B. β 射线　　　　　C. γ 射线　　　　　D. 中子流

2. 简答题

（1）气体按运输状态分为几种？一般临界温度高于常温的气体按什么形式运输？

（2）易燃液体着火能否用水扑救？为什么？

（3）什么是易自燃物质？易自燃物质产生自燃的主要原因是什么？

（4）为什么某些有机过氧化物在运输中须进行温度控制？

（5）什么是运输指数、临界安全指数？

（6）IMDG Code 与我国《水路危规》在第 9 类上有什么区别？

危险货物的包装

 引导案例

出口危险货物应使用合格包装

2015年8月,江苏江阴检验检疫局在对一批出口至埃塞俄比亚的危险货物——空气清新剂实施装运前检验时发现,该批货物中的一部分未使用危险货物包装。

经调查了解到,该批货物生产企业为节约成本,在明知出口危险货物必须使用危险货物包装的情况下,将少部分未使用危险货物包装的货物隐藏在使用合格危险货物包装的货物中间试图蒙混过关。江阴检验检疫局对该批货物不予签发"出口装运前检验证书",并要求企业整改,整改合格后方可出口;同时函告相关出境口岸检验检疫部门,重点关注该批货物流向。

根据《中华人民共和国进出口商品检验法》及其实施条例的规定,江阴检验检疫局对该出口企业不如实提供出口商品真实情况、骗取出口危险货物包装使用鉴定结果单的行为实施了行政处罚,处以该批货值金额5%的罚款,计人民币6533元。

资料来源:中国质量新闻网

案例解析:

空气清新剂属于出口危险货物,根据《中华人民共和国进出口商品检验法》及其实施条例的规定,危险货物生产企业应当使用经性能鉴定合格的危险货物包装,并须经检验检疫部门使用鉴定合格方可出口。性能鉴定合格,是指包装本身的质量合格;使用鉴定合格,是指包装的使用情况符合规定,如包装的危险等级符合货物危险级别、包装密封性、装载量、标签加贴情况的要求。性能鉴定和使用鉴定两者缺一不可。出口至埃塞俄比亚的商品,还应当由检验检疫部门实施装运前检验,对包装不合格的货物,检验检疫部门不能予以签发装运前检验证书。

因涉及安全、卫生、环境保护等多项重要属性,包括危险化学品在内的危险货物历来是检验检疫部门重点监管的商品。出口企业应当严格遵守危险货物的管理规定,使用合格包装产品,诚信守法经营,避免发生危害事故后追悔莫及。

本案例涉及的主要知识点:危险货物的包装要求。

学习导航

　　重点掌握危险货物的各种包装形式、包装标记、包装的性能试验及有关危险货物的包装要求。

教学建议

　　本章的备课要点为：包装的一般作用和危险货物包装的基本要求；传统的单一包装的包装分类、包装标记、包装的性能试验，特殊类别危险货物的包装要求；中型散装容器的包装标记、包装的性能试验；大宗包装的标记和性能试验。以理论教学为主，结合案例讲解。建议授课 6 学时。

3.1　危险货物的包装

3.1.1　危险货物包装的定义

　　危险货物具有不同于其他货物的性质，它们与外部环境接触可能发生变质或因受到碰撞、摩擦、振动、撒漏而引起燃烧、爆炸、毒害、腐蚀、放射性污染等事故，所以对危险货物进行严格有效的包装极为重要。通过包装，既要保证货物数量完整，又要防止事故的发生，从而保证安全运输。危险货物的包装是危险货物运输规则的重要组成部分。如图 3-1 所示。

　　包装是指在流通领域中为保护商品、方便储运、促进销售而采用的容器、材料及辅助物的总体名称。包装的首要功能是保护商品。包装形式主要有常规包装、中型散装容器、大宗包装、可移动罐柜、公路罐车、集装箱滚装运输组件和船载驳船等。

a) 集装箱　　　　　　　　b) 可移动罐柜　　　　　　　c) 多单元气体容器

d) 钢桶　　　　e) 纸箱　　　　f) 铁箱　　　　　　g) 罐

图 3-1　包装形式

1. 危险货物包装的定义

危险货物包装是指能够经受得住各种运输、装卸和保管过程中的风险,确保高度安全的各种包装和包装方法。

海上危险货物的运输包装是指由 IMDG Code 推荐的各种包装和包装方法。考虑到科学和技术的发展,可以使用与该规则规定的不同包装,但这些包装必须具有同等效能,由主管机关认可的技术检验部门按 IMDG Code 的试验标准进行试验,证明在船舶安全载运和防止海洋污染的要求等方面达到等效包装要求的,方可使用新包装。

2. 各种包装的定义

(1) 单一包装——是指直接将货物盛装在包装容器中的包装,如钢桶、塑料桶、塑料罐等。其最大净重不超过 400kg;最大容积不超过 450L。

(2) 内包装——是指运输中其外面需要外包装的包装。组合包装中的内层包装就称为内包装。

(3) 内容器——是指起盛装作用并需要外包装的容器。复合包装中的内层就称为内容器。

(4) 外包装——是指复合包装和组合包装的外部保护部分及其吸附性的材料、衬垫材料和为保证内容器或内包装有效所需的任何其他组成部分。

(5) 中层包装——是指置于内包装或物品与外包装之间的包装。

(6) 复合包装——是指由一个外包装和一个内容器组成的一个整体包装。该包装一旦组装好后,无论在充罐、储存、运输或卸空时始终是一个整体。如钢塑复合桶,其最大净重不超过 400kg,最大容器不超过 450L。

(7) 组合包装——是指将一个或多个内包装装在一个外包装内组成的包装,其目的是便于运输。如塑料罐装在木箱中,其最大净重不超过 400kg。

(8) 中型散装容器——是指容器大于 250L,但不超过 3000L($3m^3$),设计适合于机械装卸,并能承受装卸运输过程中正常风险的刚性、半刚性和柔性的可移动包装。

(9) 大宗包装——是指由装有物品或内包装的外包装组成的包装,设计上适合于机械装卸,净重超过 400kg 或容量超过 450L,但容积不大于 $3m^3$。

(10) 压力容器——是一个包括钢瓶、管、压力桶、封闭的冷藏容器、金属储氢系统和钢瓶组在内的集合术语。

(11) 多单元气体容器——是用一个总管进行内部连接并组装在一个框架内的各种钢瓶、管状容器和钢瓶组的组合体。

(12) 救助包装——是指为了运输、回收或处理,在其中可盛放损坏、破损或渗漏的危险货物的一种特殊包装。

(13) 重复使用的包装——是指那些用来灌装相同内装物或类似相容物的包装。该包装经检验能达到性能试验的各项指标。该包装主要是由产品发货人为节约成本而采用的包装。

(14) 修复的包装——是指已经使用并将内装物清理干净后需要更换部分辅件的包装。如钢桶、塑料桶、罐,更换不完整的垫圈、封闭器盖等。

(15) 再生包装——是指从一个非 UN 型改成 UN 型或从一种 UN 型改成另一种 UN 型(如塑料桶从 1H1 改成 1H2)或某些结构部件经过更换(如钢桶的非移动盖)的包装。

（16）散装容器——是指用于运输固体货物的盛装体系（包括任何内衬或涂层），其中的固体货物与盛装体系直接接触。不包括包件、中型散装容器（IBCs）、大宗包装和可移动罐柜。

（17）包件——是指包装作业的最终产物，由包装和所装的用于运输的内装物组成。它们通常限定量为 400kg 或 450L。

（18）集合包件——是指一个单独的发货人将一个或多个包件封起来，形成一个组件形式，以方便运输中装卸和积载。

（19）运输组件——是指公路货车、铁路货车、集装箱、公路罐车、铁路罐车或可移动罐柜。

（20）集装箱——是指一种永久性的并有相应的强度足以反复使用的运输设备。

（21）可移动罐柜——是指金属质地，其容量在 450L 以上，配有减压、隔热、测量、通风、装卸等装置的，可整体装卸的容器，这种容器又称为"罐柜集装箱"或"液体集装箱"。

危险货物包装是指经主管机关检验合格，符合装运危险货物的包装。危险货物水上运输与人命、船舶安全有着密切关系。包装直接影响危险货物的安全运输，所以说，危险货物更需要严格的包装。而对危险货物包装的检验，旨在保证装有危险货物的包件能符合船舶运输条件所需安全程度的要求。

按照联合国危险货物运输专家委员会于 1956 年发布的《关于危险货物运输建议书》（橙皮书）的规定，联合国下属的国际海事组织制定了《国际海运危险货物规则》（IMDG Code），国际民航组织（ICAO）制定了《国际空运危险货物规则》，欧洲铁路运输中心局（OCTI）制定了《国际铁路运输危险货物规则》（RID），欧洲经济委员会（ECE）与国际运输委员会制定了《国际公路运输危险货物欧洲协议》（ADR）等有关的危险货物包装及运输管理法规。联合国危险货物运输专家委员会定期召开专家会议，就有关危险货物分类、包装及运输方面的提案进行讨论、研究并提出处理意见。

我国于 1985 年颁布了《海运出口危险货物包装检验管理办法（试行）》，并按照《商检法》第十五条将出口危险货物包装质量列为强制性检验项目。

就包装而言，《国际危规》将除第 1 类、第 2 类、第 5.2 类、第 6.2 类、第 7 类和第 4.1 类自反应物质以外的其他所有物质呈现的危险性程度分为以下 3 个包装类：

① 包装类Ⅰ——具有高度危险性的物质；

② 包装类Ⅱ——具有中度危险性的物质；

③ 包装类Ⅲ——具有低度危险性的物质。

各物质应属于哪个包装在《国际危规》中的危险货物一览表已有列明。

3.1.2　危险货物运输包装的基本分类

危险货物运输包装主要有以下 3 种分类方法。

1. 按危险货物的物种分类

危险货物自身的理化性质客观上就决定了包装的特殊要求，各类危险货物有的可采用通用的危险货物包装，有的只能或必须采用分类物品的专用包装。所以，按危险货物的物种划分，一般可分为如下几种。

（1）通用包装。一般来说，通用包装主要适用于易燃液体、易燃固体、自燃物品和遇湿易燃物品、氧化剂和有机过氧化物、毒害品和感染性物品等货物。

（2）爆炸品专用包装。对于爆炸品来说，其运输包装必须进行专用包装，甚至在爆炸品之间都不能相互替用。一般来说，为了保证爆炸品在储运过程中的安全，爆炸品的生产设计者在设计、生产爆炸品时，往往根据本爆炸品所必须满足的防火、防振、防磁等要求，同时也设计了该爆炸品的包装物，而且其包装设计需与爆炸品的设计同时被批准，否则不得进行爆炸品的生产。

（3）压缩气体和液化气体（气瓶）专用包装。压缩气体和液化气体危险货物的专用包装，其最显著的特点是能承受一定程度的内压力，所以又称压力容器包装。

（4）放射性物品包装。由于各种放射性物品的特殊性，对其包装的要求应符合国家技术监督局正式实施的有关国家标准或规定。这些标准或规定的实施对各种运输方式的放射性货物运输安全都具有指导作用。

（5）腐蚀性物品包装。由于腐蚀性物品对其包装的材料具有一定的腐蚀性，所以需用各种不同的材料来包装各类腐蚀品。腐蚀品的包装从整体看最庞杂，各种材料、各种形式的包装在腐蚀品中都被使用了。而从各腐蚀品的品种看又是最专一的。某种腐蚀品只能用某种材料包装，某件包装用于一种腐蚀品后，如能重复使用，也只能用于该腐蚀品而不能移作他用。

（6）特殊物品的专用包装。在所有的易燃液体、易燃固体、自燃物品和遇湿易燃物品、氧化剂和有机过氧化物、毒害品和感染性物品中，还有一些品种，由于某种特殊性质而需采用专门包装，例如双氧水专用包装、二硫化碳专用包装、黄磷专用包装、碱金属专用包装、碳酸钙专用包装、磷化铝熏蒸剂专用包装等。

2. 按危险货物的包装材料分类

按危险货物使用的包装材料分类，一般可分为木制包装、金属制包装、纸制包装、玻璃或陶瓷制包装、棉麻织品及塑料编织纤维包装、塑料制包装和编织材料包装等。

（1）木制包装。木材是传统的主要包装材料之一，包括天然板材和胶合板、木屑板等人工板材。木制运输包装可分为木桶包装和木箱包装两大类。

① 木桶。主要有桩形木桶、鼓形木桶（即琵琶桶）、胶合板桶、纤维板桶包装等。用于盛装危险货物的木桶，一般规定容积不得超过 60L，净重不得超过 50kg。

② 木箱。主要有加档密木箱、无档密木箱、条板花格木箱（即透笼木箱）、胶合板箱、纤维板箱、刨花板箱包装等。一般规定盛装危险货物的净重不超过 50kg。

（2）金属制包装。金属制包装的主要形式有桶（包括罐）和箱（包括盒、听）包装两大类。其基本性能表现为牢固、耐压、耐破、密封、防潮，而且其强度是所有通用包装中最高的。它是运输危险货物中使用最多、最广的包装方式之一。其所用的主要金属材料是各种薄钢板、铝板和塑料复合钢板等。

① 热轧薄钢板。它属于普通碳素钢板，亦称黑铁皮。其厚度 0.25～2.0mm 不等。单件包装的容积大或所装货物的净重大，所用的板材相应的就厚一些，其强度标准以符合包装性能试验的要求为准。

② 镀锌钢板。由于锌是保护性镀层，能保护钢板在使用过程中免受腐蚀。锌在干燥空气中不起变化，在潮湿空气中与氧或二氧化碳生成氧化锌或碳酸锌薄膜，可以防止锌继续氧化，锌镀层经铬酸或铬酸盐钝化后形成钝化膜，其防腐能力大为加强，但锌易溶于酸或碱且易于与硫化物反应。对应于黑铁皮而言，镀锌钢皮也称为白铁皮。

③ 镀锡钢板。俗称马口铁，它具有良好的耐腐蚀性、冲压成型性、可焊性和弹性。锡遇稀

无机酸不溶解,与浓硝酸不起反应。只是在遇浓硫酸、浓盐酸以及苛性碱溶液在加热时溶解。

④ 塑料复合钢板。其基件是普碳钢薄板,复合塑料采用软质或半软质聚氯乙烯塑料薄膜或聚苯乙烯塑料薄膜。塑料复合钢板,具有钢板的断切、弯曲、深冲、钻孔、铆接、咬合、卷边等加工性能,又有很好的耐腐蚀性,可耐浓酸、浓碱以及醇类的侵蚀,但对醇以外的有机溶剂的耐腐蚀性差。

⑤ 铝薄板。包装使用的铝薄板的铝的纯度应在 99%以上,铝板厚 2mm 以上,其特点是耐硝酸和冰醋酸,可焊而咬合性差。一般不用卷边咬合而用焊接。同时铝薄板的质地较软,往往在铝桶外套上可拆钢质笼筋,以增加其强度。

(3) 纸制包装。纸制包装主要有纸箱、纸盒、纸桶、纸袋等。纸质包装的特点是防震性能很好,经特殊工艺加工,强度还可以与木材相比。如果纸塑复合,可使纸制包装的防水性和密封性大大提高。

(4) 玻璃或陶瓷制包装。各种玻璃瓶、陶坛、瓷瓶等包装,其特点是耐腐蚀性强但很脆、易破碎,所以又称易碎品。

(5) 棉麻织品及塑料编织纤维包装。用棉麻织品及塑料编织纤维做成的包装,一般统称袋。在危险货物运输包装中也具有较多的用途。

(6) 塑料制包装。塑料制包装的形状比较多。桶、袋、箱、瓶、盒、罐都可用塑料制造。其所用的塑料种类也很多,主要有聚氯乙烯、聚苯乙烯、聚乙烯、钙塑、发泡塑料等。塑料还能与金属或纸制成各种复合材料。塑料包装的特点是质轻、不易碎、耐腐蚀。与金属、玻璃容器比较,其耐热、密封、耐蠕变性能相对要差一些。

(7) 编织材料包装。编织材料包装主要是指由竹、柳、草三种材料编织而成的容器。常见的有竹箩、竹箱、竹笼、柳条筐、柳条篓、薄草席包、草袋等。编织包装容器的荆、柳、藤、竹、草等物必须具备不霉、不烂、无虫蛀,而且编织紧密结实的基本要求。

3. 按危险货物的包装类型分类

按危险货物的包装容器类型一般可分为桶类、箱类、袋类、筐类、包类、捆类、坛瓶类以及组合包装、复合包装、集装箱等多种。但在各种包装分类方法中,以包装类型分类是最主要的分类方法。危险货物运输包装中不允许使用包类、捆类和裸露的坛瓶类。因此,危险货物按运输包装的类型分,主要可归纳为桶、箱、袋 3 大类。

(1) 桶类。

① 铁桶。包括马口铁桶、镀锌铁桶和各种大小的铁罐。铁桶和铁罐都是圆柱体形的容器,人们习惯上把在 10L 以下的小铁桶称为罐。

铁桶按其封口盖的形式又分为闭口桶、中口桶和大口桶 3 种。

铁桶的桶体必须为垂直的圆柱形,不倾斜。周围的瓦楞箍须均匀,不倾斜、不弯曲。桶身和桶盖平正,不得突出桶边高度,且不得有锈蚀。焊接缝和卷边咬合缝必须坚固密实,宽度在 10mm 左右。根据需要,也可在桶内喷涂各种性能不同的涂料,如酚醛树脂、环氧防腐漆等。

目前运输中常见的是 220L、110L、60L、30L 4 种规格的铁桶和 1gal(加仑)、0.5gal、0.25gal 等规格的铁罐。常用铁桶规格类型见表 3-1。

② 铝桶。铝桶只能是小口桶,其接缝不能采用卷边机械咬合而必须焊接,桶身外有不与桶身相接的钢质笼筋以增加桶的强度。其余条件与铁桶相同。铝桶的规格一般是 220L 和 110L 两种。一般适用于装腐蚀性液体。

表 3-1 常用铁桶规格类型表

规格类型 要求	适用品名	材　质	厚度/mm	尺寸和形状
220L 每桶装 200kg	苯酚等	镀锌铁皮	1.0～1.2	Ⅰ 型
	硫化碱、氢氧化钠等	黑铁皮	0.5～0.6	
	苯胺、硝基苯等	薄钢板或铝板	1.25	
110L 每桶装 100～150kg	甲醛、高锰酸钾等	镀锌铁皮	0.5～0.6	Ⅱ 型
	氰熔体、保险粉等	黑铁皮	0.5～0.6	
	丙酮、电石等	薄钢板或铁板	1.0	
60L 每桶装 50kg	氯酸钾、氯酸钠等	黑铁皮	0.5～0.6	Ⅲ 型
	氰化钾、氰化钠等	镀锌铁皮	0.5～0.6	
30L 每桶装 15～30kg	各种油漆	马口铁	0.3	Ⅳ 型
	各种油漆	铝锌铁皮	0.35	

③ 铁塑复合桶。一般有两种铁塑复合桶。一种是塑料复合在钢板上，另一种是小口铁桶内衬一只塑胆。铁塑复合桶只有小口桶，一般应符合小口铁桶的各项要求。塑料内胆胆壁最薄处不得小于 0.8mm。内胆和外壳分别用螺纹盖各自密封。其规格一般是 220L 和 60L 两种。适用于装腐蚀性液体。

④ 木板桶。桶壁、桶底都用木板做成，桶身有 4 道铁箍加固，桶壁严密牢固，底盖有十字形撑挡木。桶内涂涂料并衬有纸、布或塑料薄膜等。板缝都用漆腻相嵌，严密不漏。木板桶适用于装黏稠状的液体。从外形上看，有的桶身呈圆柱形称柱形（或直形）木板桶；有的桶呈鼓形称鼓木桶或琵琶桶。鼓形桶比直形桶能承受更大的外部压力，木板桶最大装货量为 70kg。

⑤ 胶合板桶。桶身用 3 层或 5 层胶合板制成。桶身接合直缝用钉，桶底、桶盖用木板，并有古钱形（内方外圆）或十字形撑挡木加固。桶身用 4 道铁箍加固。胶合板桶适用于装粉末状货物。货物应先装入纸袋、布袋或塑料袋内码紧密封不漏后，再装入胶合板桶内。胶合板桶装货量一般不超过 50kg。

⑥ 纤维板桶、厚纸板桶。桶身用纤维板或多层牛皮纸粘合的厚纸板制成。桶形、结构、用途和使用方法都与胶合板桶相同。纤维板桶、厚纸板桶的装货量一般不超过 50kg。

⑦ 塑料桶。塑料桶一般是采用聚乙烯或钙塑为原料加工成厚壁、薄壁、大小各异的包装容器。按其开口形式分，也有小口、中口和大口之别。小口桶适用于装液体货物；中口、大口桶适用于装结晶状、粉末状的固体货物。大口桶内应衬塑料袋或两层牛皮纸袋，袋口密封。塑料桶一般用螺纹盖封口，应密封不漏。装货量一般不超过 50kg。

（2）箱类。箱类包装一般包括以箱为外包装的各种组合包装、集装箱等。

① 集装箱。集装箱是一种现代化的运输单元，实际也是一种容器，因此集装箱也有货箱或货柜之称。因其装载量大、结构科学、各种类型的货物以及托盘都能装入、装卸速度快，是目前国际海陆空运输中广泛采用的一种运输包装。其特点是将货物集零为整，积小为大，

成为一个集装单元。其本身的标准化、系列化、通用化有利于装卸机械化、自动化的实现,有利于不同运输方式之间的快速换装和联合运输。使用集装箱能缩短装卸时间,加快车船周转,保证货运质量,节省包装材料和费用。集装箱因能露天存放还能节约仓容面积,所以能降低运输成本。

制作集装箱的材料 90% 以上是金属(有钢板、铝合金板等),此外,还有玻璃钢集装箱。集装箱的容积最小的在 $1m^3$ 以上。考虑到国际和各种运输方式之间的联运,集装箱的大小、规格都有国际标准;国际标准的集装箱宽为 8ft(英尺),高为 8ft 或 8ft6in(8 英尺 6 英寸),长有 10ft、20ft、30ft、40ft 不等。因其断面尺寸基本相同,箱子的大小在于长度的变化,即以长度的尺寸作为集装箱的规格,如 20ft、40ft 箱等。通常在长方体的集装箱的 8 个顶角上都有紧固锁扣。

② 铁皮箱。采用黑铁皮或白铁皮制成。接缝一般用焊接、铆接或双重卷边接合。箱内用适合材料作内衬套;铁皮箱一般用于装块状固体或做销售包装的外包装。爆炸物品的专用包装中,有很多是铁皮箱,如子弹箱、炮弹箱等。

③ 危险货物保险箱。这是一种特制的包装容器,一般用来运送少量的爆炸品以及性质特殊或科研用的少量贵重的危险货物。保险箱的设计制作要求必须达到即使箱内货物发生爆炸或其他化学变化,也不会对周围环境造成任何破坏。保险箱的构造一般有 5 层:第 1 层(外层)是铁皮,第 2、第 3 层分别是木板和石棉,第 4 层是铁板,第 5 层再用塑料或铝板衬里。箱盖和箱体应采用套压口,骑缝处有衬垫,箱盖压紧后应紧闭不漏。箱内不许露铁。箱子的体积不得超过 $0.5m^3$,装货后总重量不得超过 200kg。

④ 密木箱。一般习惯上讲的木箱都指的是密木箱。木箱由底板、侧板、端板、顶盖板和加强板(俗称带条板或档)等组成。密木箱用天然板材紧密拼制而成,不留空隙,故称密木箱或全木箱。箱外用铁箍或塑料编织带加箍,或者在棱角上包铁皮加固,箱内衬塑料袋或牛皮纸袋。

固体货物先装入塑料袋或牛皮纸袋,牢固封口后再封木箱,木箱应密封不露。木箱装固体危险货物,其货物净重一般不超过 50kg。

液体危险货物先装入玻璃瓶或塑料瓶内,严密封口后再装入木箱,箱内需用合适材料衬垫。瓶的规格一般有 0.5L、1L、2L、5L、20L 等,但不管采用什么规格的瓶,木箱装瓶货物的净重一般不超过 20kg。

强酸性腐蚀货物先装入耐酸陶坛、瓷瓶中,耐酸材料严密封口后再装入木箱中,箱内用不燃松软材料衬垫。货物净重不得超过 50kg。

采用木箱包装危险货物时,不论采用怎样的组合方式,木箱本身作为外包装均应牢固、完好和严密不漏。

⑤ 胶合板箱、纤维板箱、刨花板箱。箱的六面板分别为胶合板、纤维板或刨花板。应用质量良好的天然木材作坚固的框架,箱外设计有加强板,箱角有铁皮包角,箱身外有铁箍或编织带加固。该 3 种木箱又统称人造板箱,具有自重轻、节约木材、便于运输等特点,但其用于包装危险货物时则受到较大限制。一般来说,人造板箱只能用于包装固体货物或以铁听、铁罐作内包装的货物,包装方法与件重限制同木箱。只有 5 层或 7 层胶合板制成的板箱,经试验有足够的强度,才可代替木箱成为有广泛适用性的外包装。

⑥ 瓦楞纸箱。瓦楞纸箱强度的幅度很大。在强度达到规定要求的条件下,瓦楞纸箱可

以代替全木箱作为外包装使用。

⑦ 钙塑箱。钙塑是在聚乙烯和聚丙烯中填充无机钙盐而制成的一种新型包装材料,它可制成各种容器。在强度达到规定要求时,钙塑箱也可代替木箱作外包装。

⑧ 条板花格木箱。又称透笼木箱。一般应具有 16 根横板。每块箱板的宽度不得小于50mm。两板的间隔根据货物性质与重量确定,以货物不漏出为原则。箱板宽度总和不应小于木架总宽的 60%;一般箱角包铁皮,箱身用铁箍加固。透笼箱有半透笼和全透笼 2 种。箱的六面全部透笼称为全透笼箱。箱的任何一面为满面则称为半透笼箱。透笼箱适用于装油纸、油布、绸制品或作油漆等 30kg 以下的铁桶、铁听的外包装。

⑨ 编织箱(包括筐、笼、篓等)。箱身应有立筋支撑,以增强抗压能力。箱盖要大于箱身,箱外用铁箍或用塑料编织带加固。在适用的条件下,可作前述各种箱的代用品。一般用于油漆、农药的外包装。

(3) 袋类。

① 棉布袋。用于装粉状货物,其重量不得超过 25kg。缝口针距不大于 10mm。可内衬纸袋、塑料袋或在布上涂塑。

② 麻袋。一般以黄麻、红麻、青麻等为原料机织而成,分为大粒袋、中粒袋、小粒袋3 种。主要适用于装固体货物,重量不超过 80kg。可内衬牛皮纸袋或塑料袋,亦可用沥青将牛皮纸粘于麻袋里面,制成沥青麻袋。

③ 乳胶布袋。用乳胶布制成,内衬塑料袋。具有耐酸碱、防水防潮和密封性能好的特点。可直接用作以液体(如水、酒精等)作稳定剂的固体货物(如硝化棉)的外包装,也可以作内包装再装入大口铁桶或全木箱中。

④ 塑料袋。塑料袋有塑料薄膜袋和塑料编织袋两种。习惯所称塑料袋即指塑料薄膜袋,塑料编织袋习惯上称为编织袋。

塑料袋可制成中型和重型包装袋。中型袋较薄,只能作内包套或衬里用。重型袋较厚,可作外包装,适用于包装粉状、粒状货物,其净重不得超过 25kg。

塑料丝、带编织而成的袋即为编织袋,具有较高的强度、延伸率较小、不易变形、耐拉、耐冲击、耐磨损、防滑等特点,可以代替麻袋作货物的外包装。编织袋有全塑编织袋、全塑涂膜编织袋、塑麻交织袋等。

⑤ 纸袋。纸袋一般是用 2~6 层牛皮纸制作。纸袋的用纸重量通常为 70g/m² 和 80g/m²。纸面上不允许有洞眼、破损、裂口和严重的皱纹、褶子或鼓泡等缺陷。纸袋的层数根据货物的性质、装货重量以及运输条件的优劣和倒运的次数等因素而定。为防潮和增加强度,可在牛皮纸上涂塑。牛皮纸袋可作其他包装的内包装或里衬,也可作外包装;作外包装适用于粉状固体货物,最常见的是用于杀虫粉剂。装货净重小于 25kg。

⑥ 集装袋。是集合运输包装的一种。可用塑料丝编织,也可用丙纶编织布、涂塑维纶帆布加工缝制,具有负荷力强、耐腐蚀、使用方便等特点,装载质量有 1t 和 2t 两种。粉状货物的包装一般用袋,但 25kg 一袋的货物装卸很不方便,且难以使用机械化装卸。若把 25kg的袋装货集装于 1t 或 2t 袋中,可以极大地提高装卸效率,减少货损货,保证货物运输质量,降低运输成本等。

3.1.3　危险货物的包装标记

1. 危险货物的包装标记的相关规定

（1）每一个经检验合格的包装均具有标记。带有包装标记的包装表明符合检验合格的设计类型,它还表明该包装符合对包装制造的规定,但这些规定与包装的使用无关。标记并不确认包装可以用于任何物质。有关包装类型(例如钢桶),其最大容积或重量及其他特殊要求请见盛装对每一物质或物品的规定。

（2）包装标记意在为包装生产商、修理商、用户、承运人和管理机关提供某种帮助。对于新包装的使用,原始的标记是包装生产商用于区别其类型和标明其达到某些性能试验要求的手段。

（3）包装标记并非总能提供各种试验等级方面的细节。带有 X 或 Y 标记的包装可以用于装运被指定为具有较低危险性的物质,其相对密度的最大允许值可按系数 1.5 或 2.25 来确定。也就是说,经检验用于盛装相对密度为 1.2 的物质的包装类 I 包装可用作盛装相对密度为 1.8 的物质的包装类 II 包装,也可以用作盛装相对密度为 2.7 的物质的包装类 III 包装。当然包装应满足高密度物质所要求的其他性能标准。

（4）包装标记应持久、清晰,其位置和尺寸应易于看到。对于毛重超过 30kg 的包装,其标记应在包装的顶部或一侧,字母、数字和符号的高应不小于 12mm,除了 30L、30kg 或更小的包装,其标记至少有 6mm 高外,对于 5L、5kg 或更小的包装,其标记应为一种适当的尺寸。

2. 包装类型代码

（1）包装类型代码是由包装种类代码和包装材质代码组成。具体包括:①一个表示包装种类,如圆桶、罐等阿拉伯数字;②后接一个或多个,用于表示材料性质,如钢、木材等的大写拉丁字母;③如需要时再接一个表示包装归属类型内某一类型的阿拉伯数字。

（2）对复合包装,须在代码的第二个位置依次使用两个大写拉丁字母,第一个字母表示内容器的材料,第二个字母表示外包装的材料。

（3）对组合包装,仅使用其外包装的代码。

（4）包装代码后加上字母"T""V"或"W",分别表示它们是符合规定的救助包装、特殊包装或等效包装。

（5）包装种类代码由阿拉伯数字表示。下面的阿拉伯数字表示包装种类:

1——圆桶;

2——(保留);

3——罐;

4——箱;

5——袋;

6——复合包装。

（6）包装材质代码由大写拉丁字母表示:

A——钢;

B——铝;

C——天然木材;

D——胶合板;

F——再生木;

G——纤维板；

H——塑料材料；

L——纺织品；

M——多层纸；

N——金属（不包括钢和铝）；

P——玻璃、陶瓷和粗陶瓷容器。

（7）包装种类和包装材质的组合包装代码能完整地表示出包装类型，表 3-2 为常规包装的类型和代码一览表。

表 3-2 常规包装的类型和代码一览表

包装种类	包装材质		类型	包装代码
1. 圆桶	A	钢	不可拆装桶顶	1A1
			可拆装桶顶	1A2
	B	铝	不可拆装桶顶	1B1
			可拆装桶顶	1B2
	D	胶合板	—	1D
	G	纤维板	—	1G
	H	塑料	不可拆装桶顶	1H1
			可拆装桶顶	1H2
	N	金属（不包括钢和铝）	不可拆装桶顶	N1
			可拆装桶顶	N2
2.（保留）				
3. 罐	A	钢	不可拆装桶顶	3A1
			可拆装桶顶	3A2
	B	铝	不可拆装桶顶	3B1
			可拆装桶顶	3B2
	H	塑料	不可拆装桶顶	3H1
			可拆装桶顶	3H2
4. 箱	A	钢	—	4A
	B	铝	—	4B
	C	天然木	普通的	4C1
			箱壁防撒漏的	4C2
	D	胶合板	—	4D
	F	再生木	—	4F
	G	纤维板	—	4G
	H	塑料	多孔（或泡沫）	4H1
			硬质的	4H2
5. 袋	H	塑料编织	无内衬或涂层的	5H1
			防撒漏的	5H2
			防水的	5H3
	H	塑料薄膜	—	5H4
	L	纺织品	无内衬或涂层的	5K1
			防撒漏的	5K2
			防水的	5K3
	M	纸	多层的	5M1
			多层的，防水的	5M2

续表

包装种类	包装材质	类型	包装代码
6. 复合包装	H　塑料容器	在钢桶内	6HA1
		在钢条或钢皮箱内	6HA2
		在铝桶内	6HB1
		在铝条或铝皮箱内	6HB2
		在木箱内	6HC
		在胶合板桶内	6HD1
		在胶合板箱内	6HD2
		在纤维板桶内	6HG1
		在纤维板箱内	6HG2
		在塑料桶内	6HH1
		在硬塑料箱内	6HH2
	P　玻璃、陶瓷、粗陶瓷容器	在钢桶内	6PA1
		在钢条或钢皮箱内	6PA2
		在铝桶内	6PB1
		在铝条或铝皮箱内	6PB2
		在木箱内	6PC
		在胶合板桶内	6PD1
		在柳条筐内	6PD2
		在纤维板桶内	6PG1
		在纤维板箱内	6PG2
		在多孔塑料包装内	6PH1
		在硬塑料箱内	6PH2

3. 包装标记的内容

（1）联合国包装符号。对于模压金属包装,可用大写字母"UN"作为符号(见图 3-2)。

（2）包装类型的代码。

（3）表明其设计类型已顺利通过试验的包装类英文字母：X 表示符合包装类Ⅰ、Ⅱ和Ⅲ的包装；Y 表示符合包装类Ⅱ和Ⅲ的包装；Z 仅表示符合包装类Ⅲ的包装。

图 3-2　模压金属包装符号

（4）表明相对密度,应四舍五入取第一位小数；表示该拟装液体物质的包装在无内包装时已按该相对密度进行了设计类型试验。如果相对密度不超过 1.2,可免除此项。对于拟盛装固体物质,是以千克表示出最大总重量。

（5）使用字母"S"表示用于盛装固体或内包装的包装,或使用精确到最近的 10kPa 表示的试验压力来表示包装(组合包装除外)所顺利通过的液压试验。

（6）包装制造年份。1H 和 3H 型包装须适当标出包装的制造月份。

（7）批准国所分配的用于国际交通中机动车辆使用的标记符号。

（8）制造厂的名称或主管机关规定的其他识别标志。

（9）如果是经修复的包装,按修复包装的批准国和修复厂家标出"(7)"和"(8)",并标出修复包装的年份和"R"；如经渗漏试验还应标出"L"。

4. 包装标记示例

① 如图 3-3 所示的标记表示：此包装是新纤维板箱,适用于包装Ⅱ和Ⅲ的物质,适用于

盛装固体,最大允许总重量为 145kg,2002 年制造,批准国为中国,生产厂家代号 0906。

② 如图 3-4 所示的标记表示:此包装是新不可拆装桶顶钢桶,适用于包装Ⅰ、Ⅱ和Ⅲ的物质,适用于盛装液体,拟装液体物质的相对密度为 1.4,包装所能承受的液压试验压力为 150kPa,2003 年制造,批准国为荷兰,生产单位为 VL,识别号 824。

③ 经修复的包装标记。如图 3-5 所示的标记表示:此包装是经修复的可拆装桶顶开口钢桶,适用于包装Ⅱ和Ⅲ的物质,适用于盛装液体,拟装液体物质的相对密度为 1.4,包装所能承受的液压试验压力为 150kPa,2002 年制造,批准国为中国,修复的生产厂家代号为 0906,于 2004 年修复。

图 3-3　包装标记示例(一)　　图 3-4　包装标记示例(二)　　图 3-5　包装标记示例(三)

3.1.4　危险货物的包装导则

1. 包装导则的一般规定

(1) 针对除中型散装容器和大宗包装以外的包装,这些包装导则由包括字母"P"的字母和数字编码表示。

(2) 针对中型散装容器,这些包装导则由包括字母"IBC"的字母和数字编码表示。

(3) 针对大宗包装,这些包装导则由包括字母"LP"的字母和数字编码表示。

(4) 对于个别物质或物品,包装导则中给出特殊包装规定,这些特殊规定由包括以下字样数字编码表示:"PP"适用于除中型散装容器和大宗包装以外的包装;"B"适用于中型散装容器;"L"适用于大宗包装。

(5)《国际危规》危险货物一览表第 8 栏为每一种物品或物质标明了必须遵守的包装导则。第 9 栏标明了适用于特定物质或物品的特殊包装规则。

(6) 每个包装导则酌情列出了可用的单一和组合容器。

IMDG Code 给出的适用于第 1～9 类的包装导则,是根据包装形式的不同分别归类的,具体分为:用"P"+"3 位阿拉伯数字"针对常规包装的一般要求,用"PP"+"3 位阿拉伯数字"针对常规包装装运某一具体物质的特殊规定,阿拉伯数字"1"开头的是爆炸品,"2"开头的是气体,"3"开头的是易燃液体,以此类推。内容依液体还是固体,单层包装、复合包装还是组合包装,各种包装不同的材质和类型,按不同的包装类的最大限量等有具体的要求。

用"IBC"+"阿拉伯数字"针对中型散装容器,用"B"+"阿拉伯数字"针对中型散装容器的特殊规定。

用"LP"+"阿拉伯数字"针对大宗包装,用"L"+"阿拉伯数字"针对大宗包装的特殊要求。《国际危规》第 30 版修正案的第 3.2 章危险货物一览表中的第 8 栏和第 9 栏所列明的是常规包装和大宗包装要求;第 10 栏和第 11 栏所列明的是中型散装容器要求。

2. 包装导则的使用

某一种危险货物应该选用哪种包装,可根据该物质的联合国编号,在 IMDG Code 第 2 册中的危险货物一览表的第 8 栏中查到包装导则编号和第 9 栏特殊包装规定编码(如果有的话),然后根据对应的包装导则选用合适的包装。见表 3-3。

　　例如:甲醇,UN1230,在 IMDG Code 中的危险货物一览表的第 8 栏中查到包装导则为 P001,第 5 栏中查到包装类 Ⅱ,第 9 栏特殊包装规定编码没有。根据包装导则 P001 的规定,组合包装的内包装有 3 种:一是玻璃内包装,限定的最大容量为 10L;二是塑料内包装,限定的最大容量为 30L;三是金属内包装,限定的最大容量为 40L。再根据包装类 Ⅱ,其组合包装的外包装为桶或箱时,限定的最大净重是 400kg,但其中外包装为多孔塑料时,限定的最大净重是 60kg。单一包装和复合包装同样类推,同时还要满足该包装导则中的特殊包装的规定。

表 3-3　适用于液体货物的通用包装导则

P001	包装导则(液体)			P001
组合包装		最大容量/(净重/kg)		
内包装	外包装	包装类 Ⅰ	包装类 Ⅱ	包装类 Ⅲ
	桶			
	钢(1A2)	75	400	400
	铝(1B2)	75	400	400
玻璃　10L	其他金属(1N2)	75	400	400
塑料　30L	塑料(1H2)	75	400	400
金属　40L	胶合板(1D)	75	400	400
	纤维(1G)	75	400	400
	箱			
	钢(4A)	75	400	400
	铝(4B)	75	400	400
	天然木(4C1,4C2)	75	400	400
	胶合板(4D)	75	400	400
	再生木(4F)	75	400	400
	纤维板(4G)	75	400	400
	多孔塑料(4H1)	40	60	60
	硬塑料(4H2)	75	400	400
	罐			
	钢(3A2)	60	120	120
	铝(3B2)	60	120	120
	塑料(3H2)	39	120	120

单 一 包 装	最大容量/(净重/L)		
桶			
钢,非移动桶顶(1A1)	250	450	450
钢,移动桶顶(1A2)	禁止	250	250
铝,非移动桶顶(1B1)	250	450	450
铝,移动桶顶(1B2)	禁止	250	250
其他金属,非移动桶顶(1N1)	250	450	450
其他金属,移动桶顶(1N2)	禁止	250	250
塑料,非移动桶顶(1H1)	250①	450	450
塑料,移动桶顶(1H2)	禁止	250	250

续表

单 一 包 装	最大容量/(净重/L)		
罐			
钢,不可拆卸罐顶(3A1)	60	60	60
钢,可拆卸罐顶(3A2)	禁止	60	60
铝,不可拆卸罐顶(3B1)	60	60	60
铝,可拆卸罐顶(3B2)	禁止	60	60
塑料,不可拆卸罐顶(3H1)	60①	60	60
塑料,可拆卸罐顶(3H2)	禁止	60	60
复合包装			
塑料容器置于钢或铝罐(6HA1、6HB2)	250①	250	250
塑料容器置于纤维、塑料或胶合板罐(6HG1,6HH1,6HD1)	120①	120	120
塑料容器置于钢、铝板条箱,箱或塑料容器置于木、枝条篮、纤维板、硬塑料箱(6HA2、6HB2、6HC、6HD2、6HG2 或 6HH2)	60①	60	60
玻璃容器置于钢、铝、纤维、胶合板、硬塑料或多孔塑料罐(6PA1、6PB1、6PG1、6PD1、6PH1 或 6PH2)或置于钢、铝、木、纤维板或胶合板箱(6PA2、6PB2、6PC、6PG2 或 6PD2)	60	60	60

特殊包装规定:

PP1 对于 UN1133、1210、1263 和 1866,以及被指定为 UN20382 的黏合剂、印刷油墨、印刷油墨的相关材料、油漆、油漆的相关材料和树脂溶液,若属于包装类Ⅱ和Ⅲ,且装量等于或少于 5L,则运输中每个金属或塑料包装在下述情况不必满足性能试验要求:

(1) 以托盘、托盘箱或成组化装置装载。例如,将每个包装放置或堆放于托盘上,并用皮带绑扎、缩拢缠紧、绷紧或其他适当方法予以固定;对于海上运输,托盘、托盘箱或成组化装置应牢固地包装并绑扎固定在密封的货物运输组件中

(2) 作为最大净重为 40kg 的组合包装的内包装。

PP2 对于 UN3065,可以使用不满足性能试验的规定,最大容量为 250L 的木桶。

PP4 对于 UN1774,包装应满足包装类Ⅱ的性能指标。

PP5 对于 UN1204,包装的构造应保证不因为内压增大而导致爆炸,不应使用气瓶和气体容器。

PP10 对于 UN1791,属于包装类Ⅱ的,包装应设通风口。

PP31 对于 UN1131、1553、1693、1694、1699、1701、2478、2604、2785、3148、3183、3184、3185、3186、3187、3188、3398(包装类Ⅱ和Ⅲ)、3399(包装类Ⅱ和Ⅲ)、3413 和 3414,包装应该气口密封。

PP33 对于 UN1308,包装类Ⅰ和Ⅱ,只允许使用最大毛重 75kg 的组合包装。

PP81 对于 UN1790,含氢氟酸大于 60%但不超过 85%,UN2031 含硝酸大于 55%,允许使用塑料桶和罐作为单一包装的期限须从其制造日算起 2 年

注:①对第 3 类包装类Ⅰ的货物不允许使用。

3. 适用于常规包装的包装导则

IMDG Code 第 4 章以包装导则的形式提出了对相应的危险货物类别及某些具体物质的包装要求,具体如下:

(1) P001 液体的包装导则;

(2) P002 固体的包装导则;

(3) P101 爆炸品的包装导则;

(4) P200 气体的包装导则;

（5）P300 易燃液体的包装导则；

（6）P400 易燃固体、易自燃物质和遇水放出易燃气体物质的包装导则；

（7）P500 氧化物质的包装导则；

（8）P520 4.1 类中的自反应物质和 5.2 类有机过氧化物的包装导则；

（9）P600 有毒物质的包装导则；

（10）P620 感染性物质的包装导则；

（11）P800 腐蚀品的包装导则；

（12）P900 杂类物质和物品的包装导则。

3.2　危险货物包装的要求

3.2.1　危险货物包装的一般要求

包装的一般要求，除第 2 类、第 6.2 项和第 7 类以外，危险货物的包装应符合下列要求。

（1）盛装危险货物的包装应质量良好，具有相应的强度，足以承受运输中的振动和压力；其构造和封闭装置能经受正常运输条件下防止因振动、温湿度和压力的变化引起的内装物的损失；包装外表面不应粘附有危险残余物、雨、雪或其他物质。

（2）包装所用的材质应与拟装危险货物的性质相适应，以保证包装中直接与危险货物接触的部位不得因内装物受影响或严重削弱包装强度；同时不得产生危险影响，如发生催化反应或与所装危险货物发生反应。必要时进行内涂层或适当处理。

（3）包装应具有良好的封口，根据危险货物的类别和特性选择符合要求的包装封口。封口分为牢固封口、有效封口和气密封口。牢固封口是指所装的固体物质在正常装卸、运输过程中不会撒漏的封口，这是对任何封口的最低要求；有效封口是指不透液体的封口；气密封口是指不透蒸气的封口。

盛装具有下列特性的危险货物时，其封口应是气密封口（除非在危险货物一览表中另有规定）：①产生可燃气体或蒸气；②在干燥情况下，可能有爆炸性；③产生有毒气体或蒸气；④产生腐蚀性气体或蒸气；⑤可能与空气发生危险性反应。

（4）相互之间能发生危险反应，并引起以下后果的危险货物，不应装在同一个外包装或大宗包装内：①燃烧或产生相当多的热量；②产生易燃、有毒或窒息性气体；③形成腐蚀性物质；④形成不稳定物质。

（5）包装内所使用的衬垫材料或吸收材料应是惰性材料，并与内装货物的性质相适应。

（6）如果因内装物释放气体而使包装内产生压力（由于温度或其他原因），在释放的气体不会因其毒性、易燃性和排放量等造成危险时，包装或中型散装容器可安装通气孔。

如果因内装物的正常分解会引起危险的高压时，则须安装通气孔装置。包装或中型散装容器在运输状态下，其通气装置的设计须能保证在正常运输条件下防止液体的渗漏和异物的渗入。

（7）装有经加湿或经稀释的物质的包装，其封闭装置须能使其所含液体（水、溶剂或减敏剂）的百分率不会在运输中降至规定的限度之下。

（8）如果在中型散装容器中以串联的方式使用两个或两个以上的封闭装置，须最先封闭距运输物质最近的那个装置。运输状态下，其通气装置的设计须能保证在正常运输条件下防止液体的渗漏和异物的渗入。

（9）外包装的性质和厚度须保证运输过程中不会因摩擦而产生可能严重改变所装物质化学稳定性的热量。

（10）内装物装入外包装的方法须保证在正常运输条件下不会因内包装的破裂、戳穿或渗漏而使内包装进入外包装中。装运液体的内包装须封口朝上置于外包装中。易破裂或易被戳穿的内包装，如玻璃、瓷器、陶器或某些合成材料制成的内包装，须使用合适的衬垫材料紧固于外包装内。内装物的任何泄漏不应削弱衬垫材料或外包装的保护性能。

（11）液体只能装入对正常运输条件下可能产生的内压，且具有适当承受力的内包装中。空运时，拟装液体的包装也须按国际空运规章规定，能够承受一定压差而不渗漏。

（12）盛装液体危险货物的包装，灌装货物时必须留有足够的膨胀余位（预留容量），以防止在装卸、运输过程中，因温度变化可能导致渗漏或变形。平均温度为50℃时中型散装容器的充罐度不超过其容量的98%。

（13）装运液体的包装，包括中型散装容器，须足以承受正常运输条件下可能产生的内压力。由于低沸点液体的蒸气压力通常较高，盛装这些液体的容器须有足够的强度和足够的安全系数，以承受可能产生的内压。

（14）装载固体物质的包装，包括中型散装容器，如果该固体物质在装卸运输过程中有可能因温差而变成液体，那么这种包装还必须具备装载液体物质的能力。

用于运输颗粒状或粉末状物质的包装，包括中型散装容器，须是防撒漏的，或须配有衬里。

（15）新的、再生的或重复使用的包装，包括中型散装容器和大宗包装，或经修复的包装和经修复的或日常维修过的中型散装容器，均应经过相应的检验合格，方可使用。

（16）曾盛装过危险货物的空包装，包括中型散装容器和大宗包装，须按原装危险货物的要求来处理，除非已采取足够的措施来保证没有任何危险。

3.2.2　特殊包装规定

1. 第 1 类爆炸品的特殊包装规定

（1）爆炸品的包装除特殊情况外，应满足包装类Ⅱ的要求。

（2）爆炸品包装的设计和结构须达到下列要求：①对爆炸品具有保护作用；能防止爆炸品溢漏，在正常运输状态下，包括事先可预见的温度、湿度、压力等的改变，不会增加爆炸品的燃烧和爆炸的危险性；②保证整个包件正常运输状态下，可以安全装卸；③能承受住运输过程中由于装货和可预见的包件的堆码而产生的压力，从而不会增加爆炸品危险性；包装的盛装功能不会受到损伤；不会因某种方式或某种程度的变形而降低其强度，或导致堆码不稳。

（3）装有液态爆炸品的包装应确保有双重防渗漏保护。

（4）金属桶的封闭装置应使用合适的垫圈。如果金属包装的密封装置带有螺纹，应防止爆炸物质进入螺纹中。还须防止爆炸物质进入到金属包装接缝凹处。

（5）装有可溶于水的物质的包装须采取防水措施；装有退敏或减敏物质的包装须密封以防止运输过程途中浓度的改变。

（6）当包装中包括在运输途中可能结冰的双层充水外壳这一装置时，须在水中加足量的防冻剂，以防运输途中水结冰，但不得使用有易燃危险的防冻剂。

(7) 若内包装没有足够保护装置用以防止爆炸性物质与金属接触,不得将以金属为原料且未有保护层的钉子、U 形钉或其他封闭装置插到包装内部。

(8) 在正常运输状态下,内包装、填充物、衬垫材料及将爆炸物质或物品放入包件内的方式都须确保所装爆炸性物质或物品在外包装内不会松动。须防止物品中的金属成分与金属包装接触;含有爆炸性物质且未有封闭外壳的物品,须彼此间隔放置以防摩擦和碰撞。

(9) 对于大型的军用爆炸品,如果有两种及两种以上有效的保护装置,可以免去包装。例如,爆炸品带有推进药或装置,应对其点火系统加以保护。

(10) 禁止使用易于产生并积累足够静电的塑料包装,以防放电时导致包装内的爆炸物质或物品引爆,着火或发生反应。

(11) 爆炸性物质不能装在由于热或其他因素而引起的内外压力差可能导致包件爆炸或破裂的包装里。

(12) 无论包装是否符合危险货物一览表中所列的包装导则,如果该包装已获得国家主管机关的批准,则 P101 可适用于任何一种爆炸性物质或物品。

(13) 对于政府所有的军用危险品,于 1990 年 1 月 1 日以前按当时生效的 IMDG Code 的规定进行了包装,如果包装完好并事先声明,则准予运输。

2. 第 2 类气体的特殊包装规定

盛装气体的包装是压力容器。对压力容器的规定如下。

(1) 压力容器的结构和密封性须能够在正常运输条件下防止由于振动及温度、湿度或压力的变化(如因纬度不同所致)而引起任何内装物的渗漏。

(2) 压力容器中直接与危险货物接触的部分,不得受到危险货物的影响或损坏,而且不得产生危险反应。须达到 ISO 11114—1:1997 和 ISO 11114—2:2000 的要求。装载 UN1001 溶解乙炔和 UN3374 不含溶剂乙炔的压力容器,须均匀填充多孔块状物质,该物质应符合国家主管机关规定的试验要求,并且与压力容器的材料相容;对 UN1001 乙炔,不会与该物质或其溶剂形成有害的或危险的化合物,能够防止乙炔在多孔块状物质中分解蔓延。

(3) 须按包装导则 P200 选择装载气体或气体混合物的压力容器及其关闭装置。

(4) 可再次充灌的压力容器不得充灌与先前所载物不同的气体或气体混合物,除非进行了换装气体的作业,压缩和液化气体的换气试验须按照 ISO 11621:1997 的规定进行。另外,先前装载了第 8 类腐蚀品或以腐蚀性为副危险性的其他危险品的压力容器,不得用于装载第 2 类气体,除非按规定进行了检验和试验。

(5) 充灌前,充灌人须检查压力容器,以保证该压力容器确系用于装运此种气体并且满足规则的要求。充灌后,切断阀门须关闭,并在航程中保持关闭状态。托运人须核实关闭装置和设备无渗漏。

(6) 压力容器须按照工作压力、充灌率及拟充灌物质的包装导则的有关规定进行充灌。反应性气体及气体混合物的充灌,须保证其全部分解后,容器内的工作压力仍不超过工作压力。钢瓶组的充灌,须保证不超过组件内任何一个钢瓶的最小工作压力。

(7) 压力容器及其关闭附件须符合 IMDG Code 第 6.2 章关于设计、制造、检验和试验的规定。若采用外包装,则压力容器须牢固地固定在其内。除非包装导则中另有规定,否则一个外包装中可装有一个或多个内包装。

(8) 压力容器的阀门在设计和构造上须保证有效抵御损害,不致泄漏内装物,或能避免可导致内装物外泄的损害。

（9）不可再次充灌的压力容器须满足以下条件：①在外包装中运输，如箱、框架、缩包的托盘或胀包的托盘；②装载易燃或有毒气体时水容量小于或等于1.25L；③不得用于装载 LC_{50} 小于或等于 $200mL/m^3$ 的有毒气体，并且运输中不加以修理。

（10）可再次充灌的非低温压力容器须按规定定期进行检验。压力容器的定期检验到期后，不得向其内充灌气体。

（11）压力容器在下述情况下不得充灌：①损坏的程度可能影响到压力容器或其辅助设备的完整性；②除非压力容器或其辅助设备经检验并证明状况良好；③除非要求的证书、重新试验及充灌标记清楚可见。

（12）充灌的压力容器在下述情况下不得提交运输：①正在泄漏；②损坏的程度可能影响到压力容器或其辅助设备的完整性；③除非压力容器或其搬运构件经检验并证明状况良好；④除非要求的证书、重新试验及充灌标记清楚可见。

（13）容积不超过1L的压力容器，阀门须予以充分的防护，须装入外包装中运输，这种外包装应由合适材料制成，并且有相应于包装容量及其用途的足够强度和结构，运输中对内包件加以固定或衬垫，以防正常运输时在外包装中发生移动。

3. 第5.2项和第4.1项的特殊包装规定

（1）为了避免不必要的限制，第4.1项和第5.2项的包装应满足包装类Ⅱ的要求。

（2）对于有机过氧化物，所使用的盛装容器应为有效封口。但如果所装物质能产生气体，且使包件产生很大的压力，可以安装通气装置，该装置的设计应确保包件处于竖直时，液体不会渗漏；当有外包装时，不会影响通风装置的操作。

（3）有机过氧化物和自反应物质的包装方法列在包装导则P520中，具体划归 OP1～OP8，其中每种包装方式的具体数量代表了目前被认为是每个包件认可的最大数量。使用时，应在有机过氧化物和自反应物质各自的一览表列明的通用条目下找到具体的物质名称、浓度、加入的稀释剂种类，确认对应的包装方法。

4. 第6.2项的特殊包装规定

（1）除满足包装的一般要求外，第6.2项的发货人必须确保所有的包件均以良好的状态抵达目的港，而且在运输过程中不会对人和动物构成任何危害。

（2）对于UN2814和UN2900，须将逐项列出的内装物清单封装于中层包装和外包装之间。当拟装运的感染性物质情况未知但怀疑符合A标准，并归类为UN2814或UN2900时，须在外包装内文件上的正确运输名称后面，用圆括号注明"疑似A类感染性物质"。

（3）空的包装在送还发货人或送到任何地方之前，须将其进行彻底灭菌或消毒处理，而且任何显示该包装曾装过感染性物质的标志或标记都必须予以清除或擦掉。

5. 第7类放射性物质的特殊包装规定

（1）每一包件中放射性物质数量不应超过 IMDG Code "基本的放射性核数值表"中规定的限制。

（2）尽可能降低包件外表面的非固定放射性污染，在正常运输条件下不应超过以下限值：①对于 β 和 γ 辐射源以及低毒 α 辐射源为 $4Bq/cm^2$；②对于其他所有的 α 辐射源为 $0.4Bq/cm^2$。

这些限量适用于外表面任何部分任意 $300cm^2$ 面积上的平均值。

（3）包件内除装有运输的放射性物质必需的物品以及运输文件外，不应有其他的物品，但并不排除低比活度放射性物质和表面污染体与其他物质一起运输。当某一放射性物品和文件在同一包件内运输或者低比活度放射性物质与表面污染物体一起运输时，须保证这些物质之间没有相互作用，并且包装或其内装物不会削弱包件的安全。

（4）除了规定的特殊情况外，在集合包件、货物运输组件、罐柜、中型散装容器内表面和外表面上非固定污染水平不得超过（2）中的限量。

（5）如果包件、中型散装容器或罐柜内盛装的放射性物质具有其他的副危险性，还应满足针对副危险性的相关运输规定。

（6）有自燃特性的放射性物质应在 A、B(U)、B(M) 和 C 型包件中运输，并应适当地惰化。

（7）对置于单个 IP-1、IP-2、IP-3 型包件或一个物体，或一批物件中低比活度放射性物质（LSA），或表面污染物体（SCO）的数量须限制为从距无屏蔽材料的上述物质、物件或整批物件 3m 远处的表面辐射水平不超过 10mSv/h。

（8）属于或含有裂变物质的低比活度放射性物质或表面污染物体应满足关于裂变物质的规定。

（9）属于 LSA-Ⅰ 和 SCO-Ⅰ 类的放射性物质如满足下列条件，则可以无包装运输：①除了仅含天然放射性核素的矿石以外的未经爆炸放射性物质的运输，须保证在常规条件下不会有放射性内装物从该运输工具中泄漏及其防护层也不会有任何损坏；②除运输在易接近表面上的污染不大于 SCO-Ⅰ 规定值 10 倍的表面污染物体外，每一运输工具应以独家使用的方式；③如果超过规定值，须采取措施保证放射性物质不会泄入运输工具。

（10）除非另有规定，否则低比活度放射性物质和表面污染物体须按照表 3-4 的要求进行包装。

表 3-4　低比活度放射性物质和表面污染物体的包装规定

放射性内装物	工业包装类型	
	专　用	非专用
LSA-Ⅰ 固体①	IP-1 型	IP-1 型
液体	IP-1 型	IP-2 型
LSA-Ⅱ 固体	IP-2 型	IP-2 型
液体和气体	IP-2 型	IP-3 型
LSA-Ⅲ①	IP-2 型	IP-3 型
SCO-Ⅰ	IP-1 型	IP-1 型
SCO-Ⅱ	IP-2 型	IP-2 型

注：①满足规定的条件下可以在无包装条件下运输。

3.3　危险货物包装的性能试验

每种危险货物包装的设计类型都必须按主管机关规定的程序进行试验。设计类型包括设计、规格、材质、材料的厚度、生产和包装方式、各种表面处理等。应按主管机关规定的时间间隔对包装产品的样品进行重复试验,对包装的设计、材料或包装制造方法的每一次变动,都必须重复进行试验。如果变动属于包装的次要方面,主管机关可以做选择性包装实验。

一个组合包装的外包装和不同类型的内包装进行实验并被证明合格,该包装可以配用这些不同类型的内包装。

3.3.1　包装试验的准备

包括组合包装的内包装应按准备运输的条件进行试验。内包装、常规包装或复合包装所盛装的液体物质不得少于其容量的98%,固体物质不得少于其容量的95%。

拟装物质可以用物理性质相似的非危险货物代替,且为了达到所要求的质量,可以加入不会影响试验结果的添加物。

纸和纤维板包装应置于控制温度和相对湿度下至少24h。温度和相对湿度可选择以下条件之一:23%±2℃和50%±2%r.h(相对湿度),20℃±2℃和65%±2%r.h,27℃±2%和65%±2%r.h。

天然木制造的塞式木琵琶桶在试验前应装满水存放至少24h。

塑料桶、塑料罐和含塑料材料的复合包装,在进行性能试验前,应长时间(6个月)盛装拟装物质放置进行预备试验,然后再进行相应试验。对可能会引起塑料桶、塑料罐应力裂缝或强度降低的物质,应对试验样品施加额外的负荷,该负荷等于可能堆码在包装上的总重量。

3.3.2　包装试验方法及其合格标准

1. 跌落试验

(1)试验目的。该试验的目的是测定在用人力进行装卸搬运时跌落或者堆装时倒塌等意外情况下,包装的破损情况和安全性。

(2)试验方法。将包装提起到一定的高度,然后让其自由落下撞击到坚硬、无弹性、平坦、水平的地面。

① 样品的特殊处理:对于塑料桶、罐、箱和塑料材料的复合包装、组合包装的内包装(袋和多孔聚乙烯箱除外),应降温至−18℃以下。需要时应添加防冻剂,以防止液体冻结。

② 跌落目标:在一块坚硬、无弹性、平坦和水平的跌落目标上方,将样品提到预定高度,然后让其自由落下与目标相撞。

③ 样品数量和跌落方法:表3-5为跌落试验的样品数量和跌落方法。

表 3-5　跌落试验的样品数量和跌落方法

包　　装	试验样品数量	跌　落　方　法
钢桶 铝桶 除钢或铝桶之外的金属桶 钢罐 胶合板桶 木琵琶桶 纤维塑料桶和罐 桶形复合包装	6个 (每次跌落用3个)	第一次跌落(用3个样品): 须用倾斜的方式使包装的凸边撞击在目标上,如包装无凸边,则应以圆周接缝或边缘撞击 第二次跌落(用另外3个样品): 应使第一次跌落时没有试验到的最弱的包装部位撞击在目标上,例如封闭处或一些圆筒形桶的桶体纵向焊缝处

续表

包　　装	试验样品数量	跌 落 方 法
天然木箱 胶合板箱 再生木箱 纤维板箱 塑料桶 钢或铝箱 组合容器	5 个 （每次跌落用一个）	第一次跌落：以箱底平跌 第二次跌落：以箱顶平跌 第三次跌落：以一长侧面平跌 第四次跌落：以一短侧面平跌 第五次跌落：以一个角跌落
袋——单层的，带侧缝的	3 个 （每袋跌落 3 次）	第一次跌落：以袋的宽面平落 第二次跌落：以袋的平面平落 第三次跌落：以袋的端部跌落
袋——单层的，不带侧缝 的或多层的	3 个 （每袋跌落 2 次）	第一次跌落：以袋的宽面平落 第二次跌落：以袋的端部跌落

跌落高度：对固体和相对密度不大于 1.2 的液体的跌落高度见表 3-6。

表 3-6　跌落高度 1

包装类	Ⅰ	Ⅱ	Ⅲ
跌落高度/m	1.8	1.2	0.8

对相对密度大于 1.2 的液体的跌落高度见表 3-7，表中 d 为液体的相对密度。

表 3-7　跌落高度 2

包装类	Ⅰ	Ⅱ	Ⅲ
跌落高度/m	$d\times1.5$	$d\times1.0$	$d\times0.67$

（3）试验合格标准。

① 每一盛装液体的包装，当内外压力达到平衡时，不应出现渗漏现象。组合包装的内包装除外，其内外压力不需要平衡。

② 盛装固体的包装，只要内包装或内容器仍能保持对内容物的盛装性能，即使封闭装置已不再防撒漏，受试样品仍可通过试验。

③ 包装、复合包装或组合包装或外包装不应出现可能影响运输安全的任何损坏。内容器或内包装不应出现撒漏现象。

④ 袋子的最外层或外部包装不应出现可能影响安全的任何损坏。

⑤ 撞击时有少量物质从封闭装置中溢出，只要无进一步撒漏，该包装也被认为合格，但第 1 类物质不允许有撒漏现象出现。

2. 渗漏试验

（1）试验目的。该试验的目的是检验盛装液体物质的包装封闭装置加工工艺是否达到密封的要求。拟盛装液体物质的包装类型都应进行渗透试验，但组合包装和大宗包装的内包装不需要进行该试验。

（2）试验方法。将试验样品完全浸入水中5min，浸入的方法不影响试验结果。向包装内充气加压，观察有无气泡产生，或用其他等效的方法。所施加的气压见表3-8。

表 3-8　试验压力

包装类型	Ⅰ	Ⅱ	Ⅲ
试验压力/kPa	不小于 30	不小于 20	不小于 20

（3）试验合格标准。无任何渗漏现象。

3. 液压试验

（1）试验目的。该试验的目的在于检验液体的包装是否能承受其内部气体或蒸气在温度变化时所产生的压力变化。拟盛装液体的金属、塑料和复合包装都应进行液压（内压）试验。组合包装的内包装不需要进行该试验。

（2）试验方法。金属包装和复合包装（玻璃、陶瓷和粗陶瓷）包括封闭装置应能承受5min的试验压力；塑料包装和复合包装（塑料材料）包括封闭装置应能承受30min的试验压力。其中包装的支撑方法应保证试验结果有效。对包装所施加的压力应持续并均匀。根据包装材料的不同，对拟盛装包装类型Ⅰ的物质的包装要求应能承受最小压力为250kPa的试验压力5~30min；对其他所施加的压力应取下列任一数值：

① 不低于55℃时测出的包装内总表压（即盛装物质的蒸气压，空气及其他惰性气体的压力减去100kPa）乘以安全系数1.5。

② 不小于1.75乘以拟运物质在50℃时的蒸气压减去100kPa，但最小试验压力为100kPa。

③ 不小于1.5乘以拟运物质在55℃时的蒸气压减去100kPa，但最小试验压力为100kPa。

（3）试验合格标准。无任何渗漏现象。

4. 堆码试验

（1）试验目的。该试验的目的是检验包装在正常的运输条件下并且在规定的时间内是否能承受一定负荷的作用，不改变其形状和盛装性能，也是了解在堆码中包装受挤压变形的效果。除袋以外的所有包装都应进行堆码试验。

（2）试验方法。将样品上面施加运输过程中可能堆码在其上面全部质量的负荷。堆码的最低高度为3m，试验持续时间为24h；但对于盛装液体的塑料桶、罐和6HH1、6HH2的复合包装，试验时间应为28d，且温度不低于40℃。

（3）试验合格标准。受试样品无渗漏现象。对于复合包装和组合包装，其内容器或内包装所盛装的物质均不得发生渗漏。任何受试样品均不得出现影响运输安全的变化或降低其强度或造成堆码不稳的变形。塑料包装应冷却至环境温度再进行试验。

5. 制桶试验

（1）试验目的。该试验是检验塞式木琵琶桶的盛装性能，测试木质的琵琶桶的制作工艺是否能保证桶能达到必要的强度和液体密度。

（2）试验方法。拆下已制造完2d的木琵琶桶中部以上的全部桶箍。

（3）试验合格标准。木琵琶桶上部横截面的直径扩张不得超过10%。

3.3.3　包装试验报告

对包装进行试验后,应向用户出具至少包括以下内容的报告:

(1) 包装试验机构的名称和地址;

(2) 申请试验的人员姓名和单位;

(3) 试验报告的专用标识;

(4) 试验报告签发的日期;

(5) 包装的生产厂;

(6) 包装设计类型的说明;

(7) 最大容量;

(8) 试验所使用的模拟物质性质;

(9) 试验结果;

(10) 试验人员的身份和签字。

我国对于出口危险货物的包装要求由中华人民共和国出入境检验检疫局进行检验,并出具相应的报告("危险货物运输包装使用鉴定结果单"和"危险货物运输包装性能检验结果单")。

3.4　中型散装容器和大宗包装

3.4.1　中型散装容器

1. 定义

中型散装容器(简称 IBCs)是指刚性或柔性可移动包装(见图 3-6、图 3-7),在结构上符合下列条件。

图 3-6　刚性中型散装容器

图 3-7　柔性中型散装容器

(1) 容积。

① 用于包装类 Ⅱ 和 Ⅲ 的固体和液体,不应大于 3.0m^3(3000L)。

② 使用柔性或刚性塑料、复合型、纤维板或木质中型散装容器装运包装类 Ⅰ 的固体,不应大于 1.5m^3。

③ 使用金属中型散装容器装运包装类 Ⅰ 的固体,不应大于 3.0m^3。

④ 用于第 7 类放射性物质,不应大于 3.0m^3。

(2) 设计上适合于机械装卸(见图 3-8)。

(3) 经过检验,能够承受装卸和运输产生的各种应力。

2. 中型散装容器的标记

(1) 联合国包装符号。

(2) 卸货方式和类型代码。

① 两位阿拉伯数字表示的卸货方式,见表 3-9。

图 3-8　机械装卸中型散装容器

表 3-9　中型散装容器的卸货方式

种类	固体,充灌或卸货方式		液体
	重力	使用大于 10kPa 的压力	
刚性	11	21	31
柔性	13	—	

② 中型散装容器的材质,对于复合型中型散装容器,以两个拉丁大写字母依次分别表示内容器材质和外包装材质,见表 3-10。

表 3-10　中型散装容器的类型

材　质	类　型	代　码
A　钢	适用于固体,重力装卸 适用于固体,压力装卸 适用于液体	11A 21A 31A
B　铝	适用于固体,重力装卸 适用于固体,压力装卸 适用于液体	11B 21B 31B
N　钢和铝以外的 金属	适用于固体,重力装卸 适用于固体,压力装卸 适用于液体	11N 21N 31N
H　塑料(柔性的)	编制塑料,无涂层或内衬 编制塑料,有涂层的 编制塑料,有内衬的 编制塑料,有涂层和塑料薄内衬的 塑料薄膜	13H1 13H2 13H3 13H4 13H5
L　纺织品	无涂层或内衬 有涂层的 有内衬的 有涂层和内衬的	13L1 13L2 13L3 13L4
M　纸	多层的 多层的,防水的	13M1 13M2

续表

材　　质	类　　　型	代　　码
H 塑料（刚性的）	适用于固体,重力装卸,配有装置 适用于固体,重力装卸,独立的 适用于固体,压力装卸,配有装置 适用于固体,压力装卸,独立的 适用于液体,配有装置 适用于液体,独立的	11H1 11H2 21H1 21H2 31H1 31H2
HZ 带有塑料内容器的复合包装	适用于固体,重力装卸,刚性塑料内容器 适用于固体,重力装卸,柔性塑料内容器 适用于固体,压力装卸,刚性塑料内容器 适用于固体,压力装卸,柔性塑料内容器 适用于液体,刚性塑料内容器 适用于液体,柔性塑料内容器	11HZ1 11HZ2 21HZ1 21HZ2 31HZ1 31HZ2
C 纤维板	适用于固体,重力装卸	11G
C 天然木	适用于固体,重力装卸,有内衬	11C
D 胶合板	适用于固体,重力装卸,有内衬	11D
F 再生木	适用于固体,重力装卸,有内衬	11F

（3）表明其设计类型通过试验的包装类字母,如 X、Y 或 Z。

（4）包装制造的年份和月份（最后两位）。

（5）包装批准国所分配的用于国际交通机动车辆使用的标识。

（6）制造厂名或主管机关规定的其他标识。

（7）以 kg 表示堆码试验的负荷。

（8）所允许的最大总重。

中型散装容器标记举例如图 3-9 所示。

3. 中型散装容器的试验

（1）中型散装容器的试验准备。纸质和纤维板中型散装容器、具有纤维板外包装的复合型中型散装容器在控制温度和相对湿度的大气条件下至少处理 24h。最好的条件是 $23℃\pm2℃$ 和 $50\%\pm2\%$ r.h,其他可选择的条件是：$20℃\pm2℃$ 和 $65\%\pm2\%$ r.h,或 $27℃\pm2℃$ 和 $65\%\pm2\%$ r.h。

图 3-9　中型散装容器标记举例

（2）中型散装容器的试验项目。根据包装材质和类型以及试验项目不同,有的在试验顺序上也有相应要求,具体见表 3-11。

① 底部提升试验。中型散装容器充灌至最大允许总重的 1.25 倍,负荷均匀。由叉车升降两次,进叉位置在底部的中央（进叉点固定的除外）,进叉深度为 3/4。每一可能的进叉方向均应重复进行该项试验。试验结果：内容器无损坏及中型散装容器未出现危及运输安全的永久性变形。

② 顶部提升试验。刚性中型散装容器应灌至最大允许总重的 2 倍,柔性中型散装容器应灌至最大允许总重的 6 倍,负荷均匀。

表 3-11　中型散装容器的试验项目和顺序

中型散装容器的类型	底部提升	顶部提升	堆码	渗漏	液压	跌落	扯裂	倒塌	正位
金属：11A，11B，11N，21A，21B，21N，31A，31B，31N	第一 第一	第二 第二	第三 第三	— 第四	— 第五	第四 第六	—	—	—
所有柔性的	—	√	√	—	—	√	√	√	√
刚性塑料：11H1，11H2，21H1，21H2，31H1，31H2	第一 第一	第二 第二	第三 第三	— 第四	— 第五	第四 第六	—	—	—
复合包装：11HZ1，11HZ2，21HZ1，21HZ2，31HZ1，31HZ2	第一 第一	第二 第二	第三 第三	— 第四	— 第五	第四 第六	—	—	—
纤维板	第一	—	第二	—	—	第三	—	—	—
木制的	第一	—	第二	—	—	第三	—	—	—

③ 堆码试验。中型散装容器应灌至最大允许总重且负荷均匀。试验时,中型散装容器底部向下置于坚硬、平坦的地面,然后在其上施加拟在运输中堆码的同类中型散装容器数目最大允许负荷总重的 1.8 倍。施加负荷的持续时间至少为:对金属中型散装容器 5min;对 11H2、21H2、31H2 和内外都是塑料的刚性复合中型散装容器 28d(40℃);其他中型散装容器 24h。

④ 渗漏试验。对于盛装液体和压力卸货固体的中型散装容器,使用 20kPa 以上的压力至少 10min,确认中型散装容器封口的气密性。

⑤ 液压试验。对于盛装液体和压力卸货固体的中型散装容器,依据不同的材料类型(金属、刚性塑料或复合型)选择对应的压力且持续至少 10min,以确认中型散装容器的密封程度。

⑥ 跌落试验。中型散装容器应跌落到坚硬、无弹性、光滑、平坦和水平的表面,跌落的方式应使最薄弱的部位为冲击点,跌落高度根据包装类型确定。

⑦ 扯裂试验。对柔性的中型散装容器应盛装至其容量的 95％ 以上,达到最大允许负荷且分布均匀。将中型散装容器置于地面,在其宽面上与主轴面成 45°处切一安全穿透型 100mm 的刀痕,然后向中型散装容器施加 2 倍于其最大允许的负荷,至少保持 5min。对设计上使用顶部或侧面提升的中型散装容器在施加的负荷撤除后,应能被提升至脱离地面并保持 5min。

⑧ 倒塌试验。对柔性的中型散装容器盛装至其容量的 95％ 以上,达到最大允许负荷且分布均匀。将中型散装容器在一定高度(依据不同的包装类型高度不同)推倒,使其顶部的任何部位撞击到坚硬、无弹性、光滑、平坦和水平的表面。

⑨ 正位试验。对于各种从顶部和侧面提升的中型散装容器,应盛装至容量的 95％ 以上,达到最大允许负荷且分布均匀。中型散装容器侧面向下平放在地上,使用一个提升装置以 0.1m/s 的速度提升至直立状态,脱离地面;如果中型散装容器具备两个提升装置,应使用两个提升装置进行试验。

(3)试验报告。为经过试验的中型散装容器所提供的试验报告,至少包括以下内容:

① 试验机构的名称和地址;

② 试验申请人的姓名和地址;

③ 专门的试验报告识别标志；

④ 试验日期；

⑤ 中型散装容器生产厂；

⑥ 中型散装容器设计类型的说明（如尺寸、材料、关闭装置、厚度等）、生产方式；

⑦ 最大容量；

⑧ 试验所用内容物的特性（黏度、相对密度、粒径）；

⑨ 试验说明及结果；

⑩ 签名及署名人的身份。

（4）初次和定期试验及检验。中型散装容器在投入使用前应进行初次试验，确认合格后对每一设计类型颁发证书并在包装上标记，方可使用。在不超过 2.5 年（对外部、附件的功能）和 5 年（对设计类型的符合程度，包括标记、内外部状况及附件的功能）的间隔时间应进行定期检验，每次检验的报告至少应保留到下次检验。

3.4.2　大宗包装

1. 定义

大宗包装（Large Packing）是指由装有物品或内包装的外包装组成的包装，应符合以下条件：

（1）设计上适合于机械装卸；

（2）净重超过 400kg 或容积超过 450L，但不大于 $3.0m^3$。

2. 大宗包装的标记

（1）联合国包装符号。

（2）大宗包装的类型代码。

① 两位阿拉伯数字：50——刚性大宗包装；51——柔性大宗包装。

② 拉丁大写字母表示材质。

（3）表明其设计类型通过试验的包装类字母，如 X、Y 或 Z。

（4）生产年、月份（最后两位数字）。

（5）包装批准国所分配的用于国际交通机动车辆使用的标识。

（6）制造厂名或主管机关规定的其他标识。

（7）以千克表示的堆码试验负荷。

（8）所允许的最大总重。

大宗包装标记示例如图 3-10、图 3-11 所示。

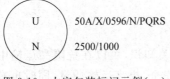

图 3-10　大宗包装标记示例（一）

图 3-11　大宗包装标记示例（二）

3. 大宗包装的试验

（1）大宗包装的试验准备。大宗包装及内包装和物品在运输前应进行试验。内包装应充灌至其容量的 98%（对液体）或 95%（对固体）以上。

用塑料材料制造或装有塑料内包装的大宗包装,大宗包装和内容物应在-18℃或以下进行试验。

用纤维板制成的大宗包装应在控制温度和相对湿度的大气条件下至少处理24h。最好的条件是23℃±2℃和50%±2%r.h,其他可以选择的条件是20℃±2℃和65%±2%r.h、27℃±2℃和65%±2%r.h。

(2) 大宗包装的试验项目。

① 底部提升试验。适用于所有装有底部提升装置的大宗包装。大宗包装应盛装至其最大允许总重的1.25倍,负荷分布均匀。用叉车将大宗包装升、降两次。

② 顶部提升试验。适用于所有装有顶部提升装置的大宗包装。处于装载状态的大宗包装及负荷的质量之和应为最大允许总重的2倍。柔性的大宗包装应盛装最大允许负荷的6倍且负荷平均分布。按设计的提升方法提升大宗包装脱离地面一定高度至少5min。

③ 堆码试验。大宗包装盛装至最大允许总重。大宗包装底部向下置于坚硬、平坦的地面,在上面施加相当于运输中拟堆码同类的大宗包装数目最大允许负荷总和的1.8倍,持续5min;对木制、纤维板和塑料的大宗包装,持续时间为24h。

④ 跌落试验。适用于所有的大宗包装。盛装内容物后,跌落到坚硬、无弹性、光滑、平坦和水平的表面,跌落的方式应以大宗包装最易损坏的部位作为冲击点。

(3) 大宗货物的试验报告和发证。对于大宗包装的每一个设计类型均应签发一个证书并做标记,以证明该设计类型符合试验要求。

试验合格应出具相应的实验报告,内容包括:

① 试验机构的名称和地址;

② 试验申请人的姓名和地址;

③ 专用的实验报告标识;

④ 试验日期;

⑤ 大宗包装的生产厂;

⑥ 大宗包装设计类型说明(如尺寸、材料、密封装置、厚度等);

⑦ 最大容量/最大允许总重;

⑧ 试验所用内容物的性质;

⑨ 试验说明及结果;

⑩ 签名及署名人的身份。

试验报告应包括一个声明,说明拟投入运输的大宗包装已按规定进行了试验,使用其他的包装方法或部件都会使其无效。实验报告的一个副本应送交主管机关。

职业指导

(1) 企业的实际需求:掌握危险货物包装的相关知识,可以在危险品运输中选择和使用符合规定的包装,从而保证危险品在运输途中的安全,提高运输质量,同时也有利于提高危险品运输、装卸、保管的工作效率。

(2) 危险货物包装知识在企业中的应用要点:根据危险品的类别、特性选择适合的危险品包装;包装标记的制作;包装标记的识别。

(3) 学生应该具备的基本素养和专业技能:了解危险品的常规包装、中型散装容器、大宗包装、集装箱等多种包装形式；了解包装标记的相关规定及其识别方法。

实训项目

以小组为单位（4～6 人为一组）开展以下实训内容：

（1）每人说出危险货物包装的具体分类；

（2）列举几种常见危险货物采用的包装容器；

（3）选择某一危险货物包装运输案例进行分析和研究。

练习题

1. 选择题

（1）危险货物的包装中，适用于高危险性货物的是（　　）类包装。

    A. Ⅰ　　　　　　　　B. Ⅱ　　　　　　　　C. Ⅲ　　　　　　　　D. Ⅳ

（2）包装的形式代码中阿拉伯数字表示包装形式，其中"1"表示包装的形式为（　　）。

    A. 圆桶　　　　　　　B. 木琵琶桶　　　　　C. 罐　　　　　　　　D. 箱

（3）下列运输危险货物用语的说明错误的是（　　）。

    A. CENTRE OF BALANCE（重心）　　　　B. BOILING POINT（沸点）

    C. BE WARE OF FUME（避免暴力）　　　D. DO NOT CRUSH（切勿挤压）

（4）包装试验方法正确的是（　　）。

    A. 渗漏试验，爆炸试验　　　　　　　　B. 液压试验，破坏试验

    C. 堆码试验，高温试验　　　　　　　　D. 跌落试验，制桶试验

（5）危险货物的包装形式中 IBCs 表示的是（　　）。

    A. 大宗包装　　　　　　　　　　　　　B. 散货包装

    C. 中型散装容器　　　　　　　　　　　D. 可移动罐柜

2. 简答题

（1）危险货物包装的封口有哪几种？危险货物包装的类别有哪几种？

（2）危险货物的包装类型代码由哪几个部分组成？各包装类型代码的含义是什么？

第 4 章

CHAPTER

危险货物的积载与隔离

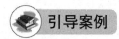

引导案例

嘉兴海事局加强船载危险货物集装箱积载隔离检查

近年来,嘉兴港危险货物集装箱吞吐量持续增长,为保障辖区危险货物水上运输安全,嘉兴海事局加大力度开展船载危险货物集装箱积载隔离情况现场检查。

×月×日,嘉兴海事局执法人员对装载有危险货物集装箱的"畅锦 26"轮进行了检查。执法人员检查了危险货物集装箱的积载是否与积载图相符、系固与隔离是否符合规定、危险品的标志是否张贴等情况,并着重考查了船员对危险货物集装箱的积载位置熟悉程度、危险货物集装箱隔离的注意事项、专业术语等。检查中未发现违法违规行为,船舶和船员整体状况良好。

资料来源:嘉兴海事局网站 http://www.jiaxing.gov.cn

案例解析:

危险货物集装箱积载隔离不当,是不容忽视的安全隐患。要切实加强对船载危险货物集装箱积载隔离情况的检查,确保危险货物集装箱安全出运。

本案例涉及的主要知识点:危险品的积载和隔离。

学习导航

熟悉货物积载方式和隔离等级;了解危险货物积载的一般要求和隔离的基本原则;掌握各类危险货物的积载要求及隔离。

教学建议

本章的备课要点:各类货物积载类别及积载的一般要求;隔离的基本要求及等级;特殊类别危险货物的配装与隔离;集装箱货物运输组件之间的隔离;等等。教学以理论为主、实训为辅,采用多媒体教学,穿插案例讲解。建议授课 6 学时。

4.1 积 载

4.1.1 积载方式

危险货物的积载除了应按普通货物积载要求以外,还有其特殊的积载要求。

为危险货物的积载确定积载类,主要是考虑到危险货物一旦发生事故可能会迅速影响全船,这对于载运旅客或人员较多的船舶采取安全撤离等措施具有一定的困难,所以对这类船舶应限制其装运危险性大或具有特殊危险的货物。为了提出适当的积载建议,应首先将船舶进行分类。

1. 船舶分类

(1) 除第 1 类爆炸品外,为了确定适当的积载方式,把船舶分为两类。

① 货船:是指专门从事货物运输的船舶,包括载客限额不超过 25 人或按船舶总长每 3m 不超过 1 人的客船(以数额较大者为准)。

② 客船:是指载客超过限制数额的其他客船。

(2) 第 1 类爆炸品,为了确定适当的积载方式,把船舶分为两类。

① 货船:是指专门从事货物运输的船舶,包括载客限额不超过 12 人的客船。

② 客船:是指载客超过限制数额的其他客船。

2. 积载类

(1) 为了确定适当的积载方式,除第 1 类爆炸品外,其他类别危险货物依据安全装运所需要的积载位置分为不同的积载类。这些积载类范围是积载类 A～积载类 E。各积载类对不同船舶类型的积载位置要求见表 4-1。

表 4-1　危险货物积载方式

积载方式 船舶类型	积载类 A	积载类 B	积载类 C	积载类 D	积载类 E
货船①	舱面或舱内	舱面或舱内	只限舱面	只限舱面	舱面或舱内
客船②	舱面或舱内	只限舱面	只限舱内	禁止装运	禁止装运

注:① 是指专门从事货物运输的船舶,包括载客限额不超过 25 人或船舶总长每 3m 不超过 1 人的客船。

　　② 是指载客超过限制数额的其他客船。

(2) 对第 1 类危险货物共划分了积载类 01～积载类 15 共 15 个积载类。第 1 类危险货物积载方式见表 4-2。

表 4-2　第 1 类危险货物积载方式

积载类	货船(不超过 12 名旅客)	客　　船
01	舱面或舱内	舱面或舱内
02	舱面或舱内	在舱面封闭式货物运输组件内;或在舱内封闭式货物运输组件内
03	舱面或舱内	只限在舱面封闭式货物运输组件内
04	舱面或舱内	禁止装运
05	在舱面封闭式货物运输组件内或舱内	在舱面封闭式货物运输组件内或舱内
06	在舱面封闭式货物运输组件内或舱内	在舱面封闭式货物运输组件内;或在舱内封闭式货物运输组件内
07	在舱面封闭式货物运输组件内或舱内	只限在舱面封闭式货物运输组件内
08	在舱面封闭式货物运输组件内或舱内	禁止装运

续表

积载类	货船（不超过 12 名旅客）	客　　船
09	在舱面封闭式货物运输组件内；或在舱内封闭式货物运输组件内	在舱面封闭式货物运输组件内；或在舱内封闭式货物运输组件内
10	在舱面封闭式货物运输组件内；或在舱内封闭式货物运输组件内	只限在舱面封闭式货物运输组件内
11	在舱面封闭式货物运输组件内；或在舱内 C 型弹药舱内	只限在舱面封闭式货物运输组件内
12	在舱面封闭式货物运输组件内；或在舱内 C 型弹药舱内	禁止装运
13	在舱面封闭式货物运输组件内；或在舱内 A 型弹药舱内	只限在舱面封闭式货物运输组件内
14	只限在舱面封闭式货物运输组件内	禁止装运
15	在舱面封闭式货物运输组件内；或在舱内封闭式货物运输组件内	禁止装运

表 4-2 第 1 类危险货物积载方式中：

① 封闭式货物运输组件是指任何清洁、坚固、防风雨的、能固定在船舶结构上的箱状设备，包括封闭的集装箱、封闭的车辆、封闭的铁路货车或弹药箱；在甲板室和桅房或超过尺寸的防风雨包装（集合包装）这样的小型舱室内积载是可接受的替代办法；其组件或舱室的地面必须是密合木地板或其布置能够使货物积载在格板、木护板或木垫板上；如果满足了必要的附加规定，封闭式货物运输组件可用于第 1 类 A 型或 C 型积载或用作弹药舱。除配装类 A、配装类 G 和配装类 L、未另列明条目以外的第 1 类物质都属于封闭式货物运输组件积载。

② A 型弹药舱积载是指船上货物运输组件和舱室的内壁、地面应装有密合木板；舱顶和舱壁应清洁，无铁锈或锈皮，不需加板条；货物的最高点应至少离舱顶或上层甲板 300mm；装有防护装置，用来预防撒漏的内装物与舱壁或船侧与舱壁间发生摩擦；如用船侧和舱壁作为该处的部分结构时，应清洁、无铁锈或锈皮；且用板条或防汗湿木板加以防护，其间距不超过 150mm；所有支柱和其他未加防护的铁制品同样应清洁并钉上板条；当其他第 1 类货物与需要积载在 A 型弹药舱的货物一起积载时，需保证其包装没有由含铁或铝合金制成的暴露在外的零件，除非采取了特殊的预防措施，否则不应从上部装载。A 型弹药舱积载适用于应避开钢质制品的爆炸性物质。

③ C 型弹药舱积载是指封闭式货物运输组件在船上的布置尽量靠近船舶中心线；其靠近船侧处不小于船宽 1/8 或 2.4m 距离处，两者取较小值。C 型弹药舱积载适用于配装类 A 的物质。

④ 特殊积载是指在舱内积载时应远离居住处所和工作区，并且不得叠载，位置布置同 C 型弹药舱；凡建议舱面积载但实际不可行时，主要危险是火灾和泄漏的物质、有浓烟或催泪或有毒雾（配装类 G、H 或 K）物质以及存在特殊危险的物质和物品（配装类 L）应进行特殊积载。对于配装类 G 或 H 的货物可采用钢质弹药箱、防止内装物泄漏的钢质货物运输组件和经有关主管机关同意的选择方案进行积载。在任一舱室内只应积载同一种配装类的货物，若无适合的单独舱室，经主管机关允许，配装类 G 和 H 的货物可积载在同一货舱内，但

间距不得小于 3 m。配装类 K 或 L 的货物应装在钢质弹药箱中运输。特殊积载适用于配装类 G 和 L 爆炸性物质及未另列明条目和配装类 G、H、L 和 K 中的特别危险的某些物品。

3. 舱面积载的 3 种方式

IMDG Code 规定,根据危险货物不同的防护条件,舱面积载分为只限舱面、在有遮盖的舱面和在有防护的舱面上积载 3 种方式。危险货物舱面积载方式如图 4-1 所示。

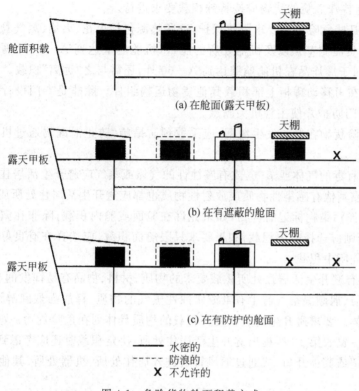

图 4-1　危险货物舱面积载方式

4.1.2　危险货物积载的一般要求

(1) 根据积载类别如允许舱面或舱内积载的危险货物,在杂货船和散货船上应尽量选择在舱内积载,在下列情况下应选择在舱面积载:

① 要求经常查看的货物;

② 因特殊要求需接近检查的货物;

③ 有形成爆炸性混合气体的、产生剧毒蒸气的或对船舶有无形腐蚀作用的物质。

(2) 遇水易损坏的包件应在舱内积载。如在舱面积载,应严加防护,任何时候都不能使其受潮湿的空气和海水的侵袭。

(3) 由于危险货物意外事故的突发可能影响到全船,因此那些需要在短时间内撤离大量人员的其他客船不得载运某些具有特殊危险的货物。

(4) 除了注意危险货物一览表第 16 栏一般的积载类(A、B、C、D 或 E)外,当决定适当的积载类安排时,还必须注意该栏中可能提供的一种或多种特殊积载要求。

(5) 危险货物包件堆码试验的最低高度是 3m,在考虑到积载支撑程度和加固等情况下,允许船长自行选择较高的积载。

（6）桶装危险货物必须直立向上积载,经主管机关授权者除外。

（7）危险货物在舱面积载时,要保证消防栓、测量管及其他类似设备和通道不受影响,并与之远离;保证游步通道和所有通向船舶安全航行、操作所需设备的通道畅通。

（8）对须防止压力增大、分解或聚合的物质,应遮蔽其包件,免受烈日及其他辐射热;在危险货物一览表中要求遮蔽免受辐射热的物质,舱内积载时应"远离"热源。

（9）对具有特殊危险的货物应按特殊积载要求进行。

（10）对于某些危险货物要求隔热保护,这些热源包括火花、火焰、蒸气管道、热线圈、加热的燃油舱、液货舱侧壁顶以及机器处所的舱壁(机舱舱壁达到 A—60 的隔热等级或与此等效的标准),对于爆炸品在机舱舱壁达到 A—60 外,还需与之"远离"积载。

（11）不得在可移动罐柜上部积载其他货物运输组件。除非是专门设计且用于专门船舶,或已对其专门防护并使主管机关满意。

（12）若危险货物在舱内发生泄漏,应采取预防措施,防止泄漏物通过机器处所的污水管及泵系排放。

（13）对于有毒的气体或蒸气,或有腐蚀性的气体或蒸气应避开生活居住处所积载。标有毒品的货物或其他有感染性物质或放射性物质也都应避开生活居住处所或食品而积载。

（14）有海洋污染物标记的货物,如果允许在舱面或舱内积载,除非在露天甲板能提供等效的防护,否则应选择舱内积载;如果要求只限舱面积载,应选择在有良好防护的甲板或露天甲板遮蔽处所中积载。

（15）确定有避开生活居住处所积载要求的物质、材料、物品有易挥发的有毒物质、易挥发的腐蚀性物质、遇潮湿空气产生有毒或腐蚀性蒸气的物质、释放强烈麻醉性蒸气的物质、第 2 类易燃气体。要求避开生活居住处所积载的物质具体列在危险货物一览表第 16 栏中。若在危险货物一览表第 16 栏提出避开生活居住处所,决定积载时还应考虑到泄漏的蒸气会通过舱壁的通道或其他开口,或通过通风管道进入居住处所、机器处所、其他工作处所的可能性。

（16）需要与食品隔离的物质有:①标有第 6.1 类标志,包装类Ⅰ和Ⅱ的有毒物质和物品;②标有第 2.3 类标志的有毒物质和物品;③标有第 7 类标志的放射性材料。如果上述①、②类物质与食品分装在不同的封闭运输组件内可免除隔离条件。感染性物质的积载应采用隔离3,应与食品用一整个舱室或货舱隔离。腐蚀性物质以及标有第 6.1 类、包装类Ⅲ有毒物质的积载应采用隔离1,与食品"远离"。

4.1.3　各类危险货物的积载要求

1. 第 1 类货物的积载要求

（1）第 1 类爆炸品应首先查到危险货物一览表第 16 栏规定的积载类,然后根据表 4-2 具体积载方式来安排。

（2）除下列情况之一外,其他爆炸品不得在客船运输:

①属于第 1.4 类配装类 S 的爆炸品不受数量限制;

②救生用爆炸性物品,其爆炸性物质总净重每船不超过 50 kg;

③配装类 C、D 和 E 的货物,其爆炸性物质总净重每船不超过 10 kg;

④配装类 G(特殊积载要求除外)的物品,其爆炸性物质总净重每船不超过 10 kg;

⑤配装类 B 的物品,其爆炸性物质总净重每船不超过 10 kg;

⑥ 配装类 N 的爆炸性物质总净重每船不超过 50kg,并且除载运第 1.4 类和配装类 S 之外,不得载运其他爆炸品;

⑦ 经主管机关批准的具有特殊安全措施的客船上,可载运附加数量或其他种类的第 1 类危险货物。

可以在客船上载运的第 1 类货物应根据表 4-3 积载。

表 4-3　客船载运爆炸品积载表

分类	爆炸品样品	配　装　类												
		A	B	C	D	E	F	G	H	J	K	L	N	S
1.1	d	c	e	e	e	e	c	e	—	c	—	c	—	
1.2	d	—	e	e	e	e	c	e	c	c	c	c	—	
1.3	d	—	—	e	e	e	c	e	c	c	c	c	—	
1.4	d	—	b	b	b		b	b						a
1.5	d	—	—	—	—	—	—	—	—	—	—	—		
1.6	d	—	—	—	—	—	—	—	—	—	—		e	

注:1. a 为对于货船,在舱面或舱内。

2. b 为对于货船,在舱面或舱内,只限装在可移动弹药箱内。

3. c 为禁止载运,本规定取代其他所有规定。

4. d 为遵照有关国家主管机关所制定的规定。

5. e 为在集装箱或类似容器中,仅限舱面。

(3) 第 1 类货物应积载在船舶的阴凉处,在船上应尽量合理可行地保持阴凉,积载应"远离"一切热源;货舱应清洁,确保没有其他货物(如谷物或煤)的粉尘,以减少着火危险。

(4) 舱内积载时货舱应干燥;在船上出现包装的货物受潮时,须立即向托运人征求意见,得到指示前应避免处理包件。

(5) 正确系固,以免在航行中发生明显的移动。

(6) 尽可能远离居住处所和机器处所,不应直接积载在这些舱内或舱面:

① 在居住处所和装有第 1 类货物的货舱间应有一个永久性的 A 类钢舱壁,第 1.1、1.2、1.3 或 1.5 类货物不应积载在离此舱壁 3m 以内;当直接积载在这些舱室的上面或下面时,应积载在至少离舱壁垂直线 3 m 远处。

② 在机器处所和装有第 1 类货物的货舱间应有一个永久性的 A 类钢舱壁。第 1 类货物不应积载在离该舱壁 3m 以内,除第 1 类配装类 S 外;当积载在机舱的上层或下层舱面时,应至少离舱壁垂直线 3m 远处。除非 A 级机器处所和装有第 1 类货物的货舱间的分隔舱壁是按 A—60 标准隔热的,对第 1.4 类配装类 S 以外的货物,应按 IMDG Code 第 7 章附录 2 的规定采取补充措施。

③ 当第 1 类货物积载在"远离"居住处所或机器处所舱壁时,介于中间的货舱可以装非易燃的货物。

④ 第 1 类货物不应积载在离明火、机械排放口、厨房的管路、用于易燃品的储藏间或其他潜在火源水平距离 6m 以内。货物积载应确保通道畅通并远离船舶其他安全操作必需的设施,并应避开消防栓、蒸汽管和通道,离步桥、生活处所和救生设备水平距离不少于 8m。

（7）一般电器设备和电缆不应安装在载运第1类货物的货舱内。当安装在航行途中不需要通电或不符合要求标准处时，电器设备和电缆应切断电源以使货舱内电路不通电。当航行中由于船舶的操作安全而需要使装有第1类货物的货舱中的电器设备和电缆通电时，这些电器设备和电缆应符合认可的标准（见IMDG Code第7章附录3）。

（8）除非已经在海水、桅杆或船体结构间，即从其末端一直到整个船体结构的主体已配备有效的电器连接，否则应在任一桅杆或结构上配备对海的接地避雷装置。全焊接结构的船舶上的钢质桅杆可以认为满足这一要求。

（9）为了防止未经批准的人员进入，所有舱室、弹药舱和货物运输组件均应上锁或适当地关闭。上锁和关闭的方法应使得在出现紧急情况时能够进入而没有延误。

（10）积载类09和10舱内积载货物应直接积载在甲板上格子护板、木护板或木垫板上，不允许积载在其他货物上；不需要对船侧、舱壁和支柱加板条；避免与易燃的其他货物同舱积载；货物上不得堆装非第1类货物，以维持直接通向舱口的通道；舱室或货舱中的所有货物应牢固积载，足以能消除发生明显移动；整个甲板作为弹药舱时其积载应方便卸货。

（11）火箭和火箭发动机的积载：通常在装配好的情况下运输的小型或中型火箭或火箭发动机，装有完整的起爆系统（自行推进的），不管是否装在货架上运输，都不受积载配置的限制，其条件是在包装设计上火箭应用捆带条或其他方法将其有效地约束以免滚动，或者具有下列一种或多种安全措施：①有效保护电引爆装置及喷管，以防杂散电流和意外引爆；②起爆系统被撞击时，击发装置能有效保护；③由点火管到推进剂装药的点火通路应用一个机械隔爆板或通过使传爆系列零件的错位来阻断，喷管应有效地盖住，以防止意外引爆；④火箭应装有经认可的设计的空气动力阻流板或更好的飞行阻流板。

通常在未装配好的情况下运输的大型火箭或火箭发动机，当处于自行推进状态时，应按下列积载限制处置：外包装上标出发动机的头部和尾部；头朝舱壁、天花板或船侧，且间距不得大于30mm。

不符合上述装配好情况下，运输积载要求的任何火箭或火箭发动机必须按未装配好的情况下运输的积载限制条件处置。

2. 第2类货物的积载要求

（1）气体容器在运输过程中尽可能合理保持阴凉，容器的积载应"远离"一切热源。

（2）采取足够措施防止泄漏的气体渗入到船舶的其他地方，比空气重的气体可能聚积在货舱的低处，容易被意外点燃，甚至发生回火。

（3）其积载方式应保证泄漏气体不会通过管道和通风口进入生活、机舱处所和其他工作区域。

（4）如气体容器装在封闭货物运输组件内，应特别注意打开门进入前进行通风。

（5）气体容器积载方式：①应进行隔垫防止其直接接触钢质甲板；除非容器置于框架中成为组件，其积载和楔垫应能防止容器发生移动；对液化气体容器保证其液相不会接触任何减压装置。②容器垂向积载应成组积载，并用坚实的木材制成箱或框将容器围蔽；必须进行衬垫隔离使之与钢质甲板保持间隙；在箱内或框内的容器应缚牢以防止移动。③舱面积载应保护容器不受热辐射，包括烈日照射。④舱内积载时应积载于有机械通风装置的货舱中。

（6）易燃或有毒气体的积载应采取措施防止易燃气体受热；配备机械通风装置，使其能有效地将易燃气体从封闭货物处所中排出；在载有旅客的船上积载时，应远离供旅客使用的甲板和舱室；在滚装船积载时应特别注意通风和隔热。

有第 2.3 类标志未经清洗的空钢瓶应仅限舱面积载（虽然危险货物一览表中有规定，对装满货时仅限舱面积载的容器，其未经清洗的空容器可以在舱面或舱内有机械通风的处所积载）。

3. 第 3 类货物的积载要求

第 3 类所有物质的蒸气都有麻醉作用，长时间吸入可能导致神志不清，深度或长时间的麻醉可能致死。

（1）对第 3 类物质应按危险货物一览表中的规定积载类进行积载，但对使用塑料罐（3H1、3H2）、塑料桶（1H1、1H2）和塑料桶内的塑料容器（6HH1、6HH2）包装的闪点等于或低于 23℃（c.c）的物质，除非将其装于封闭的货物运输组件，否则应只限舱面积载。

（2）在运输中应尽可能合理地保持阴凉，其积载一般应远离一切可能的热源。

（3）应采取足够的措施防止易燃液体受到热辐射或其他热源的影响。应配备通风设施使它能有效地将货物处所的易燃蒸气排出。

（4）应采取足够措施防止泄漏的液体或蒸气渗入船舶的其他部位，比空气重的气体可能聚积在货舱的低处，容易被意外点燃，甚至发生回火。

（5）用可移动罐柜载运闪点等于或低于 23℃（c.c）的易燃液体时，其积载方式应保证泄漏蒸气不会通过管道和通风口进入生活、机舱处所和其他工作区域。

（6）如认为本类某种物质的积载需避开生活居住处所，将该内容在危险货物一览表中列明。

（7）在载有旅客的船上积载时应大大远离供旅客使用的甲板和舱室；在滚装船积载时应特别注意通风和隔热。

4. 第 4 类货物的积载要求

（1）在运输中应尽可能合理地保持阴凉，其积载一般应"远离"一切热源。

（2）如某一物质易于散发能与空气形成爆炸性混合物的蒸气或粉尘，应采取预防措施将它装在通风良好的处所。

（3）在航行期间，如遇卷入火灾的危险，也许有必要将托运的本类物质中的一件或数件加以抛弃。当允许舱内装载时，必须考虑到这一点。

（4）在载有旅客的船上积载时应大大远离供旅客使用的甲板和舱室。在滚装船积载时，应特别注意通风和隔热。

（5）装有自反应物质、UN2956、UN3241、UN3242、UN3251 和固体退敏爆炸品的包件应避开热辐射（包括阳光的直射）。

（6）鱼粉的积载要求：在危险货物一览表中列入"鱼粉，未稳定的（UN1374，包装类Ⅲ）"和"鱼粉，稳定的（UN2216，第 9 类）"这两种品名。其运输方式有松散包装运输和集装箱运输两种。

① 鱼粉松散包装运输。a. 航行期间每天 3 次测温并记录。b. 货温超过 55℃并继续升高时，应限制向舱内通风；如自热现象持续应施放二氧化碳或惰性气体；船上应配备相应设备。c. 货物积载应避开易变热的管路和舱壁（如机舱舱壁）。d. 对 UN1374，使用松散包装运输时，建议采用双排式积载，以提供良好的表面和穿堂通风；对 UN2216，使用松散包装运

输时,对袋装货物的积载无须特殊通风要求。

② 鱼粉集装箱运输。a. 货物装箱后,密封箱门和其他开口处以防止空气进入。b. 每天凌晨读取舱内温度并记录。c. 如果舱内温度急剧升高,并继续升高,应及时考虑充水,并注意对船舶稳性的危险。d. 货物积载应避开易变热的管路和舱壁(如机舱舱壁)。

(7) 种子饼(UN1386)的积载要求。在危险货物一览表中 UN1386 有两种种子饼。

① UN1386,种子饼(a),含植物油的,用机械压榨的种子,含油量在 10% 以上或所含油及水分含量合计超过 20%。其积载要求:a. 需要穿堂风和表面通风。b. 航程超过 5 天时,需要配备向货舱施放二氧化碳或惰性气体的设备。c. 袋装应采用双排式积载。d. 定时测量货舱内不同深度的温度并作记录;货物温度超过 55℃ 并继续升高时,应限制向舱内通风。例如,自热现象持续应施放二氧化碳或惰性气体。

② UN1386,种子饼(b),含植物油的,经溶剂萃取和压榨的种子,含油量不超过 10% 且当水分含量高于 10% 时,所含油及水分含量合计不超过 20%。其积载要求:a. 需要表面通风,以消除溶剂蒸汽。b. 航程超过 5 天,袋子积载处无循环贯通的通风设备,应定时测量货舱内不同深度的温度并作记录。c. 航程超过 5 天,应配备二氧化碳或惰性气体施放设备。

5. 第 5 类货物的积载要求

(1) 除了用于积载货物运输组件的货物处所外,在装入氧化性物质之前,应将货物处所打扫干净,清除一切不必要的可燃物。

(2) 尽可能合理可行地使用非易燃的加固和防护材料,并只能使用最少数量经清洁、干燥的木质垫料。

(3) 应采取措施避免氧化性物质渗入到其他可能储有可燃物质的货舱、舭部等处所。

(4) 曾装运氧化性物质的货舱,卸货后应检查有无污染物,在用于装运其他货物尤其是食品之前,原已被污染的货舱应作适当的清扫和检查。

(5) 有机过氧化物应当按照积载类 D 积载;应"远离"生活居住处所或其通道积载;应"远离"一切热源积载;对包件应加以保护,使其不受日光直射,并积载在阴凉和通风良好的地方;积载时应考虑必要时采取适当的应急行动,如抛弃货物。

(6) 硝酸铵(UN1942)和硝酸铵化肥(UN2067)的积载措施:

① 应积载在紧急时可以开启的干净货物处所;

② 袋装化肥或装于货物运输组件内的化肥,应积载于易接近的位置;

③ 船上的机械通风有能力排除化肥分解放出的气体和烟雾;

④ 应能打开舱盖,提供大量的通风和水;

⑤ 装货前就应考虑到紧急情况时舱内淹水可能造成的稳性问题;

⑥ 同其他货物混装时应考虑相容性。

6. 第 6 类货物的积载要求

(1) 卸完货后应对装运过本类物质的处所作检查,检查是否污染;在用于装运其他货物,尤其是食品之前,应对受污染的处所进行适当的清洗和检查。

(2) 对同时属于易燃液体的有毒物质积载在载有旅客的船上时,应远离供旅客使用的甲板和舱室;在滚装船积载时应特别注意通风和隔热;在运输期间,这些物质应积载于机械通风处所;尽可能合理地保持阴凉,其积载一般情况下应"远离"一切热源。

（3）所有感染性物质必须采用隔离 3，与生活居住处所用一整个舱室或货舱隔离。

7. 第 7 类货物的积载要求

（1）按危险货物一览表第 16 栏所列积载类别进行积载。

（2）在运输低比活度放射性物质（LSA）或表面污染物体（SCO）（IP-1、IP-2、IP-3 型或未包装的）的内水船艇或其他运输工具上的单个货物处所内的总活度不得超过表 4-4 所示的限值。

表 4-4　工业包装或未包装的 LSA 物质和 SCO 的运输活度限值

物 质 特 性	除内陆水道外的运输方式的活度限值	内水船艇货物处所的限值
LSA-Ⅰ	无限值	无限值
不易燃的固体 LSA-Ⅱ 和 LSA-Ⅲ	无限值	$100A_2$
易燃的固体、所有的液体和气体 LSA-Ⅱ 和 LSA-Ⅲ	$100A_2$	$10A_2$
SCO	$100A_2$	$10A_2$

（3）托运货物应牢固积载。

（4）除主管机关在证书中有特别要求外，只要其表面平均热通量不超过 $15W/m^2$，且周边货物为非袋装，其包件或集合包件可与包装的一般货物一起运输或储存，而无特殊积载要求。

（5）集装箱的装载以及包件、集合包件和集装箱累加时，应作如下控制：

① 除独家使用情况外，装在同一运输工具上的包件、集合包件和集装箱应予以限制，使该运输工具上的运输指数总和不超过表 4-5 中所列的值，对 LSA-Ⅰ 物质的运输指数总和没有限制。

表 4-5　非独家使用条件下集装箱和运输工具的运输指数（TI）限值

集装箱或运输工具类型	在单个集装箱内或同一运输工具上的运输指数总和的限值
小型集装箱	50
大型集装箱	50
车辆	50
旅客航空器	50
货物航空器	200
内陆水道船舶	50
海洋船舶[①] （1）舱、室或特定区域： 　　包件、集合包件、小型集装箱 　　大型集装箱 （2）整船： 　　包件、集合包件、小型集装箱 　　大型集装箱	 50 200 200 无限值

注：①为装在按照下面（7）规定的车辆上运输的包件或集合包装可以用船舶进行运输，条件是在船期间不得把其从
　　车辆中移出。

② 如果某一托运货物是在独家使用条件下运输,对单个运输工具上的运输指数总和应没有限制。

③ 在常规运输条件下,运输工具外部表面任何一点的辐射水平不得超过 2mSv/h,并且离运输工具外部表面 2 m 处的辐射水平不得超过 0.1 mSv/h。

④ 在一个集装箱内及运输工具上的临界安全指数(CSI)的总和不得超过表 4-6 所列的值。

表 4-6　内有易裂变物质的集装箱和运输工具的临界安全指数(CSI)限值

集装箱或运输工具类型	在单个集装箱内或同一运输工具上的运输指数总和的限值	
	非独家使用	独家使用
小型集装箱	50	n. a③
大型集装箱	50	100
车辆	50	100
旅客航空器	50	n. a③
货物航空器	50	100
内陆水道船舶	50	100
海洋船舶① (1) 舱、室或特定区域: 　包件、集合包件、小型集装箱 　大型集装箱 (2) 整船: 　包件、集合包件、小型集装箱 　大型集装箱	50 50 200② 无限值②	100 100 200④ 无限值④

注:① 装在按照下面(7)规定的车辆上运输的包件或集合包装可以用船舶进行运输,条件是在船期间不得把其从车辆中移出。这种情况适用独家使用条目。

② 托运货物的作业和积载,要使得下一个组中的 CSI 总和不超过 50,且每个组的作业和积载都要使得各组间彼此间隔至少 6m。

③ 表中"n. a"意为不适用。

④ 托运货物的作业和积载,要使得下一个组中的 CSI 总和不超过 100,且每个组的作业和积载都要使得各组间彼此间隔至少 6m。各组间的空格可装载其他货物。

(6) 运输指数大于 10 的任何包件、集合包件或者临界安全指数大于 50 的任何托运货物应仅在独家使用条件下运输。

(7) 对于在独家使用条件下托运货物辐射水平不应超过如下条件。

① 10mSv/h:在包件或集合包件外表面任意一点,且仅在如下条件下可以超过 2mSv/h:车辆应予封闭,在正常运输条件下,能防止未经许可的人员入内;应采取措施固定包件或集合包件,使其在车辆内的位置在正常运输条件下保持固定;在整个运输期间不能进行装卸。

② 2mSv/h:在车辆外表面(包括上表面和下表面)任意一点;或对于未封闭的车辆而言,在车辆外缘垂直投影面上、整件货物的上表面上、车辆底部外表面上任意一点。

③ 0.1mSv/h:在车辆外侧面的垂直平面 2m 外任意一点;或如果整件货物用开敞的车辆运输,在车辆外缘垂直投影面 2m 外任意一点。

（8）对于公路车辆而言，载有贴着Ⅱ级——黄色标志或Ⅲ级——黄色标志的包件、集合包件或集装箱时，车上只能有司机和助手。

（9）表面辐射水平大于 2mSv/h 的包件或集合包件，除非按照表 4-6 中的表注①在独家使用的车辆内或车辆上运输，否则除了特殊安排外不应由船舶运输。

（10）对于专用船舶运输，由于船舶的设计或租船原因而使之专用于载运放射性物质，应予免除上述（5）的规定，但须满足下列条件：

① 该船舶运输中的辐射防护计划应经船旗国主管机关批准，如需要的话，还应经各中途停靠港主管机关的批准；

② 应预先为整个航程确定积载计划，包括在中途各停靠港准备装载的任何托运货物；

③ 所有托运货物装、运和卸的工作都应由在运输放射性物质方面适任的人员进行监督。

（11）通常用于运输放射性物质的运输工具和设备应定期进行检查以确定受污染水平。检查次数与污染可能性和所运输放射性物质的活度有关。

（12）除下面（13）中的规定外，在放射性物质运输过程中，任何污染程度超过 IMDG Code 第 4.1 章 4.1.9.1.2 中的限值或表面的固定污染辐射水平超过 $5\mu Sv/h$ 的运输工具、设备或其一部分，应尽快由适任人员消除污染且不能再行使用，除非这种非固定放射性污染不超过上述 IMDG Code 第 4.1 章 4.1.9.1.2 中固定的限值以及消除污染后表面的固定污染辐射水平低于 $5\mu Sv/h$。

（13）用于专载放射性物质的独家使用的集合包件、集装箱、罐柜、中型散装容器或运输工具的内表面应免除 IMDG Code 第 4.1 章 4.1.9.1.4 和上述（12）的要求，只要这种独家使用方式一直持续下去。

（14）如果某一托运货物无人接收，该货物应置于安全位置且尽快通知主管机关并要求对进一步行动做出指示。

8. 第 8 类货物的积载要求

（1）该类货物应尽可能合理、有效地保持干燥，因为该类物质遇潮时，对大多数金属都有不同程度的腐蚀性，有的还与水发生强烈反应。

（2）经许可盛装该类物质的无保护塑料包装应尽可能合理、有效地保持阴凉，因为大多数塑料制品在较高温度下强度会降低。

（3）具有易燃液体特性的腐蚀品在载运旅客的船上积载时应远离供旅客使用的甲板和舱室；在滚装船积载时应特别注意通风和隔热；在运输期间，这些物质应积载于机械通风处所；尽可能合理地保持阴凉，其积载一般情况下应"远离"一切热源。

9. 第 9 类货物的积载要求

（1）硝酸铵化肥（UN2071）的积载预防措施如下。

① 应积载在紧急时可以开启的干净货物处所。

② 袋装化肥或装于货物运输组件内的化肥，应积载于易于接近的位置。

③ 船上的机械通风有能力排除化肥分解放出的气体和烟雾。

④ 应能打开舱盖，提供足够的通风和水。

⑤ 装货前就应考虑到紧急情况时舱内淹水可能造成的稳性问题。

⑥ 在无法阻止分解的情况下（如天气恶劣），不会对船舶结构立刻造成危险。分解后的

残留物可能仅相当于原来装载量的 1/2;这种损失量也可能对船舶稳性造成影响,这一点在装货前也应考虑到。

⑦ 不应与机舱的金属舱壁直接接触。对于袋装货,可以用木板使舱壁与货物之间隔开一空间,短程国际航行则不必适用此项要求。

⑧ 如船舶未装有烟雾探测装置或其他适当装置,应在航行中安排定期检查装有这些化肥的货物处所,其间隔不应超过 4h(如闻一闻其通风孔)以确保尽早发现化肥可能发生的分解。

(2)"鱼粉,稳定了的(UN2216,第 9 类)"的积载预防措施见本节 4.1.3 各类危险货物的积载要求。

4.2　隔　　离

4.2.1　隔离的基本要求

1. 隔离的定义及其基本原则

隔离要求适用于各类船舶所有的舱面、舱内装载货物处所和货物运输组件。

隔离就是指船舶运输不同包装危险货物时,对于性质不相容的危险货物,在船上积载时,应使它们之间保持一定的间距,隔一个或两个钢制水火密的甲板、货舱舱壁,彼此不相互影响,或这些措施的总和。采取隔离措施的危险货物之间的空间可以装入其他与该危险货物相容的货物。所谓性质不相容就是把它们放在一起会发生化学反应的物质,把它们放在一起会增加货物的运输风险。对于性质不相容物质应将其隔离。

所谓互不相容,是指性质不相容、相互能发生危险性反应,如能引起燃烧和/或产生大量的热,能产生易燃、有毒或窒息性气体,能生成腐蚀性物质或不稳定的物质。此外,还包括一旦发生事故会使另一种物质陷入危险的物质,如易燃物品与遇火可能发生爆炸的物品、爆炸物品与有毒/腐蚀/放射性物质之间;发生火灾事故不易扑救的物质,如有机过氧化物与易燃气体/液体/固体物质之间;消防方法和灭火介质不同的货物之间。

2. 隔离类

为了运输安全,具有某些相似化学性质的危险货物按隔离类的划分归在一起,采用相同的隔离要求。

隔离类分为 18 类,具体为:酸类;铵化合物;溴酸盐;氯酸盐;亚氯酸盐;氰化物;重金属及其盐类;次亚氯酸盐;铅及其化合物;液体卤代烃;汞及其化合物;亚硝酸盐;高氯酸盐;高锰酸盐;金属粉末;过氧化物;叠氮化物和碱类。这其中的每一类,包括许多物质。在 IMDG Code 中,有些尚未列明条目的运输物质没有列入隔离类,这需要根据具体涉及的物质组成和性质来决定相应的隔离要求,以确保运输安全。

3. 隔离的代码和术语

根据货物之间发生危险的程度不同,隔离又分为以下 4 个等级。

隔离等级"1":称为"远离",只要在水平垂直投影距离不少于 3m,可以在同一舱室、同一货舱或甲板的不同高度积载。

隔离等级"2":称为"隔离",指应装载在不同的舱室(舱室之间的甲板必须是防火、防液的)或货舱。若在舱面积载,水平距离应不小于 6m。

隔离等级"3"：称为"用一个完整的舱室或货舱隔离"，即用一整个舱室或货舱隔离，可按垂直或水平方向隔离一个舱室或货舱，舱室间的甲板应是防火防液的。如舱面积载，水平距离应不少于 12m。如果一包件在舱面积载，而另一包件在最上层舱室积载，也要保持上述的同样距离。

　　隔离等级"4"：称为"用一个介于中间的完整舱室或货舱做纵向隔离"，即在水平方向隔离一个货舱。单独的垂向距离不符合这一要求。舱面积载时，水平距离应不少于 24m。

4. 隔离表

表 4-7 为危险货物隔离表。

表 4-7　危险货物隔离表

类　别	1.1 1.2 1.3	1.3 1.6	1.4	2.1	2.2	2.3	3	4.1	4.2	4.3	5.1	5.2	6.1	6.2	7	8	9
爆炸品 1.1、1.2、1.5	*	*	*	4	2	2	4	4	4	4	4	4	2	4	2	4	×
爆炸品 1.3、1.6	*	*	*	4	2	2	4	3	3	4	4	4	2	4	2	2	×
爆炸品 1.4	*	*	*	2	1	1	2	2	2	2	2	2	×	2	2	2	×
易燃气体 2.1	4	4	2	×	×	×	2	1	2	×	2	2	×	4	2	1	×
无毒不燃气体 2.2	2	2	1	×	×	×	1	×	1	×	×	1	×	2	1	×	×
有毒气体 2.3	2	2	1	×	×	×	2	×	2	×	×	2	×	2	1	×	×
易燃液体 3	4	4	2	2	1	2	×	×	×	×	2	2	×	3	2	×	×
易燃固体 4.1	4	3	2	1	×	×	×	×	1	×	1	2	×	3	2	1	×
易自燃物质 4.2	4	3	2	2	1	2	×	1	×	1	2	2	1	3	2	1	×
遇水时放出易燃气体的物质 4.3	4	4	2	×	×	×	×	×	1	×	1	2	2	2	2	1	×
氧化物质 5.1	4	4	2	2	×	×	2	1	2	1	×	2	1	3	1	2	×
有机过氧化物 5.2	4	4	2	2	1	2	2	2	2	2	2	×	1	3	2	3	×
有毒物质 6.1	2	2	×	×	×	×	×	×	1	2	1	1	×	1	×	1	×
感染性物质 6.2	4	4	4	4	2	2	3	3	3	2	3	3	1	×	3	3	×
放射性物质 7	2	2	2	2	1	1	2	2	2	2	1	2	×	3	×	×	×
腐蚀品 8	4	2	2	1	×	×	×	1	1	1	2	2	1	3	×	×	×
杂类危险物质和物品 9	×	×	×	×	×	×	×	×	×	×	×	×	×	×	×	×	×

　　注：*——爆炸品之间的隔离适用于另外的要求；1——远离；2——隔离；3——用一个完整的舱室或货舱隔离；4——用一个介于中间的完整舱室或货舱做纵向隔离；×——应查阅"危险货物一览表"。

　　表 4-7 表示的是不同类别危险货物之间一般的隔离要求，但如果与危险货物一览表中第 16 栏列明的对某一具体物质的隔离要求不同，后者的要求优先适用。例如，"乙炔，溶解的，UN1001"，按隔离表与氯气没有隔离要求，但在危险货物一览表中规定与氯气"隔离"。

　　除第 1 类外，其他类别的危险货物如果有一种副危险性，要看这种副危险性是否比主危险性要求更严。如果这样,应选择适合副危险性的隔离措施。如粘贴第 1 类副标志的自反应物质和有机过氧化物应按第 1.3 类隔离要求。

如果有两种或两种以上副危险性,应查询危险货物一览表第 16 栏的隔离要求,例如,溴氯化物,第 2.3 类,UN2901,副危险性为第 5.1 类和第 8 类,在危险货物一览表中列明的隔离要求为按第 5.1 类隔离,并与第 7 类隔离。"与某类隔离"的含义是与"某类"所有物质和粘贴"某类"副危险性标志的所有物质。

如属于同类但有不同副危险性的两种物质,如在一起不会发生危险性的反应,可以不考虑副危险性的隔离要求。

对于由同一种物质构成,但仅因含水量不同而划入不同危险类别的物质之间无须隔离,如第 4.2 类和第 8 类的硫化钠。

4.2.2 危险货物包件的隔离

危险货物包件的隔离是指常规形式积载的危险货物包件的隔离、货物运输组件内的危险货物的隔离和常规形式积载的危险货物与货物运输组件中所装危险货物的隔离。

1. 常规形式积载的危险货物包件之间的隔离方法

常规形式积载的危险货物包件按下列方法隔离,如图 4-2 和图 4-3 所示。

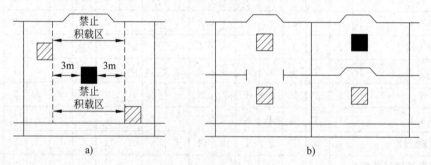

图 4-2 常规形式积载的危险货物包件之间的隔离方法一

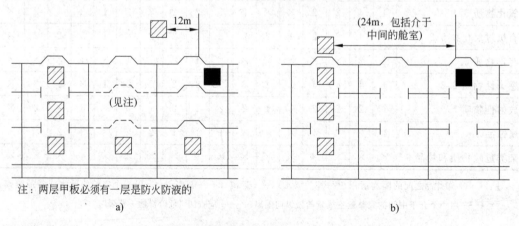

注:两层甲板必须有一层是防火防液的

图 4-3 常规形式积载的危险货物包件之间的隔离方法二

注:图 4-2 和 4-3 中,■——基准包件;▨——不相容货物包件。

(1)"远离"。有效地隔离以使互不相容的物质在万一发生意外时不致相互起危险性反应,但只要在水平垂直投影距离不小于 3m,仍可以在同一舱室或货舱内或舱面上积载,如

图 4-2a)所示。

（2）"隔离"。在舱内积载时,装在不同的舱室或货舱。如中间甲板是防火防液的,垂向隔离,即在不同的舱室积载,可以看成是同等效果的隔离。就舱面积载而言,这种隔离即不少于 6m 的水平距离,如图 4-2b)所示。

（3）"用一整个舱室或货舱隔离"。即垂向或水平的隔离。如果中间甲板不是防火防液的,只能用一介于中间的整个舱室或货舱做纵向隔离。就舱面积载而言,这种隔离即不少于12m 的水平距离。如果一包件在舱面积载,而另一包件在最上层舱室积载,也应保持上述同样的距离,如图 4-3a)所示。

（4）"用一介于中间的整个舱室或货舱做纵向隔离",仅为垂向隔离不符合这一要求。在舱内积载的包件与在舱面积载的另一包件之间的距离包括纵向的一整个舱室在内必须保持不少于 24m。就舱面积载而言,这种隔离应不少于 24m 的纵向距离,如图 4-3b)所示。

2. 货物运输组件内危险货物的隔离

需相互隔离的危险货物不应在同一货物运输组件内装运。需相互"远离"的危险货物经主管机关批准,可以在同一运输组件内装运,但必须坚持等效的安全标准。

3. 常规形式积载的危险货物与货物运输组件中所装的危险货物的隔离

常规形式积载的危险货物与开敞式货物运输组件中所装的危险货物之间的隔离,应按常规形式积载的危险货物包件之间隔离的方法。

常规形式积载的危险货物与封闭式货物运输组件中所装的危险货物之间的隔离,除下列情况外,应按常规形式积载危险货物包件之间隔离的方法:

（1）要求"远离"时,包件与封闭式货物运输组件之间无隔离要求;

（2）要求"隔离"时,包件与封闭式货物运输组件之间按"远离"的要求积载。

4.2.3　特殊类别危险货物的隔离

1. 爆炸品之间的配装和隔离

表 4-8 为爆炸品的配装和隔离要求。

2. 放射性物质的隔离

（1）放射性物质应与人员隔离。计算隔离距离或辐射水平应根据下列限值:

① 船员经常使用的工作区域,剂量为 5mSv/y;

② 旅客经常进入的区域,剂量为 1mSv/y。

（2）放射性物质应与未冲印的胶卷隔离,计算隔离距离的基准是未冲洗胶卷暴露到运输的放射性物质辐射限制在每件胶卷货物为 0.1mSv。

（3）粘贴黄色标志（Ⅱ级或Ⅲ级）的放射性物质包件或集合包件,除了批准专门为跟随这些货物的工作人员预留的处所外,不应在旅客使用的处所内装运。

（4）装有裂变物质的包件、集合包件或集装箱,应限制其临界安全指数在 50 以下,而且与此类其他包件至少有 6m 的间距。

（5）对于临界安全指数允许超过 50 的运输工具、集装箱,也应与此类其他包件至少有6m 的间距。

（6）放射性物质与未冲洗的胶卷、人员的隔离。

①人员与放射性物质简化的隔离见表 4-9。

表 4-8　爆炸品的配装和隔离要求

配装类	A	B	C	D	E	F	G	H	J	K	L	N	S
A	×												
B		×											×
C			×	×6	×6		×1					×4	×
D			×6	×	×6		×1					×4	×
E			×6	×6	×		×1					×4	×
F						×						×	
G			×1	×1	×1		×						
H								×					
J									×				
K										×			
L											×2		
N			×4	×4	×4							×3	×5
S		×	×	×	×	×	×	×	×	×		×5	×

注："×"表示可以在同一舱室、弹药箱、货物运输组件或车辆中配装相应的配装类爆炸品。

"1"表示配装类 G 的爆炸品(除烟火及需要特殊积载的物品外),只要同一舱室、弹药箱、货物运输组件或车辆中没有其他的爆炸性物质,可以与配装类 C、D 和 E 的爆炸性物品一起配装。

"2"表示托运的配装类 L 的爆炸品只能与同一类型的配装类 L 的货物一起配装。

"3"表示第 1.6 类的不同种类、配装类 N 的物品,仅在被证明物品之间没有爆炸共性以外的危险性时,才可以在一起配装,否则应作为第 1.1 类对待。

"4"表示当配装类 N 的物品与配装类 C、D 或 E 的爆炸品一起配装时,配装类 N 的物品应作为配装类 D 对待。

"5"表示当配装类 N 的物品与配装类 S 的爆炸品一起配装时,整个装载应按配装类 N 的标准。

"6"表示配装类 C、D 和 E 中爆炸品的任何组合均应视为 E 类,对于配装类 C、D 中任何物质的组合,可以根据组合装载的特点,按配装类的分类,确定最合适的配装类别。

表 4-9　人员与放射性物质简化的隔离

运输指数(TI)的总和	旅客和船员与放射性物质隔离的距离			
	普通的货船[1]		渡船等[2]	沿海供应船[3]
	零担货船/m	集装箱船(CTUs)/m		
10 以内	6	1	积载于离生活区和经常有人的工作区较远的船首和船尾	积载于船尾或平台的中点
大于 10,但小于 20	8	1	积载于离生活区和经常有人的工作区较远的船首和船尾	积载于船尾或平台的中点
大于 20,但小于 50	13	2	积载于离生活区和经常有人的工作区较远的船首和船尾	不适用
大于 50,但小于 100	18	3	积载于离生活区和经常有人的工作区较远的船首和船尾	不适用

续表

运输指数(TI) 的总和	旅客和船员与放射性物质隔离的距离			
	普通的货船[1]		渡船等[2]	沿海供应船[3]
	零担货船/m	集装箱船(CTUs)/m		
大于 100,但 小于 200	26	4	积载于离生活区和经常有人的 工作区较远的船首和船尾	不适用
大于 200,但 小于 400	36	6	积载于离生活区和经常有人的 工作区较远的船首和船尾	不适用

注："1"船长最少为 150m 的普通货船、零担货船或滚装集装箱船。

　　"2"船长最少为 100m 的渡船或海峡渡船、沿海和岛屿间航行的船舶。

　　"3"船长最少为 50m 的沿海供应船(在这种情况下,最大运输指数限制为 20)。

② 未冲洗的胶卷和底片与放射性物质简化的隔离见表 4-10。

③ 对人和未冲洗胶片及感光物质的安全距离。

放射性物质与人员及未冲洗胶卷和底片的安全距离隔离表见表 4-11。

还可以根据诺谟图(图 4-4)来计算放射性物质与人员或未冲洗胶卷或底片之间没

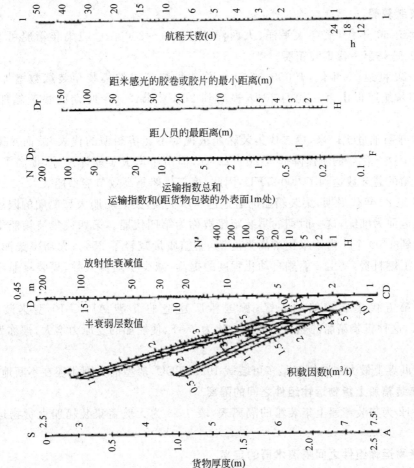

图 4-4　安全距离诺谟图

有隔离用的货物时的安全距离。也就是说,诺谟图是表 4-9～表 4-11 隔离要求的替代措施。

表 4-10　未冲洗的胶卷和底片与放射性物质简化的隔离

运输指数 (TI)的总和	航行的天数				
	1d 以内[1,2]	1d 以上, 4d 以下[1,2]	4d 以上, 10d 以下[2]	10d 以上, 30d 以下[2]	30d 以上, 50d 以下[2]
10 以内					
大于 10,但小于 20	1/3 船长				1/2 船长
大于 20,但小于 50			1/3 船长(需要屏蔽防护)[3]		
大于 50,但小于 400		3/4 船长			

注:"1"船长最少为 100m 的渡船或海峡渡船、沿海和岛屿间航行的船舶。

　　"2"船长最少为 150m 的普通货船、零担货船或滚装集装箱船。

　　"3"用货物隔离形式的屏蔽防护,即在胶卷和第 7 类货物之间插入一个装满货物集装箱或至少 6m 的货位。

4.2.4　集装箱船上货物运输组件之间的隔离

1. 集装箱船

20 世纪 60 年代,横穿太平洋、大西洋的 17000～20000 总吨集装箱船可装载 700～1000TEU,这是第一代集装箱船。

进入 20 世纪 70 年代,40000～50000 总吨集装箱船的集装箱装载数增加到 1800～2000 TEU,航速也由第一代的 23kn 提高到 26～27kn,这个时期的集装箱船被称为第二代。

1973 年石油危机以来,第二代集装箱船被视为不经济船型的代表,故而被第三代集装箱船取代。这一代船的航速降低至 20～22 kn,但由于增大了船体尺寸,提高了运输效率,致使集装箱的装载数达到了 3000TEU,因此,第三代船是高效节能型船。

20 世纪 80 年代后期,集装箱船的航速进一步提高,集装箱船大型船舶的限度则以能通过巴拿马运河为准绳,这一时期的集装箱船被称为第四代船。第四代集装箱船集装箱装载总数增加到 4400 个。由于采用了高强度钢,船舶质量减轻了 25%;大功率柴油机的研制,大大降低了燃料费,又由于船舶自动化程度的提高,减少了船员人数,集装箱船经济性进一步提高。

作为第五代集装箱船的先锋,德国船厂建造的 5 艘 APLG-10 型集装箱可装载 4800TEU,这种集装箱船的船长与船宽的比为 7～8,使船舶的复原力增大,被称为第五代集装箱船。

目前世界上最大集装箱船最多可装载 19224TEU,船型的大型化还在不断地被突破。

2. 集装箱船上货物运输组件之间的隔离

表 4-12 为集装箱船上集装箱的隔离表,表 4-13 为无舱盖集装箱船上货物运输组件隔离表。

3. 货物运输组件之间隔离术语的定义

货物运输组件之间隔离术语的定义如图 4-5 所示。

表 4-11　放射性物质与人员及未冲洗胶卷和底片的安全距离隔离表

与未冲洗胶片及感光物质的最小距离/m

货物厚度/m（单位密度） 总运输指数	与生活区或经常活动区的最小距离/m		1d 航程			2d 航程			4d 航程			10d 航程			20d 航程			30d 航程			40d 航程			50d 航程		
	0	1	0	1	2	0	1	2	0	1	2	0	1	2	0	1	2	0	1	2	0	1	2	0	1	2
0.5	0	×	2	×	×	3	×	×	4	×	×	6	2	×	8	2	×	10	3	×	11	3	×	12	3	×
1	2	×	3	×	×	4	×	×	5	×	×	8	2	×	11	3	×	13	4	×	15	4	×	17	4	×
2	3	×	4	×	×	5	2	×	7	2	×	11	3	2	15	4	×	19	5	×	22	5	×	24	6	×
3	4	×	5	×	×	7	2	×	9	2	×	13	4	2	19	5	2	23	6	2	27	7	2	30	7	×
5	4	×	6	2	×	8	2	×	11	3	×	17	4	2	24	6	3	30	7	3	34	8	3	38	9	3
10	6	2	8	2	2	11	3	2	15	4	2	24	6	3	34	8	3	42	10	4	48	12	4	54	13	3
20	8	2	11	3	2	15	4	3	22	5	3	34	8	4	48	12	4	59	14	5	68	16	4	76	18	5
30	10	3	13	4	3	19	5	3	26	7	4	42	10	5	59	14	6	72	17	6	83	20	5	93	22	6
50	13	3	17	4	3	24	6	4	34	8	5	54	13	6	76	18	7	92	23	8	110	26	7	120	29	7
100	18	5	24	6	5	34	8	5	48	12	6	76	18	7	110	25	9	130	32	9	150	36	9	170	40	10
150	22	6	30	7	6	42	10	6	59	14	8	93	22	9	130	31	10	160	39	11	185	45	11	•	50	12
200	26	6	34	8	6	48	12	7	68	16	9	100	25	11	150	36	13	185	43	13	•	51	13	•	58	14
300	32	8	42	10	8	59	14	8	83	20	11	130	32	12	185	44	15	•	55	15	•	63	15	•	70	17
400	36	9	48	12	9	68	16	9	95	23	13	150	36	13	•	55	18	•	63	20	•	73	18	•	81	20

注：
1. ×表示货物的屏蔽厚度足够，不需要额外的隔离。单位密度货物与人隔离。
2. 如果使用 1 层钢舱壁或钢甲板乘 0.8，如果使用 2 层钢舱壁或钢甲板，将隔离距离乘 0.6。
3. "单位密度货物"指装载货物的密度为 $1t/m^3$，如果密度比这个值小，那么以上货物深度就要按要求就要按比例相应增加。
4. "最小距离"是指任何方向上的最短距离，不论水平还是垂直的，从最近包装的外表面算起。
5. 只有当本类中的相关条款允许其运输指数超过 200 时才可以使用表中双划线下面的数字。
6. 包装、第二层包装、装运容器的运输指数。
7. 不准运输，除非可以根据其他章节安排其他货物和舱壁进行遮蔽。

与未冲洗胶片及感光物质隔离 2m，与未冲洗胶片及感光物质隔离 3m，则在以上长度的航行中需远距离遮蔽物。

表 4-12　集装箱船上集装箱的隔离表

隔离要求	垂直 封闭式与封闭式	垂直 封闭式与开敞式	垂直 开敞式与开敞式	方向	水平 封闭式与封闭式 舱面	舱内	水平 封闭式与开敞式 舱面	舱内	水平 封闭式与开敞式 舱面	舱内	水平 开敞式与开敞式 舱面	舱内
"远离"1	允许一个装在另一个上面	允许开敞的装在封闭式的上面，否则按封闭式与开敞式处理	除非以一层甲板隔离，否则一垂不许在同一线上	首尾向	无限制	无限制	无限制	无限制	无限制	无限制	1个箱位	1个箱位或1个舱壁
				横向	无限制	无限制	无限制	无限制	无限制	无限制	1个箱位	1个箱位
"隔离"2	除非以一层甲板隔离，否则不许在同一垂线上	按开敞式或开敞式处理的要求处理		首尾向	1个箱位	1个箱位或1个舱壁	1个箱位	1个箱位或1个舱壁	1个箱位	1个箱位或1个舱壁	1个箱位	1个舱壁
				横向	1个箱位	1个舱壁	1个箱位	1个舱壁	1个箱位	1个舱壁	2个箱位	1个舱壁
"用一整个舱室或货舱隔离"3	禁　止			首尾向	2个箱位	1个舱壁	2个箱位	1个舱壁	2个箱位	1个舱壁	2个箱位	2个舱壁
				横向	最小水平距离24m	最小水平距离不小于24m	最小水平距离24m	2个舱壁	最小水平距离24m	1个舱壁	3个箱位	2个舱壁
"用一介于中间的整个舱的舱做纵向间隔"4	禁　止			首尾向	最小水平距离24m	最小水平距离不小于24m	最小水平距离24m	1个舱壁且最小水平距离不小于24m	最小水平距离24m	1个舱壁	最小水平距离24m	2个舱壁
				横向	禁止	禁止	禁止	禁止	禁止	禁止	禁止	禁止

注：所有舱壁都应是防火防液的。

表 4-13 无舱盖集装箱船上货物运输组件隔离表

隔离要求	垂直 封闭式与封闭式	垂直 封闭式与开敞式	垂直 开敞式与开敞式	水平方向	水平 封闭式与封闭式 舱面	水平 封闭式与封闭式 舱内	水平 封闭式与开敞式 舱面	水平 封闭式与开敞式 舱内	水平 开敞式与开敞式 舱面	水平 开敞式与开敞式 舱内
"远离"1	允许一个装在另一个上面	允许开敞式的装在封闭式的上面，否则按开敞式与开敞式的要求处理	不允许在同一垂线上	首尾向	无限制	无限制	无限制	无限制	1个箱位	1个箱位或1个舱壁
				横向	无限制	无限制	无限制	无限制	1个箱位	1个舱壁
"隔离"2	不允许在同一垂线上	按开敞式或开敞式的要求处理		首尾向	1个箱位	1个箱位或1个舱壁	1个箱位	1个箱位或1舱壁	1个箱位且不能在同一货舱上	1个舱壁
				横向	1个箱位	1个箱位	1个箱位	2个箱位	2个箱位且不能在同一货舱上	2个舱壁
"用一整个舱室或货舱隔离"3	禁止			首尾向	1个箱位且不在同一货舱上	1个舱壁	1个箱位且不在同一货舱上	1个舱壁	2个箱位且不能在同一货舱上	2个舱壁
				横向	2个箱位且不在同一货舱上	1个舱壁	2个箱位且不在同一货舱上	1个舱壁	3个箱位且不能在同一货舱上	2个舱壁
"用一个于中间的整个舱室或货舱做纵向隔"4				首尾向	最小水平距离24m且不在同一货舱上	1个舱壁且最小水平距离24m	最小水平距离不于24m不在同一货舱上	2个舱壁	最小水平距离24m且不在同一货舱上	2个舱壁
				横向	禁止	禁止	禁止	禁止	禁止	禁止

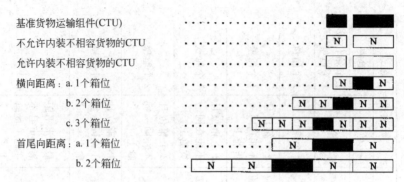

注：所有的舱壁和甲板均应是防火防液的

图 4-5 货物运输组件之间的隔离术语示意图

4. 货物运输组件位置的确定

为了确定与内装基准货物运输组件内所装货物不相容货物的货物运输组件的位置,应采用下述方法。

按照适用的隔离规定在基准货物运输组件的正前、正后和正横方向定出箱位(比如 1 个箱位、2 个箱位),见图 4-6。图 4-6 中显示出占用这些箱位的货物运输组件最外角的连线和基准货物运输组件间的货物运输组件内不应装有与基准货物运输组件所装货物不相容的危险货物。

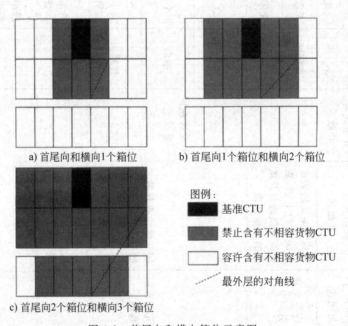

图 4-6 首尾向和横向箱位示意图

一个集装箱箱位是指一个前后不少于 6m、左右不少于 2.4m 的空间。

5. 集装箱水平和垂向隔离的具体要求

(1)"远离"1。

① 封闭式集装箱与封闭式集装箱"远离"1 的含义见表 4-14。

表 4-14　封闭式集装箱与封闭式集装箱"远离"1 的含义

"远离"1			
封闭式与封闭式	水 平 方 向		垂 直 方 向
	舱　面	舱　内	
首尾向	无限制	无限制	容许 1 个装在另 1 个上面
横向	无限制	无限制	

② 封闭式集装箱与开敞式集装箱"远离"1 的含义见表 4-15。

表 4-15　封闭式集装箱与开敞式集装箱"远离"1 的含义

"远离"1			
封闭式与封闭式	水 平 方 向		垂 直 方 向
	舱　面	舱　内	
首尾向	无限制	无限制	容许开敞式装在封闭式上面,封闭式应以一层甲板隔离才能装在开敞式上,否则不能装在同一垂线上
横向	无限制	无限制	

③ 开敞式集装箱与开敞式集装箱"远离"1 的含义见表 4-16。

表 4-16　开敞式集装箱与开敞式集装箱"远离"1 的含义

"远离"1			
开敞式与开敞式	水 平 方 向		垂 直 方 向
	舱　面	舱　内	
首尾向	1 个箱位	1 个箱位或 1 个舱壁	除非以一层甲板隔离,否则不应装在同一垂线上
横向	1 个箱位	1 个箱位	

（2）"隔离"2。

① 封闭式集装箱与封闭式集装箱"隔离"2 的含义见表 4-17。

表 4-17　封闭式集装箱与封闭式集装箱"隔离"2 的含义

"隔离"2			
封闭式与封闭式	水 平 方 向		垂 直 方 向
	舱　面	舱　内	
首尾向	1 个箱位	1 个箱位或 1 层舱壁	除非以一层甲板隔离,否则不应装在同一垂线上
横向	1 个箱位	1 个箱位	

② 封闭式集装箱与开敞式集装箱"隔离"2 的含义见表 4-18。

表 4-18　封闭式集装箱与开敞式集装箱"隔离"2 的含义

"隔离"2			
封闭式与开敞式	水 平 方 向		垂 直 方 向
	舱 面	舱 内	
首尾向	1 个箱位	1 个箱位或 1 层舱壁	除非以一层甲板隔离,否则不应装在同一垂线上
横向	1 个箱位	2 个箱位	

③ 开敞式集装箱与开敞式集装箱"隔离"2 的含义见表 4-19。

表 4-19　开敞式集装箱与开敞式集装箱"隔离"2 的含义

"隔离"2			
开敞式与开敞式	水 平 方 向		垂 直 方 向
	舱 面	舱 内	
首尾向	1 个箱位	1 层舱壁	除非以一层甲板隔离,否则不应装在同一垂线上
横向	2 个箱位	1 层舱壁	

(3)"用一整个舱室或货舱的隔离"3。

① 封闭式集装箱与封闭式或开敞式集装箱"隔离"3 的含义见表 4-20。

表 4-20　封闭式集装箱与封闭式或开敞式集装箱"隔离"3 的含义

"用一整个舱室或货舱的隔离"3			
封闭式与封闭式或封闭式与开敞式	水 平 方 向		垂 直 方 向
	舱 面	舱 内	
首尾向	1 个箱位	1 层舱壁	除非以一层甲板隔离,否则不应装在同一垂线上
横向	2 个箱位	1 层舱壁	

② 开敞式集装箱与开敞式集装箱"隔离"3 的含义见表 4-21。

表 4-21　开敞式集装箱与开敞式集装箱"隔离"3 的含义

"用一整个舱室或货舱的隔离"3			
开敞式与开敞式	水 平 方 向		垂 直 方 向
	舱 面	舱 内	
首尾向	2 个箱位	2 层舱壁	除非以一层甲板隔离,否则不应装在同一垂线上
横向	3 个箱位	2 层舱壁	

(4)"用介于中间的整个舱室或货舱做纵向隔离"4。

① 封闭式集装箱与封闭式集装箱"隔离"4 的含义见表 4-22。

表 4-22 封闭式集装箱与封闭式集装箱"隔离"4 的含义

封闭式与封闭式	水 平 方 向		垂 直 方 向
	舱 面	舱 内	
首尾向	最小水平距离 24m	1 层舱壁且最小水平距离 24m	禁止
横向	禁止	禁止	

② 封闭式集装箱与开敞式集装箱"隔离"4 的含义见表 4-23。

表 4-23 封闭式集装箱与开敞式集装箱"隔离"4 的含义

"用介于中间的整个舱室或货舱做纵向隔离"4

封闭式与开敞式	水 平 方 向		垂 直 方 向
	舱 面	舱 内	
首尾向	最小水平距离 24m	2 层舱壁	禁止
横向	禁止	禁止	

③ 开敞式集装箱与开敞式集装箱"隔离"4 的含义见表 4-24。

表 4-24 开敞式集装箱与开敞式集装箱"隔离"4 的含义

"用介于中间的整个舱室或货舱做纵向隔离"4

开敞式与开敞式	水 平 方 向		垂 直 方 向
	舱 面	舱 内	
首尾向	最小水平距离 24m	2 层舱壁	禁止
横向	禁止	禁止	

　　无舱盖集装箱船上的隔离要求与集装箱船相比较,因为它在垂直方向上没有甲板,所以不能通过以一层甲板满足隔离要求,只能采取在不同的垂线上满足相应的隔离要求;在水平方向上,舱内没有区别,所以两种船的隔离要求是一样的,但舱面的情况有所不同:对于封闭式与封闭式、封闭式与开敞式需要"隔离"3 和"隔离"4 的以及开敞式与开敞式需要"隔离"2、"隔离"3 和"隔离"4 的,还附加"应不在同一货舱上"的要求。

职业指导

　　(1)企业的实际需求:掌握危险货物积载和隔离的基本方法,可以在工作中正确地处理危险货物的积载和隔离问题,从而减少危险货物运输过程中的货运事故,提高货运质量。

　　(2)危险货物积载与隔离知识在企业中的应用要点:根据危险货物的基本性质选择适合的积载位置,并能处理积载过程中的隔离问题。

（3）学生应该具备的基本素养和专业技能：熟悉货物积载方式、隔离等级；了解危险货物积载的一般要求和隔离的基本原则；掌握各类危险货物的积载要求及隔离。

 **实训项目**

以小组为单位（3～4人为一组）开展以下实训内容：

（1）查阅积配载图，指出其中积载隔离有错误的地方并加以改正；

（2）选择某一种危险货物，总结出完整的货物积载隔离方案；

（3）给定船舶及货物信息，试标示出货物可积载的位置。

 练习题

1. 选择题

（1）下列（　　）部位属于怕热货应远离热源。

①机舱；②厨房；③加温油舱；④锅炉间；⑤滑油舱

  A. ①③   B. ③④   C. ①④⑤   D. ①②③④

（2）放射性物质应与人员隔离，船员经常使用的工作区域，剂量为（　　）。

  A. 4mSv/y B. 1mSv/y C. 5mSv/y D. 3mSv/y

（3）根据危险货物隔离的基本原则，下列货物中（　　）需要隔离。

  A. 性质不相容的货物   B. 性质相似但灭火方法不同的货物

  C. 易燃物质和助燃物质   D. 性质相似但发生火灾不易扑救的物质

  E. 爆炸物品和有毒物质

（4）适用于"隔离"的货物，如果在舱面积载，水平距离不应小于（　　）米。

  A. 3   B. 6   C. 12   D. 24

（5）有关危险货物的积载原则，下列说法错误的是（　　）。

  A. 放射性物质应远离船员生活工作区

  B. 海洋污染性货物应优先选择舱内积载

  C. 能产生危险气体的货物必须在舱内积载

  D. 胶合板包装的危险品不能在舱面积载

（6）能形成爆炸性混合气体的危险货物，应采用（　　）。

  A. 舱面积载 B. 舱内积载 C. 特殊积载 D. 普通积载

2. 判断题

（1）根据积载类别允许舱面或舱内积载的危险货物，在杂货船和散货船上应尽量选择在舱内积载。 （　　）

（2）如某一物质易于散发能与空气形成爆炸性混合物的蒸气或粉尘，应采取预防措施将它装在密闭的处所。 （　　）

（3）运输硝酸铵化肥（UN2071），应在航行中安排定期检查装有这些化肥的货物处所，其间隔不应超过4h（如闻一闻其通风孔）以确保尽早发现化肥可能发生的分解。 （　　）

（4）放射性物质应与人员隔离，旅客经常进入的区域，剂量为5mSv/y。 （　　）

（5）积载 C 类货物的要求是，客船只限舱面积载，货船可在舱面或舱内装载。　（　　）

（6）隔离的要求适用于各类船舶所有的舱面、舱内装载货物处所和货物运输组件。　（　　）

3. 简答题

（1）危险货物的积载类别分为几类？其含义分别是什么？

（2）怎样使用诺谟图？

（3）危险货物的隔离原则是什么？

4. 案例分析题

按隔离表的要求，将下列危险货物装入三种不同类型的货舱中（每种舱型 10 种全部装入，不考虑稳性和积载类）：四氟化硅，压缩的(2.3)；丁烯酸乙酯(3)；葵硼烷(4.1)；乙－二甲基氨基乙醇(8)；推进剂(1.2C)；钾(4.3)；氯酸钾，水溶液(5.1)；放射性物质，表面污染体(7)；C 型有机过氧化物，液体的，(5.2)；乙烯，压缩的(2.1)。

隔　离　表

类别	1.1 1.2 1.5	1.3 1.6	1.4	2.1	2.2	2.3	3	4.1	4.2	4.3	5.1	5.2	6.1	6.2	7	8
1.1、1.2、1.5	*	*	*	4	2	2	4	4	4	4	4	4	2	4	2	4
1.3、1.6	*	*	*	4	2	2	4	3	3	4	4	4	2	4	2	2
1.4	*	*	*	2	1	1	2	2	2	2	2	2	×	4	2	2
2.1	4	4	2	×	×	×	2	1	2	×	2	2	×	4	2	1
2.2	2	2	1	×	×	×	1	2	1	×	2	1	×	2	1	×
2.3	2	2	1	×	×	×	2	2	1	×	2	2	1	×	1	×
3	4	4	2	2	1	2	×	2	1	2	2	2	2	2	2	×
4.1	4	3	2	1	×	×	2	×	1	×	1	2	×	3	2	1
4.2	4	3	2	2	1	2	2	1	×	1	2	2	1	3	2	1
4.3	4	4	2	×	×	×	1	2	1	×	2	2	×	2	2	1
5.1	4	4	2	2	2	2	2	1	2	2	×	2	1	3	1	2
5.2	4	4	2	2	1	2	2	2	2	2	2	×	1	3	2	2
6.1	2	2	×	×	×	×	×	1	×	1	1	×	×	1	×	×
6.2	4	4	4	4	2	2	3	3	3	3	3	3	1	×	3	3
7	2	2	2	2	1	1	2	2	2	2	1	2	×	3	×	2
8	4	2	2	1	×	×	×	1	1	1	2	2	×	3	2	×

货舱的类型：

(a)

(b)

(c)

第 **5** 章

危险货物运输环节

 **引导案例**

一起危险货物集装箱瞒报运输事故

2003 年 5 月 28 日清晨,浙江台州籍"华顶山"号集装箱轮在驶往广州黄埔港的途中,在台湾海峡南碇岛附近发生火灾,船上所载名为"氧化铁"的货物发生燃烧,同日 19 时船舶沉没,船载集装箱全部落水。6 月 12 日,"华顶山"轮打捞出水,至 6 月 18 日,共打捞起 141 个集装箱,有 2 个集装箱下落不明。据事后调查,该轮起火舱室实际所装货物并非氧化铁,而是 4.2 类易自燃危险货物连二亚硫酸钠,俗称"保险粉"。此次火灾事故的起火原因是违规运输保险粉,在装箱运输过程中相对湿度大、温度高、通风不良、箱体破损,使保险粉吸入湿气而受潮,保险粉分解聚热产生自燃而引起火灾事故。这是一起严重违反危险品运输规定的责任事故。

案例解析:

随着集装箱运输的迅猛发展,由船载集装箱危险货物谎报、瞒报引发的火灾事故以及发生泄漏导致的人身伤亡事故呈增多趋势,这固然有危险货物贸易不断增长的影响,但最主要的还是一些托运人唯利是图,故意将危险货物以一般货物托运,导致承运人在未知的情况下配载不当、不注意运输条件、不能及时采取应急措施而引发恶性事故。

本案例涉及的主要知识点:危险货物的申报。

学习导航

重点掌握危险货物的运输程序、相关作业和各种单证内容。

教学建议

本章的备课要点:教学以理论为主,讲解危险货物的运输单证及其申报、危险货物的托运要求、危险货物的装卸和储存、危险货物运输的监督管理等内容。采用多媒体教学和案例教学。建议授课学时为 8 学时。

5.1 危险货物的运输单证及申报

5.1.1 危险货物的运输单证

危险货物运输单证是由适用于相应运输方式的国际公约、规则及国家立法对有关各方责任和义务所确立的。基本要求是在便利运输前提下,提供危险货物的基本信息和符合有关要求的证明。

1. 危险货物运输单证要求的信息

1）一般要求

（1）正确的运输名称。正确的运输名称即 SOLAS 公约第Ⅶ章第 4、5 条所要求的"正确的技术名称"。在危险货物一览表中列出正确的运输名称,包括如下内容。

物质的学名：即在科学上能表明一种物质的化学组成和结构特征的名称,有时也包括适当的限定词,如过氧化钠、2-甲基-2-戊醇、硫、烷基苯磺酸,固体的过氧硼酸钠,无水的氯乙酸,熔融的、抑制了的丁酸乙烯酯。

物品的名称：如空投照明弹、飞行器液压动力装置燃料箱、打火机充气罐、锂蓄电池等。

商品名称：对于结构和组成复杂的物质和混合物,有的可以使用商品名称,如香水产品、胶合剂等;对某些爆炸品使用军事名称,如毒性弹药、武器弹药筒等。

通用名称又分成如下两种。

① 确定类属的,如溴化汞类、异庚醇类、氟代甲苯类;对农药类使用 ISO 在《农药毒性分类及指南》中推荐的名称或活性物质名称,如有机磷农药,液体的,有毒的;铜基农药,液体的,有毒的。

② 未另列明的,如有毒固体,氧化性,未另列明的;金属粉,易燃的,未另列明的。

（2）类别及分类。对第 1 类还应有配装类;对具有副危险性的气体,还应有"易燃性""氧化性""有毒的"及/或"腐蚀性"字样;对限量运输（不超过 1000cm³）的烟雾剂类（UN1950）,作为"第 2 类"。

（3）冠以"UN"的联合国编号。

（4）包装类;和。

（5）危险货物的件数、包装类型及危险货物总量（体积或重量,对第 1 类写明内容物的净重）。

2）特殊要求

对危险货物运输单证的特殊要求包括如下内容。

① 除 5.2 类外,应标出 60 ℃ 或以下的闭杯闪点。

② 正确的运输名称中未显示的副危险性。

③ 如适用,注明"海洋污染物";如以通用条目申报,应在括号内注明被认可的海洋污染物化学名称。

3）某些类别危险货物的特殊要求

（1）爆炸品。

① 使用通用条目运输的爆炸品,包括"爆炸性物质,未另列明的""爆炸性物品,未另列明的"和"导爆索,未另列明的"这些没有具体条目的,生产国主管机关应使用适当的危险性

分类和配装类的条目，而且在运输单证上注明"在××国主管机关批准条目的规定下装运"，其后应显示该国的国际机动车辆识别代码。

② 对于在适用的条目中规定有水或减敏剂含量限制的爆炸品，在所含的水或减敏剂低于最低含量时，应禁止运输，只有在生产国主管机关特批后才能运输，而且在运输单证上注明"在××国主管机关批准条目的规定下装运"，其后应显示该国的国际机动车辆识别代码。

③ 当爆炸品是使用经主管机关批准的包装时，运输单证上应注明"由××国主管机关批准的包装"，其后应显示该国的国际机动车辆识别代码。

④ 有些危险性在分类和配装类中未显示出，托运人应在运输单证中注明。

⑤ 对于体积大于 1000mL 的烟雾剂，应在运输单证中注明。

（2）自反应物质和有机过氧化物。

① 在运输期间需控制温度的自反应物质和有机过氧化物应在运输单证中写明控制温度和应急温度；

② 对主管机关批准免除爆炸品副标志的某些自反应物质和有机过氧化物，应在运输单证中注明；

③ 对于需要在批准条件下运输的自反应物质和有机过氧化物，应在单证中注明；

④ 对于运输自反应物质和有机过氧化物的样品，应在单证中注明。

（3）感染性物质。

① 运输单证上应写明收货人的详细地址、负责人姓名及电话号码；

② 如需转运，运输单证上应写明飞机的航班、火车的车次、抵达空港/车站的名称和时间；

③ 如物质易于腐烂，应在运输单证上注明注意事项，如"保持冷藏，在＋2～＋4℃""保持冷冻"或"切勿结冰"。

（4）放射性物质。

① 正确的运输名称。

② 类别。

③ 冠以"UN"的联合国编号。

④ 每一种放射性核素的名称或符号，对于混合物用总体说明或限制最严格的核素名单。

⑤ 放射性物质物理和化学状态的说明，是否属于特殊形式。

⑥ 运输中放射性内容物的最大放射性活度（以 Bq 为单位并冠以适当的 SI 词头来表示；对裂变物质，放射性活度可以 g 或 g 的倍数为单位总质量数代替）。

⑦ 包件的分级（Ⅰ级：白色；Ⅱ级：黄色；Ⅲ级：黄色）。

⑧ 运输指数（适用于Ⅱ级和Ⅲ级）。

⑨ 限量内裂变物质应标明临界安全指数。

⑩ 主管机关批准证书（如特殊形式放射性物质、低弥散放射性物质、特殊安排、包件的设计或装运等）的识别标记。

⑪ 对于集合包件或集装箱，应标明其中的每一包件内容物；如果集合包件或集装箱中的某一包件在中途卸下，应单独提供运输单证。

⑫ 如放射性物质以独家使用方式托运,应注明"独家使用装运"。

⑬ 对于 LSA-Ⅱ、LSA-Ⅲ、SCO-Ⅰ和 SCO-Ⅱ以 A_2 的倍数为单位的总活度。

此外,发货人对承运人在操作上如果有要求,应使用承运人或主管机关认为合适的语言在运输单证中注明。

4) 其他的特殊要求

(1) 废弃物。除放射性废弃物外,如果是运输待处理或待加工和处理的废弃物,则应在正确的运输名称之前注明"废弃物"字样,除非已包括在正确的运输名称之内。

(2) 加温物质。对于运输或交付运输的物质,液体超过 100℃ 或固体超过 240℃,且在其正确的运输名称中没有"熔融"或"加温"一类的词表达出加温条件,应在正确的运输名称之前加上"热"字样。

(3) 限量运输。当托运的危险货物符合限量运输的规定时,托运说明中应有"限量"的字样。但对批准可以在运输单证中使用"第……类限量运输危险货物"代替正确的运输名称时,不另用"限量"字样。

(4) 救助包件。当危险货物在救助包件中运输时,在运输单证中对货物说明之后,注明"救助包件"字样。

(5) 未清洁的空包装和罐柜。对含有第 7 类以外的危险货物残余物的空包装(包括常规包装、中型散装容器、可移动罐柜、公路和铁路罐车),应在正确的运输名称之前或之后注明"空的,未经清洁的"字样。

(6) 熏蒸条件下的货物运输组件。对于熏蒸条件下的货物运输组件的运输单证应注明熏蒸的日期、熏蒸剂的类型和用量。同时,还要提供处理熏蒸剂和熏蒸器具的说明。

5) 经签署的声明

由托运人提交的危险货物运输单证中,还应记有或附有一份经有资格的人签署的声明,确认所托运的货物适合于运输,并已正确地加以分类、包装、标记和标志,各方面处于适运状态。

2. 运输单证上要求的信息排列顺序

在运输单证上要求的信息顺序可以自行安排,但正确的运输名称、类别、联合国编号及包装类应是优先且连续的。例如:

"甲酸,第 8 类,UN1779,包装类Ⅱ";

"易燃液体,未另列明的(乙醇及十二烷基苯酚),第 3 类,UN1993,包装类Ⅱ,(−18℃ c.c),海洋污染物"。

允许在一份单证上填写多种危险货物,也允许在一份单证上既有危险货物,又有非危险货物,但危险货物应列在前面或着重强调。

3. 运输单证的格式

按照 IMDG Code 的基本原则,各国可以通过国家立法的途径确立适用的运输单证格式。只要满足 IMDG Code 的要求,允许各国在运输单证的具体内容上有所差别。

5.1.2　危险货物的申报

危险货物的申报是安全管理中的一个重要环节,危险货物的托运人(货主)和承运人(船方)有各自的责任和义务。危险货物的申报可以分为:危险货物安全适运申报(货物适运)、船舶载运危险货物适装申报(船舶适装)。

1. 危险货物安全适运申报

危险货物托运人对拟交付装运的危险货物除了进行正确的包装及正确的标记、标志或标牌外,还应向主管机关进行申报,经批准后方可交付装运。承运人和管理部门也可据此来监督检查所交付运输的货物是否达到安全适运要求。

危险货物托运人(或代理人)应持危险货物申报员证书对拟交付船舶运输的危险货物按规定向海事部门办理出口货物安全适运申报手续。

1)申报单证

申报时必须递交危险货物安全适运申报单(见表 5-1 和表 5-2),此外,还需提供以下单证。

(1)危险货物包装检验证明书。

① 普通包装应提交进出口检验检疫机构出具的"海运出口危险货物包装容器性能鉴定结果单"和"海运出口危险货物包装容器使用鉴定结果单";

② 柔性中型散装容器提交进出口检验检疫机构出具的"集装袋性能鉴定结果单"和"集装袋使用鉴定结果单";

③ 可移动罐柜和刚性中型散装容器应提交船舶检验机构出具的检验证书;

④ 压力容器应提交锅炉压力容器安全监察部门出具的压力容器检验证书;

⑤ 放射性物质的包装应持有国家规定的检验部门出具的放射性货物剂量检查证明书。

(2)集装箱装运危险货物装箱证明书(见表 5-3)。适用于使用集装箱装运的危险货物,由装箱现场检查员签发。

(3)包装危险货物技术说明书(见表 5-4)。适用于托运感染性物质、放射性物质和按"未另列明的"条目运输的物质。如托运人认为有必要进一步说明所托运货物的性质,应提交说明书。如托运货物为新产品,托运人不仅要提交说明书,还要提交有关资料,经主管部门核定名称后,方可运输。

(4)放射性货物剂量检查证明。适用于放射性货物的运输。

(5)限量危险货物证明。适用于限量运输的危险货物。

(6)爆炸品运输证。适用于托运内贸民用爆炸品,由所在地县、市公安机关核发。

(7)单方或多方批准文件。进口或出口废弃物,托运人应事先向主管部门提交进、出口国和我国政府主管部门同意其转移的批准文件,以及载运废弃物的船舶及航行计划。船舶倾倒废弃物,倾倒单位应提供海洋部门的批准文件。出口需进、出口国或多方批准的危险货物,托运人应事先向主管机关提交有关资料,经批准后方可装运。

(8)空容器清洗证明。曾装运过危险货物的空容器或运输组件,在未彻底清洗或消除危害之前仍应作为危险货物办理申报。如果已经经过彻底清洗并消除危害,应提交清洗单位出具的"空容器清洗证明"。

(9)主管机关要求的其他资料和单证。

(10)散装液体危险货物,提交承运船舶适装证书、码头作业许可证、液态化学品货物技术说明书、液态危险货物添加剂证明。

2)申报的主要内容

需申报的主要内容有危险货物的正确运输名称、类别(包括小类)、联合国编号、包装类、包装种类和件数及总重量、副危险性、闪点、海洋污染物、控制温度和应急温度、应急措施编号、交付装运货物的形式、装货港、卸货港、紧急联系的通信方法等及其他相关信息。

表 5-1 危险货物安全适运申报单

Declaration on Safety and Fitness of Dangerous Goods

（包装/固体散装危险货物）

(Packaged/Solid in Bulk)

发货人： Shipper：	收货人： Consignee：	承运人： Carrier：
船名和航次： Ship's Name and Voyage：	装货港： Port of Loading：	卸货港： Port of Discharging：

| 货物标记和编号，如适用，组件的识别符号或登记号 Marks & Nos. of the goods, if applicable, identification or registration number（s）of the unit | 正确运输名称＊、危险类别、危规编号、包装类＊＊、包件的种类和数量、闪点℃（闭杯）＊＊、控制及应急温度＊＊、货物为海洋污染物＊＊、应急措施编号和医疗应急指南表号＊＊＊
Proper shipping name＊, IMO hazard class/division, UN No., packaging group＊＊, number and kind of packages, flash point（℃ c.c）, control and emergency temperature＊＊, identification of the goods as MARINE POLLUTANT＊＊, Ems NO. and MFAG Table NO.＊＊＊ | 总重（kg）

净重/净量 Total weight（kg）

Netweight（kg） | 交付装运货物的形式：
Goods delivered as：
□杂货 Break bulk cargo
□成组件 Unitized cargo
□散货包装 Bulk packages
□散装固体 Solid in bulk

组件类型：
Type of unit：
□集装箱 Container
□车辆 Vehicle
□罐柜 Portable tank
□开敞式 Open
□封闭式 Close
如适合,在方格内画"×"
Insert"×"in appropriate box |
| ＊仅使用专利商标/商品名称是不够的,如适合：(1)应在品名前加"废弃物"；(2)"空的未经清洁的"或"含有残余物——上一次盛装物"；(3)"限量"
＊＊如需要,见《国际危规》第1卷第5.4.1.1款 ＊＊＊需要时
＊Proprietary/trade names alone are not sufficient. If applicable：(1)the word "WASTE" should proceed the name；(2)"EMPTY/UNCLEANED" or "RESIDUE-LAST CONTAINED"；(3)"LIMITED QUANTITY" should be added. ＊＊When required in item 5.4.1.1,volume 1 of the IMDG Code；＊＊＊When required. | | |

附送以下单证、资料、The following document(s) and information are submitted：
在某种情况下,需提供特殊材料证书,详见《国际危规》第1卷第5.4.4节。
In certain circumstances special information certificates arerequired, see paragraph 5.4.4, volume 1 of IMDG Code.

兹声明： 　　上述拟交付船舶装运的危险货物已按规定全部并准确地填写了正确运输名称、危规编号、分类、危险性和应急措施,需附单证齐全。包装危险货物,包装正确、质量完好；标记、标志/标牌正确、耐久。以上申报准确无误。 Declaration： 　　I hereby declare that the contents of declaration are fully and accurately described above by the proper shipping name, UN No. ,Class and EmS No. The goods are properly packaged, marked, labeled/placarded and are in all respects in good condition for transport by sea. 申报员（签字）： Declarer signature：_____ 证书编号： Certificate No. _____	主管机关签注栏： Remarks by the Administration： 申报单位签章 Seal of Declaration Unit 年　　月　　日 Year　Month　Date
紧急联系人姓名： Emergency Contact Person's Name：	电话： Tel：
传真： Fax：	电子邮箱： E-mail：

此申报单一式三份,其中两份申报人留持和分送承运船舶,一份留主管机关存查。

This declaration should be made in tripartite, one is kept by the Administration for file, and two for the declarer and the ship respectively.

表 5-2　危险货物安全适运申报单

Declaration on Safety and Fitness of Dangerous Goods

（散装液体物质）

（Bulk Liquids）

发货人（名称、地址）： Shipper(name,address)：	承运人名称（或其代理人）： Carrier(or its agent)：		
货物种类（在相应的方框内填上"×"）： Kinds of goods (Insert"×"in appropriate box)：	□散化 Bulk chemical	□液化气 Liquefied gas	□散装油类 Bulk oil
船名： Ship's name：	航次： Voyage No.：		
装货港： Port of Loading：	卸货港： Port of Discharging：		

正确运输名称※；污染物类别；危规编号；数量；闪点（闭杯）；可燃上下限；自燃温度；沸点；液体相对密度；蒸气密度；蒸气压力（20℃/37.8℃）；水中溶解度；黏度；酸度；TLV(ppm)；LC_{50}；LD_{50}（口服/皮肤）；导电率(ps/m)；液化温度和压力

Proper Shipping Name ※；IMO Pollution Category；UN No.；Quantity；Flash Point (closed cup)；Flammability Limits；Autoignition Temperature；Boiling Point；Relative Density of Liquid；Vapour Density；Vapour Pressure；Solubility in Water；Viscosity；Acidity；TLV(ppm)；LC_{50}；LD_{50}（oral/skin）；Conductivity(ps/m)；Temperature & Pressure of Liquefaction

注：以上货物特性根据货物种类填写合适项目。 Remarks：Please fill in the proper columns with cargo properties according to the cargo classification.	※不能仅使用贸易或专利名称。 Proprietary/trade names alone are not sufficient.

附加资料： Additional information：
货物反应性： Reactivity of the cargo：
应急措施（溢漏需采取的措施、有效灭火剂、其他应急措施）： Emergency measures(The measures taken for spill,effective fire extinguishing agent and other emergency measures)：
人员防护： Personnel Protection：

声明： 　　已按规定全部并准确地填写了上述拟交付船舶载运的危险货物的正确名称、危规编号、危险特性等应申报事项,货物在各方面均符合安全适运条件。以上申报准确无误。 Declaration： 　　I hereby declare that declaration is fully and accurately described above by the proper shipping name,UN No. ,hazards property,etc. The goods is in all respects in good condition for transport by sea. 申报员（签字）： Declarer(signature)： 申报员证书编号： Declarer certificate NO.：	主管机关签注栏： Remarks by the Administration： 申报单位名称（盖章） Name of Declare Unit(seal) 填报日期： Applying Date：

紧急联系人姓名 Emergency Contact person's Name		电话 Tel	
传真 Fax		电子邮箱 E-mail	

此申报单一式三份,其中两份申报人留持和分送承运船舶,一份留主管机关存查。

This declaration should be made in tripartite,one is kept by the Administration for file,and two for the declarer and the ship respectively.

表 5-3　集装箱装运危险货物装箱证明书

CONTAINER PACKING CERTIFICATE

船名 Ship's name		航次 Voyage no.		目的港 Port of destination		
集装箱编号 Container serial No.						
集装箱所装危险货物 Dangerous Goods Packed Therein						
品名 Proper Shipping name	联合国编号 UN No.	危险货物类别 IMDG Code Class	包装 Packing	件数 Package Quantity	箱数 Total of Container	总量 Total Weight

兹证明：装箱现场检查员已根据《国际海运危险货物规则》的要求，对上述集装箱和箱内所装危险货物及货物在箱内的积载情况进行了检查。并声明如下：

1. 集装箱清洁、干燥，外观上适合装货。
2. 如果托运货物中包括除第 1.4 类外的第 1 类货物，集装箱在结构上符合《国际危规》第 1 类绪论中第 12 节的规定。
3. 集装箱内未装有不相容的物质，除非经有关主管机关按第 12.2.1 节的规定批准者外。
4. 所有包装均已经过外观破损检查，装箱的包件完好无损。
5. 所有包件装箱正确，衬垫、加固合理。
6. 当散装危险货物装入集装箱时，货物已均匀地分布在集装箱内。
7. 集装箱和所装入的包件均已正确地加以标记、标志和标牌。
8. 当将固体二氧化碳（干冰）用于冷却目的时，在集装箱外部门端明显处已显示标记或标志，注明："内有危险气体——二氧化碳（干冰），进入之前务必彻底通风"。
9. 对集装箱内所装的每票危险货物，已经收到根据《国际危规》总论第 9.4 节所要求的危险货物申报单。

This is certify that above mentioned container, dangerous goods packed therein and their stowage condition have been inspected by the undersigned packing inspector according to the provision of INTER-NATIONAL MARITIME DANGEROUS GOODS CODE and to declare that：

1. The container was clean, dry and apparently fit to receive the goods.
2. If the consignments include goods of class 1 except division1. 4, the container is structurally serviceable in conformity with section 12 of the introduction to class 1 of the IMDG Code.
3. No incompatible goods have been packed into container, unless approved by the competent authority concerned in accordance with12. 2. 1.
4. All packages have been externally inspected for damage, and only sound packages have been packed.
5. All packages have been properly packed in container and secured, dunnaged.
6. When dangerous goods are transported in bulk packagings, the cargo has been evenly distributed in the container.
7. The container and packages therein are properly marked, labelled and placarded.
8. When solid carbon dioxide (dry ice) is used for cooling purpose , the container is externally marked or labelled in a conspicuous place at the door and with the words：'DANGEROUS GAS-CO_2（DRY ICE）INSIDE，VENTILATE THOROUGIILY BEFORE ENTEROMG".
9. The dangerousgoods declaration required in subsection 9. 4 of General Introduction to the International Maritime Dangerous Goods code （IMDE Code）has been received for each dangerous Goods consignment packed in the container.

以上各项准确无误。
装箱现场检查员签字：
Signature of packing inspector：
装箱现场检查员证书编号：
No. of certificate of packing inspector：
装箱日期：
Date of packing：

That all stated above are correct.
检查地点：
Place of Inspection
装箱单位（公章）：
Packing unit （seal）
签发日期：
Date of Issue：

此证明书应由装箱现场检查员填写一式两份，一份于集装箱装船三天前向港务监督提交，另一份应在办理集装箱移交时交承运人。

Tow copies of the certificate should be filled by the packing inspector. One should be submitted to Harbour Superintendency. Administration three days prior to shipment and the other should be given to the carrier on container on container delivery.

表 5-4　包装危险货物技术说明书

Technical description of Dangerous Goods in Packaged Form

货物正确技术名称 Correct technical name of the goods	（中文） Chinese	商业名称 Trade name		生产单位签章（包括生产单位主管部门） Manufacturer's seal (including administrative department of manufacturer)
	（英文） English			
联合国编号/国内危规编号 UN No.		主要成分（化学式） Main components (formula)		
理化性质和主要危险性 * Physical and chemical properties and main hazards				鉴定单位意见： Remarks by testing organization
产品用途 Purposes of the product				
包装方法** Packaging				
船舶装运安全措施与注意 事项 Safety measures and precautions for carriage by ships				托运单位： Shipper
急救措施 Emergency medical treatment				
灭火方法 Method for fire fighting				托运日期： Date of shipping
撒漏处理方法 Method to deal with leakage				

注：＊单一物质注明化学式，混合物注明主要成分。

性质应包括状态、色、味、比重、熔点、闪点、爆炸极限、中毒最大浓度、致死量及危险程度，并附技术检验部门的检查报告。

该种货物本身危害特性和与其他货物的相容性，说明在遇到某种货物时易发生的危险。

Formula should be indicated for a single substance and main components for a mixture.

Properties should include state, color, odour, melting point, flash point, explosion limits, poisonous concentration, LD_{50}/LC_{50}.

The testing reports issued by technical inspection organizations should be attached.

Compatibility between the cargo and others; description of the danger of the cargo in contact with others.

＊＊包装方法应说明包装的材质、状态、厚度、封口、内部衬物、外部加固情况及单位重量等。

Packaging should include: material, state, thickness, closure, inner lining, outer securing and unit weight.

2. 船载危险货物申报的程序和要求

根据《中华人民共和国港口法》的配套法规《港口危险货物安全管理规定》（于2013年2月1日生效），托运人应向承运人提供危险货物安全适运的资料。从事危险货物港口作业的企业在作业开始24小时前将危险货物品名、数量、理化性质、作业地点和时间、安全防范措施等事项报告给所在地港口行政管理部门，港口行政管理部门应及时将有关信息通报海事管理机构。这是托运人向承运人和管理部门做出的一种承诺，承运人和管理部门也据此来检查或监督所交付运输的危险货物是否达到安全适运的要求。

根据《船舶载运危险货物安全监督管理规定》，船舶载运危险货物进出港口，或在港口过境停留，应当在进出港之前提前24小时，直接或者通过代理人向海事管理机构办理申报手续，经海事管理机构批准后，方可进出港口。国际航行船舶还应按照国务院颁布的《国际航行船舶进出中华人民共和国口岸检查办法》第六条规定的时间提前提交报告。这就要求载运危险货物的国际航行船舶在船舶预计抵达口岸7日前（航程不足7日的，在驶离上一口岸时）由船方或其代理人填写国际航行船舶进口岸申请书，报请抵达港口的海事管理机构审批，提前进行危险货物的预报告。

定船舶、定航线和定货种的船舶可办理定期申报，定期申报期限不超过一个月。

办理申报手续可采用电子数据处理（EDP）或者电子数据交换（EDI）的方式。

1）申报单证

申报时递交船舶载运危险货物申报单，并提供以下相应的单证：

（1）危险货物安全适运申报单（货物申报审批签发的其中一份）；

（2）危险货物舱单或积载图；

（3）集装箱装箱证明书；

（4）载运危险货物特殊要求的合格证书或证明文件；

（5）油船还需提供国际防止油污证书（IOPP证书）、油类记录簿（ORB）和船上油污应急计划（SOPEP）；

（6）散装液体化学品船舶还需提供国际散装运输危险化学品适装证书（COF证书）或散装运输危险化学品适装证书（COF证书）、国际防止散装运输有毒液体物质污染证书（NLS证书）、排放有毒液体物质的程序和布置手册（P&A手册）、散装运输有毒液体物质船舶货物记录簿（CRB）、船上海洋污染应急计划（适用时）、散装液态化学品货物技术说明书、液态危险货物添加剂证明等；

（7）散装液化气体船舶还需提供国际散装运输液化气体适装证书（COF证书）；

（8）主管机关要求的其他资料和单证。

2）申报的主要内容

申报的内容主要为：船名、预计进出港的时间，所载危险货物的正确运输名称、联合国编号、类别、数量、特性、包装、装载位置等。船方还应提供所持有的安全适航、适装、适运、防污染证书或文书的情况。

对于装有危险货物的集装箱，船舶需提供经集装箱检查员签名确认的集装箱装箱证明书。

对于易燃、易爆、易腐蚀、剧毒、放射性、感染性、污染危害性等危险品，船舶应当在申报时附具相应的危险货物安全技术说明书、安全作业事项、人员防护、应急急救和泄漏处置措施等资料。

对于载运需经国家其他有关主管部门批准的危险货物，或需经两国或多国有关主管部门批准的危险货物，应在装货前取得相应的批准文书并向海事管理机构备案。

对于从境外载运有害废料进口或向境外出口有害废弃物，都应事先向海事管理部门提交书面报告及有关各国政府准许的书面材料。

对于核动力船舶、载运放射性危险货物的船舶以及 5 万总吨以上的油轮、散装化学品船、散装液化气船从境外驶向我国领海的，不论其是否挂靠中国港口，均应当在驶入中国领海之前，向中国船位报告中心通报船名、危险货物的名称、装载数量、预计驶入的时间和概位、挂靠中国的第一个港口或者声明过境。挂靠中国港口的上述船舶还应在抵港前提前 24 小时向海事管理机构正式申报。

对于《国际危规》和我国"危险货物品名表"内未列有，但又具有危险物质特性的货物，也应按规定办理进出港口申报。

危险货物的申报必须在规定的时限内进行。

危险货物申报单证作为随船文件，填写应正规，外贸申报单证要求中英文对照，除了用中文正确注明运输名称外，其他内容应打印。

凡托运、装载《国际危规》中被列入海洋污染物的危险货物时，应在申报单和其他有关单证上注明"海洋污染物"字样；运输废弃物，则应注明"废弃物"字样。

运输具有化学危险性的散装固体货物和仅在散装运输时会产生危险的货物(MHB)，也应按申报规定向海事管理机构办理申报。该 MHB 物质在申报单中联合国编号一栏里，应填写 BC 编号。

船舶载运危险货物申报单一式三份，经海事管理部门审批或签证后，一份留海事部门存查，一份留申报人保存，另一份申报人(或委托其代理人)转送港口作业单位。

3. 海事部门对危险货物申报的管理

对船载危险货物运输实施全面的安全监督管理是保证船舶运输安全的重要措施，也是国家通过法律赋予海事管理部门的重要职责之一。危险货物申报是船舶运输危险货物安全监督管理的重要环节。根据规定，载运危险货物的船舶、托运人或其代理人应向海事部门办理申报手续；海事部门则应根据申报材料及时掌握、分析和整理危险货物的有关信息，及时向港口行政部门通报；对载运危险货物申报进出港口或过境停留予以核准；对危险货物装卸作业进行核实。

根据《船舶载运危险货物安全监督管理规定》，海事管理机构接到报告后，应当及时将有关信息通报港口所在地的港口行政管理部门。海事部门在危险货物申报方面加强与港口行政管理部门之间的沟通，并根据实际情况，对信息的内容、通报的方式以及通报的程序，与港口行政管理部门取得一致。

危险货物申报是一项行政审批制度，海事管理机构作为行政人对危险货物申报所作出的行政决定，与申报人——行政相对人一样，在程序上和实体上必须符合相关法律、法规的要求。《船舶载运危险货物安全监督管理规定》要求海事管理机构在收到船舶载运危险货物进出港口的申报后，应当在 24 小时内做出批准或者不批准船舶进、出港口的决定。

对于申报资料明确显示船舶处于安全适航、适装状态以及所载危险货物属于安全状态的，海事管理机构应当批准船舶进、出港口。对有下列情形之一的，海事管理机构应当禁止船舶进、出港口：

（1）船舶未按规定办理申报手续；

（2）申报显示船舶未持有有效的安全适航、适装证书和防污染证书，或者货物未达到安全适运要求或者单证不全；

（3）按规定尚需国家有关主管部门或者进出口国家的主管机关同意后方能载运进、出口的货物，在未办理完有关手续之前；

（4）船舶所载危险货物系国家法律、行政法规禁止通过水路运输的；

（5）本港尚不具备相应的安全航行、停泊、作业条件或者相应的应急、防污染、保安等措施的；

（6）交通部规定不允许船舶进出港口的其他情形。

海事管理机构对船舶危险货物申报所做出的批准或不批准进、出港口的行政决定，应及时送达行政相对人——船方。

5.2　危险货物的托运

5.2.1　危险货物的标记、标志和标牌

为了在运输过程中使各环节涉及的人员能快速、准确地识别危险货物，应在托运前对装载危险货物的包件（包括中型散装容器和大宗包装）、货物运输组件，根据其内容物和危险性粘贴标记、标志和标牌。

1. 包件的标记

1）标记的内容

与包装本身的标记（即包装的制造标记）不同，包件的标记是对内容物做出说明，即使用说明。危险货物包件上显示的正确标记的主要内容为危险货物的正确的运输名称和冠以"UN"字母的联合国编号，如"腐蚀性液体，酸性，有机的，未另列明的（辛酰氯），UN3265"。

此外，其他需要标记的内容有：①对于第1.4类，配装类S的货物，除非贴有"1.4S"的标志，否则应标示类别和配装类；②救助包装还应贴有"救助（SALVAGE）"字样。

2）标记的要求

包件的标记应满足以下要求。

（1）明显可见且易于识别。

（2）在海水中浸泡至少3个月后，内容仍清晰可辨；在考虑适当的标记方法时，应考虑所用的包装材料及包装表面的耐久性；容积超过450L的中型散装容器应在相对的两侧标记。

（3）与包装外表面的背景形成鲜明的颜色对比。

（4）不应与可能大大降低其效果的其他包件标志放在一起。

（5）对于非包装物品，应在物品、支架或操纵、储存或吊放装置上加以标记。

3）海洋污染物标记

装有海洋污染物的包件应耐久地标有海洋污染物的标记（见图5-1）。以下两种情况例外：①液体内装物，净重5L或以

图 5-1　海洋污染物标记

下；②固体内装物,净重 5kg 或以下。

用于包件的标记尺寸至少为 100mm×100mm,但只能使用较小者除外。海洋污染物标记的颜色应与包件形成鲜明的对照,如为粘贴标记应为 黑白两色。

4）放射性物质的标记

（1）装有放射性物质的包件应在其外表面标出易识别的、耐久的、用以确认发货人/收货人或两者的标记。

（2）对于被免除的包件也要求冠以"UN"开头的联合国编号。

（3）每一超过 50kg 的包件都应在其外表用易识别的、耐久的标记标出所允许的最大总重。

（4）对于 1 型、2 型、3 型和 A 型包件,应在外表面用易识别的、耐久的方法分别标出"IP-1 型""IP-2 型""IP-3 型"和"A 型"字样。其中"IP-2 型""IP-3 型"和"A 型"的工业包件设计,设计证书颁发国的国际车辆代码（VRI 代码）和生产者的名称,或其他主管机关规定的包件标记应在其包装外表面用易识别、耐久的标记标出。

（5）任何其设计需经主管机关批准的包件均应在其包装外表面用易识别、耐久的方法标出：①主管机关指定的该包件设计识别标记；②该设计每一包件的唯一系列号；③B（U）型或 B（M）型包件设计应标上相应的"B（U）型"或"B（M）型"字样；④C 型包件设计应标上相应的"C 型"字样；每一 B（U）型、B（M）型或 C 型包件还应具有耐火、防水的最外层容器,其上应有凹凸印、压印或其他方法醒目标出三叶型符号（见图 5-2）。

（6）当 LSA-Ⅰ或 SCO-Ⅰ物质以包装形式且为独家使用运输时,外表面应相应地标出"RADIOACTIVE（放射性的）LSA-Ⅰ"或 "RADIOACTIVE（放射性的）SCO-Ⅰ"标记。

5）可免除限量标记和限量标记

（1）可免除限量标记。"可免限除量"系指危险货物可按照 IMDG Code 第 3.5 章的规定免除部分要求进行运输的最大量。关于可免除限量标记的内容有：含有可免除限量危险货物的包件须清晰地标有如图 5-3 所示的标记。包件内含有的危险货物的主危险性需显示于标记中。如果有关发货人或收货人的名称未在其他处显示,则需包括在标记之中。图 5-3 中,斜影线和符号使用同一颜色,黑或红；背景为白色或其他反差明显的颜色。＊处显

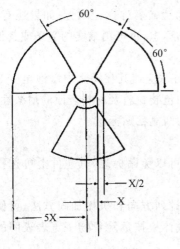

图 5-2　三叶型符号标记

图 5-3　可免除限量标记

显示类别或已指定的分类；**处显示发货人或收货人的名称（如未在包件的其他处显示）。标记的规格须最小为 100mm×100mm。

（2）限量危险货物包件标记。装运限量内危险货物的包件无须显示内装物的海洋污染物标记和标志、正确运输名称和 UN 编号，但须显示如图 5-4 所示的标记。标记的顶部、底部和边缘线为黑色，中间区域为白色或与背景形成鲜明反差的适当颜色。最小尺寸为 100mm×100mm，四方形线的最小宽度为 2mm。如果包件尺寸受限，尺寸可以减少至 50mm×50mm，但须确保标记内容清晰可辨。

2. 包件的标志

危险货物的标志是在包件上使用图案和相应的说明描述所装危险货物的危险性和危险程度。危险货物标志按使用分为主标志和副标志。标志的例图如图 5-5 所示。

图 5-4　限量标记　　　　图 5-5　危险货物包装 标志例图

1）标志的要求

（1）除非包件的尺寸太小，标志不应小于 100mm×100mm。标志呈正方形、菱形放置。距每个标志外缘线 5mm 处，有一条与其平行、与符号颜色相同的线。

（2）标志应与包件形成鲜明的颜色对比且所有标志上的符号、文字和号码应用黑色表示，但第 8 类的标志、文字和类别号用白色；当标志的底色全部为绿色、红色或蓝色时，符号、文字和号码可以用白色。

（3）每一标志应足够大，贴在包件表面靠近正确运输名称标记附近；如果还有副标志，应与主标志紧挨；如包件形状和尺寸的原因无法粘贴标志，也可用结实的笺条或其他方法固定在包件上。

（4）装有危险货物的包件上粘贴或涂刷标志的方法应使其在海水中浸泡至少 3 个月仍清晰可辨。在使用适当的标志方法时，还应考虑所用包装材料及材料表面的耐久性。

（5）容量超过 450L 的中型散装容器应在相对的两侧粘贴标志。

2）某些类别标志的特殊要求

（1）第 1 类的第 1.4 小类，配装类 S 的爆炸品，可以免贴标志，其包件上可选择标记为 1.4S。

（2）对气体钢瓶，考虑到它的形状、运输采用的排列方向和机械加固方法，可使用较小的标志，但须标在钢瓶的肩部。对具有副危险性的气体应按危险货物一览表表明的副危险性进行标志。

（3）装有 4.1 类自反应物质的包件应粘贴爆炸品副标志。除非主管机关根据能够证明该自反应物质在该包装中不会产生爆炸可能的试验数据免除该标志。

（4）对装有 B、C、D、E 或 F 型有机过氧化物的包件须贴有第 5.2 类标志。这个标志已隐含易燃的副危险性，所以无须贴第 3 类副标志。但 B 型有机过氧化物应粘贴爆炸品副危险性标志，除非主管机关因为试验数据已证明该有机过氧化物在此包件内不显示爆炸性能，批准免除这种副标志；所装的有机过氧化物如符合第 8 类的标准时，需粘贴腐蚀性副危险性标志。

（5）对感染性物质包件除主标志外，还应根据内装物的性质，粘贴其他相应的标志。

（6）放射性物质的标志应有"放射性物质"字样，还应有以下内容。

① 内装物：除 LSA-Ⅰ物质只需有"LSA-Ⅰ"字样，放射性核素不必写出外，标志上应显示放射性核素的名称；对于混合物，限制严格的所有放射性核素都应列出。在放射性核素名称之后显示相应的"LSA-Ⅱ""LSA-Ⅲ""SCO-Ⅰ"或"SCO-Ⅱ"字样。

② 放射性活度（强度）：所装的放射性内装物最大放射性活度以"Bq（贝克）"为单位并冠以合适的 SI（国际单位制）词头；对于裂变物质，可以以 g（克）或以 g 的倍数为单位表示的质量数来代替放射性活度。

③ 运输指数和临界安全指数：Ⅰ级白色标志无须标注运输指数，对于Ⅱ级和Ⅲ级黄色标志须具有运输指数。裂变物质应有临界安全指数。

（7）第 8 类如所具有的"毒性"仅限于引起生物组织的破坏，则不需贴带有第 6.1 类的副危险标志。

（8）在拟用于冷藏液化气体运输的低温容器的两个相对侧面，须加方向标志。方向标志如图 5-6 所示，标准格式为 74mm × 105mm 的长方形，如因包件的大小要求，只要它们保持清晰可见，该标志的尺寸可以改变。

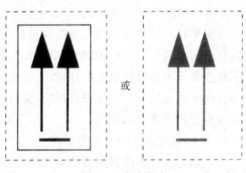

图 5-6　方向标志

3. 货物运输组件的标记和标牌

如果标贴在包件上的标记从货物运输组件的外表面不能清楚地看见的话，应将放大的标记标贴在货物运输组件的外表面上，以提醒人们在组件内装有危险货物。

1）货物运输组件标记

（1）标记的内容。

① 正确的运输名称：在装有危险货物的运输组件（包括散货包装）的至少两侧应显示内装物的正确运输名称。

② 联合国编号：除第 1 类外，应在下列货物运输组件上显示联合国编号：装运固体、液体或气体危险货物的罐柜，包括多隔间罐柜货物运输组件的每个隔间上；包装危险货物，总重超过 4000kg，并针对该货物只有一个联合国编号，而且是货物运输组件中唯一的危险货物；在车辆、集装箱或罐柜中未包装的第 7 类 LSA-Ⅰ、SCO-Ⅰ的物质；在车辆（内或上）或货物集装箱内，具有唯一联合国编号的包装放射性物质，且在独家使用条件下运输；在散装容器内的固体危险物质。联合国编号应用黑色数字表示，数字高度不小于 65mm，而且与主要危险类别标牌下半部分白色背景颜色相反；或显示于高不小于 120mm、宽不小于 300mm、

四周带有 10mm 黑框的橘黄色长方形板上,位置紧挨标牌或海洋污染物标记;当不需要标牌或海洋污染物标记时,联合国编号应紧挨正确运输名称。

含限量运输危险货物的货物运输组件不需要标记或标牌,仅要求在外表面适当位置标记高度不小于 65mm 的"限量"或"LTD QTY"字样。

(2) 加温标记。货物运输组件内的物质,如果运输或交付运输时温度等于或超过 100℃时仍为液体,或当运输或交付运输时温度等于或超过 240 ℃时仍为固态,这样的货物运输组件应在其各侧或各端粘贴加温标记(三角形,宽度不小于 250mm 且为红颜色边框,见图 5-7)。此外,紧挨着加温标记还应有运输过程中预计达到的最高温度的数值标记(字体高度至少为 100mm)。

(3) 货物运输组件的海洋污染物标记。装有海洋污染物包件的货物运输组件(即使包件本身不要求粘贴海洋污染物标记),货物运输组件外也 应粘贴海洋污染物标记。标记的尺寸至少为 250mm×250mm。

2) 货物运输组件的标牌

标牌在某种意义上就是放大了的标志。如果贴在包件上的标志从货物运输组件的外表面不能清楚地看见,应将放大的标志即标牌粘贴在货物运输组件的外表面上,以警告人们在组件内装有危险货物并存在危险。

标牌应不小于 250mm×250mm,并带有与符号颜色相同的线,该线距边缘向里 12.5mm,且与边缘平行。标牌应与每一危险货物标志的颜色及符号相匹配。在标志的下半部分的适当位置显示类别号(对第 1 类物质则为配装类字母),其数字的高度不应小于 25mm。

对于第 7 类放射性物质的标牌,上半部分的背景为黄色,下半部分的背景为白色,三叶形和其他字样为黑色。下半部分的"放射性"字样的使用是非强制性的,也可在这一位置上显示所装货物的联合国编号。

3) 货物运输组件的熏蒸警示牌

处于熏蒸条件下的封闭货物运输组件应在进门处显示熏蒸警示牌,能很容易地被要进入该组件的人员看到。内容包括熏蒸剂的名称、加入的时间和有效期。熏蒸警示牌为长方形,其宽度至少为 300mm,高度至少为 250mm,白底黑字(见图 5-8)。

图 5-7 加温标志

图 5-8 熏蒸警示牌

4. 集合包件和成组件、混合包装和未清洁的空包装的标记和标志

1) 集合包件和成组装载

集合包件,是指一个单独的发货人将一个或多个包件封起来,形成一个组件形式,用以方便运输中的装卸和积载。具体是采用放置或堆码在一个货板如托盘上，通过皮带捆扎、缩拢缠紧、绷紧或其他方式予以系固；或放入一个有保护性的外包装内，如箱子或板条箱。

成组装载，即一些包件被放置或堆码并采用捆扎、缩紧缠绕或其他合适的方法紧固在像托盘之类的货板上，或放置在如箱式托盘之类的外包装内，或永久固定合装在网络内。理论上要比集合包件范围大，但要求基本相同。

这两种形式都是方便托运和运输作业而产生的，它不应损害每个内含包件的盛装功能。

集合包件或成组装载内装的每一个危险货物的包件作为独立的危险货物包件都应按前面所述的要求进行标记和标志，最后形成的集合包件或成组装载还需对内装的每一种危险货物进行标记和标志，除非内装的每一种危险货物的标记和标志都能清晰可见。

2）混合包装

两种或两种以上的危险货物装在同一个外包装时，该包件应按每一种内装的危险货物进行标记和标志。如果所包括的危险性已反映在主标志上时，即不必再粘贴副危险性标志。

3）未经清洁的空包装

除盛装过放射性物质以外其他危险货物的空包装，如果没有经过有效清洗并驱除其中的蒸气，应按对该包装盛装危险货物的要求进行标记和标志。

用于放射性物质装运的罐柜和中型散装容器不应用于其他货物的装运，除非采取清除辐射污染措施，将辐射污染降至：对于 β 和 γ 辐射源及低毒 α 辐射源在 $0.4Bq/cm^2$ 以下；对于其他 α 辐射源在 $0.04Bq/cm^2$ 以下。含有放射性物质残余物或装有未经清洁的放射性物质空包装的空货物运输组件，应按对原装放射性物质的货物运输组件或包件适用的要求。

5.2.2 危险货物托运的温度控制要求

如果某些物质（如有机过氧化物或自反应物质）的温度超过其以包装形式运输时的特定值，就可能会自行加速分解，或许会发生猛烈爆炸。为了防止这种分解的发生，在运输中必须控制这种物质的温度。其他无须为安全原因进行控温的物质也可因商业需要在控温状态下运输。

某些特定物质温度控制的规定是基于假定在运输过程中，货物周围的环境温度不超过55℃，而且仅仅是每 24h 相对短的时间内达到这一温度。如果一种通常不需进行温度控制的物质装船运输，其环境温度可能超过 55℃，就可能需要控制温度，在这种情况下，就必须采取适当措施。

自行加速分解温度（Self-Accelerating Decomposition Temperature，SADT）是指用于运输包件中的自反应物质或有机过氧化物可能发生自行加速分解的最低温度。确定自行加速分解温度的方法是根据环境温度、分解动力学、包装尺寸及物质与包装的热传递性能诸多因素测定。

控制温度（Control Temperature）是自反应物质和有机过氧化物可以安全运输的最高温度。

应急温度（Emergency Temperature）是对温度失去控制的自反应物质和有机过氧化物实施应急措施的最高温度。

控制温度以物质的自行加速分解温度来确定，控制温度和应急温度的推算见表 5-5。

表 5-5　控制温度和应急温度推算表

容器类别	SADT/℃	控制温度	应急温度
单一包件和中型散装容器 IBCs	≤20	比 SADT 低 20℃	比 SADT 低 10℃
	20～35	比 SADT 低 15℃	比 SADT 低 10℃
	>35	比 SADT 低 10℃	比 SADT 低 5℃
可移动罐柜	<50	比 SADT 低 10℃	比 SADT 低 5℃

实际的运输温度可能比控制温度低一些,但这个温度的选择须避免发生危险性的物相分离。

在运输过程中,必须定期(至少每隔 4～6h)监测温度并记录温度读数。如果在运输过程中超过了控制温度,就必须采取一系列的紧急措施,其中包括修理冷却机械或加强冷却能力(比如添加液态或固态的致冷剂)。如果还是无法恢复足够的制冷能力,就必须采取紧急措施。

5.2.3　感染性物质的运输要求

(1) 感染性物质的运输要求发货人、承运人和收货人相互协作,以保证货物的安全运输,并以良好状态准时运至目的地。

(2) 在发货人、承运人和收货人三方达成协议之前,同时在收货人已经同其国家主管机关确认该物质能合法入境并且到港交付货物不会出现任何耽误之前,感染性物质不得发货。

(3) 托运 UN2814 和 UN2900 的物质,承运前必须经原产国、目的港国和过境国主管机关的批准。

(4) 为了单证安全、迅速地传送,发货应严格按照发送货物验收的管理规定,准备好所有的运输单证。

(5) 无论采用哪种运输方式,货物的载运应采用最直接的航线。

(6) 发货人应提前通知收货人货运细节,诸如运输方式和其他必要的运输信息,托运文件号码及预计到达目的港的日期和时间,以便货物迅速交接。这种通知应采用最快的通信方式。

(7) 对于 UN2814 和 UN2900,必须将逐项列出的内装物清单封装于中层包装和外包装之间。当拟装运的感染性物质情况未知但怀疑符合 A 标准,并归类为 UN2814 和 UN2900 时,须在外包装内文件上的正确运输名称后面,用圆括号注明"疑似 A 类感染性物质"。

(8) 承运人应完全了解所有关于感染性物质的包装、标志、载运和交付文件的现行规定。承运人应接受并按已生效的规定加快托运货物的运输,如果承运人发现标志和文件中有任何差错,应立即通知发货人或收货人,以便采取相应纠正措施。

(9) 收货人应从主管机关取得感染性物质的进口许可证,并必须向发货人提供其主管机关要求的进口许可证、认可文件或其他所需单证。一旦收到已知的或可疑的对人体或动物具有高度危险的感染性物质,收货人应立即采取最快的通信方式通知发货人。

5.2.4　放射性物质的运输要求

1. 装船前

任何盛装放射性物质的包件在首次装船前,应遵守以下规定:

(1) 如果盛装系统的设计压力超过 35kPa 表压,应确保每一包件的盛装系统符合经批准的在此压力下能保持其完整性的设计要求;

(2) 对于 B(U) 型、B(M) 型、C 型包件和每一盛装易裂变物质的包件,应确保屏蔽和密封的有效性,必要时其密封系统的热传导性也应在批准的设计限制之内;

(3) 对于盛装易裂变物质的包件,为了在正常运输和事故中能保持亚临界状态所应满足的要求,特别是当中子毒物作为该包件的组成部分时,应通过检测确认中子的存在和分布。

在放射性物质包件每次装运前,还应满足以下规定:

(1) 任何包件都应保证符合 IMDG Code 的所有有关规定;

(2) 包件上的任何起吊装置和附件应确保在其使用尤其是在突然起吊时不被损坏,而且一旦损坏不会导致包件毁损,否则应除去或使之不能用于起吊;

(3) B(U) 型、B(M) 型、C 型包件和盛装易裂变物质的包件,应满足其批准证书中的所有要求;

(4) B(U) 型、B(M) 型、C 型包件应维持原状,直到其已达到的平衡状态足以证明满足有关温度和压力规定,除非这些规定的免除已得到单方批准;

(5) B(U) 型、B(M) 型、C 型包件应通过适当的检查和试验确保包件的密封性;

(6) 对于特殊形式的放射性物质、低弥散放射性物质,应满足批准证书的所有要求。

2. 装船批准和预先通知

除了对包件设计需要批准外,在下列情况下还应得到装船批准或通知装运的主管机关。

(1) 除特殊情况外的多方批准。

① 对于不满足温度在 -40~70℃ 的变化范围内,包装材料的强度有所降低或专门为允许控制间歇通风而设计的 B(M) 型包件的装运。

② 所装放射性物质的活度超过 $3000A_1$、$3000A_2$(如适用)或 1000TBq(以较低者为准)的 B(M) 型包件的装运。

③ 装有易裂变物质的包件的装运,如果各单个包件临界安全指数的总和大于 50。

④ 为装运放射性物质的船舶制定的辐射防护程序。

(2) 对特殊安排的放射性物质包件的装船批准。对于不完全符合 IMDG Code 相关规定的托运,经主管机关批准,可以特殊安排方式运输。

(3) 需要通知主管机关的情况:

① 在首次装运前,发货人应确保主管机关批准的该包件设计证书副本,提交给拟经过或抵达的每个国家主管机关;

② 对于放射性活度超过 $3000A_1$ 或 $3000A_2$ 或 1000TBq 的 C 型包件、放射性活度超过 $3000A_1$ 或 $3000A_2$ 或 1000TBq 的 B(U) 型包件、所有 B(M) 型包件和特殊安排运输的包件,预先通知应在 7 天前。

预先通知的内容包括:有关包件的完备资料,包括证书号码和识别标记;装运、预期抵达时间及线路;放射性物质或核素的名称;放射性物质的物理、化学形态,是否为特殊形式或低弥散物质;内装物最大的放射性活度。

如果以上内容在装船批准申请书中都有,则可免除预先通知的要求。

3. 主管机关颁发的批准证书

需要主管机关颁发批准证书的情况如下。

① 设计上用于装运特殊形式放射性物质、低弥散放射性物质、0.1kg 或以上六氟化铀、裂变物质的包件;B(U)型、B(M)型、C 型包件,且应指定设计标识。

② 以特殊安排方式的运输。

③ 所有需要装船批准的装运。

批准证书既可针对包件又可针对装运,两者可合并成一个证书。对于不需要批准证书的包件,发货人应提供证明文件,证明该包件的设计符合有关规定。

5.2.5　海洋污染物的运输要求

运输海洋污染物应符合如下要求。

(1) 海洋污染物按照 MARPOL 73/78 附则Ⅲ的规定运输。

(2) 在 IMDG Code 英文索引 MP 栏中以字母 P 标记的物质、材料和物品被确定为海洋污染物。

(3) 在 IMDG Code 危险货物一览表第 4 栏同样使用符号 P 提供了关于海洋污染物的信息。

(4) 如满足第 1 类至第 8 类的任一标准,海洋污染物须根据其性质在相应的条目下运输。如果不满足这些类别的标准,除非在第 9 类中列有专门的条目,须酌情按下列条目运输:UN3077,对环境有害物质,固体的,未另列明的;UN3082,对环境有害物质,液体的,未另列明的。

(5) 如果一种物质、材料和物品具有符合海洋污染物标准的性质,但未在该规则中列明,此种物质、材料和物品须按该规则作为海洋污染物。

(6) 经主管机关批准,被该规则列明为海洋污染物,但不再符合海洋污染物标准的物质、材料和物品不需要按照该规则适用海洋污染物的规定运输。

(7) 装有海洋污染物的包件应耐久地标有"海洋污染物"(Marine Pollutant)的标记。

(8) 装有海洋污染物包件的货物运输组件,即使包件本身不要求张贴海洋污染物标记,货物运输组件外也应清楚地显示"海洋污染物"标记。

(9) 在运输单证上要注明"海洋污染物"字样。

5.2.6　废弃物的运输要求

1. 定义

这里的废弃物是指除了含有放射性物质或受其污染的物质、溶液、混合物或物品应受第 7 类放射性物质有关规定的约束外,属于其他类别的危险货物废弃物。

2. 废弃物的分类

如果废弃物仅含一种属于 IMDG Code 管辖的物质成分,应作为该类别危险货物对待。如果该废弃物所含成分的浓度继续呈现该成分本身固有的危险,应按适用的危险货物的类别和分类标准予以分类。

如果废弃物含有两种或多种属于 IMDG Code 管辖的物质成分,应通过测定或计算其理化及生理性质,得到的结果按相应的类别标准分类,或按主要危险性的成分并考虑危险性顺序表进行分类。

仅对海洋环境有危害的废弃物应按第 9 类"对环境有害物质,液体的,未另列明的,UN3082"或"对环境有害物质,固体的,未另列明的,UN3077"条目运输,并加注"废弃物"字样。

不属于 IMDG Code 管辖,但属于《巴塞尔公约》管辖的废弃物,可按上述条目运输。

3.《巴塞尔公约》对越境转移废弃物的规定

(1)允许越境转移的废弃物必须满足的条件:

① 原产地国主管机关已向最终目的地国发出通知或由生产商/出口商通过原产地国主管机关向最终的目的地国发出通知;

② 原产地国主管机关已收到最终目的地国书面同意废弃物将安全地焚烧或通过其他处置方法处理,并对该转移给予认可。

(2)单证要求。废弃物的越境转移除了应持有危险货物所有的单证外,还应持有一份废弃物转移单证。该单证应伴随废弃物从越境转移的起点至最终处理点,随时提供给有关的主管机关及涉及的运输作业的管理人员查验。

(3)使用货物运输组件的要求。使用货物运输组件装运固体散装废弃物必须得到原产地国主管机关批准。

(4)发生渗漏。一旦盛装废弃物的包件或货物运输组件发生渗漏或溢漏,应立即通知原产地国和目的地国主管机关并征求采取行动的建议。

5.2.7　限量内免除的危险货物的运输要求

限量内免除的危险货物运输是指对于危险性小、托运量较少的包装危险货物,在符合一定条件的情况下可以按限量免除条款进行运输。按限量免除条款进行运输的危险货物在一定程度可免除或降低一些运输要求。

1. 限量范围

不是所有的危险货物都适合限量内免除运输,在危险货物一览表第 7a 栏中的"0"指的是该物质或物品不允许按限量运输。一般来说,危险性大的物质不适合限量内免除运输,主要有:第 1 类爆炸品;具有易燃、毒害、氧化或腐蚀性危险的第 2 类气体(UN1950 的烟雾剂类除外);第 3 类液态退敏爆炸品(UN1204 除外);第 4.1 类自反应物质以及退敏爆炸品;第 4.2 类易自燃物质;要求温度控制的第 5.2 类有机过氧化物;第 6.2 类感染性物质;第 7 类放射性物质;规定使用包装类 I 的危险货物;第 9 类物质中,UN2212 和 UN2590 的石棉、UN2315 的多氯联苯类以及 UN3151 和 UN3152 的多卤联苯类和多卤三联苯类等。

在危险货物一览表第 7a 栏列出了可作为限量内免除运输的每种物质适用的内包装的具体限量数值。海洋污染物的限量规定,具有海洋污染特性的物质、材料或物品的内包装允许限量液体为不超过 5L,固体为不超过 5kg。

2. 托运要求

(1)包装。按照限量内要求运输的危险货物只能放入内包装,然后放在合适的、符合规定的外包装里。每一包件的总毛重不得超过 30kg;满足包装条件的可伸缩带覆盖的货盘可以作为物品的外包装或按照特殊规定盛装;危险货物的内包装如果易于破碎或穿孔,像玻璃、陶瓷、陶器、某种塑料等材料须置于合适的中性包装内,每一包件的总毛重不得超过 20kg。

（2）积载与隔离。按限量内规定所载运的危险货物被指定为积载类 A。

只要考虑到隔离规定，并且一旦有泄漏，货物之间不至于发生危险性反应，那么限量内运输的几种不同危险货物可以装于同一外包装之内；危险货物的一般隔离要求不适用于限量危险货物的包件隔离，或限量危险货物与其他危险货物之间的隔离。

5.2.8　可免除量的危险货物的运输要求

1. 定义

"可免除量"是指危险货物可按照 IMDG Code 第 3.5 章的规定免除部分要求进行运输的最大量。

可在危险货物一览表第 7b 栏 E0～E5 可免除量字母数字编码表（见表 5-6）中找到所对应的单个内包装和单个外包装允许装载的最大危险货物数量。

表 5-6　可免除量字母数字编码表

编码	每个内包装最大净重量（固体以 g 表示，液体和气体以 mL 表示）	每个外包装最大净重量（固体以 g 表示，液体和气体以 mL 表示，或对于混合物包装以 g 和 mL 之和表示）
E0	不允许作为可免除量	
E1	30	1000
E2	30	500
E3	30	300
E4	1	500
E5	1	300

2. 运输要求

可免除量运输并非完全免除危险货物的运输要求，而是放宽其运输条件。

（1）包装。

① 须具有内包装，并且每个内包装须由塑料制造或由玻璃、瓷器、陶器或金属制成，每个内包装的关闭装置须采用金属丝、胶带或其他有效手段紧固在位；具有模制螺纹瓶颈的容器须具有防泄漏的螺纹帽，关闭装置须是抗内装物作用的。

② 每个内包装须紧固地装于一具有衬垫材料的中间包装内，其包装的方式应使内包装在正常运输条件下不会破裂、穿孔或造成内装物泄漏，一旦发生破裂或泄漏，无论包装的方位如何，该中间包装须能完全包容内装物；对于液体危险货物，中间包装须含有足够的吸附材料来吸收内包装的全部内装物，此种情况下，吸附材料可以是衬垫材料；危险货物须不能与衬垫材料、吸附材料和包装材料发生危险反应或降低该材料的完整性或功能。

③ 中间包装须被紧固地装于一坚固刚性的外包装内（木制或由纤维板及其他具有相同坚固性的材料制成的）。

④ 每个包件的类型须符合包装试验的规定。

⑤ 每个包件的规格须有足够的空间来进行所有必要的标记。

⑥ 可以使用集合包装，并且集合包装也可以包含不适用于本规则规定的危险货物或其他货物。

（2）其他要求。

① 如果属于不同编码的可免除量的危险货物被装在一起,每个外包装的总量须按照最严格编码相对应的量进行限制。

② 含有可免除量危险货物的包件须经久、清晰地标有免除数量标记。包件内含有的危险货物的主危险性须显示于标记中。如果有关发货人或收货人的名称未在其他处显示,则须包括在标记中。

③ 任何货物运输组件含有的可免除量的危险货物包件的数目须不超过 1000 件。

④ 托运人必须在危险货物申报单上描述"可免除量的危险货物"字样和包件的数目。

⑤ 尽管在危险货物一览表中已标明了积载规定,可免除量危险货物须被指定为积载类 A。

⑥ 危险货物的一般隔离要求不适用于含有可免除量的包件或涉及其他危险货物的隔离规定。也不适用于装于同一外包装内的可免除量内的相互不会发生危险反应的不同的危险货物。

5.3　危险货物的承运

5.3.1　船舶应具备的条件

（1）自 1982 年 10 月 1 日起在我国国际航线上（包括港口装卸）执行 IMO 的《国际危规》后,交通部于 1983 年颁发了《关于装运危险货物船舶的技术条件的规定》,1984 年 1 月 1 日起在我国沿海港口装卸货物的国际航行船舶上试行。该规定的适用范围是:在我国沿海港口装卸货物的 500 总吨以上的国际船舶。

该规定的基本要求为:①验船部门检验合格;②舱室应为钢质结构,并符合防水防火有关规定要求;③对通风及通风机的要求;④对消防系统的要求;⑤对电子设备的要求;等等。

另外,对装运爆炸品、易燃气体、易燃液体、易燃固体或遇水时放出易燃气体的固体或物质、有机过氧化物等又有补充要求。对航行国内沿海、内河、湖泊的各类装运危险货物船舶的技术条件的要求,目前没有统一规定。由于船舶类型多,管理体制比较复杂,所以制定统一的技术条件还很困难。

500 总吨以下的船舶以及乡镇运输船舶、水泥船、木质船装运危险货物由当地主管机关批准并制定相应的安全措施。

（2）在国内航线上,客货船、客滚船搭载乘客时,原则上不得装运危险货物;确需装运时,船舶经营人应制定限额规定。制定限额规定时应考虑船型、船舶结构、船舶设备设施、货物种类、货物特性、各类货物总的数量及各种货类之间的相容性、积载隔离要求等。

5.3.2　船舶在航行、停泊、装卸时应遵守的规定

（1）装运危险货物的船舶,在航行中要严格遵守避碰规则。停泊、装卸时应按规定白天悬挂国际通用语信号"B"字旗或长方形红旗,夜间悬挂一盏红色环照灯。除指定地点外,严禁吸烟。

（2）装有爆炸品、一级易燃液体和有机过氧化物的船舶,原则上不得与其他驳船混合编

队、拖带。如必须混合编队、拖带时,船舶所有人或船舶经营人必须制定相应的船舶装载危险货物拖带混合编队规定,经海事管理机构批准后,报交通运输部备案。

（3）船舶自身的管理要确保船舶运输安全。装载易燃、易爆危险货物的船舶,不得进行明火、烧焊或易产生火花的修理作业。如有特殊情况,应采取相应的安全措施。在港时,应经海事管理机构批准并向港口公安消防监督机关备案;在航时,应经船长批准。

（4）除客货船外,装运危险货物的船舶不准搭乘旅客和无关人员。

（5）危险货物要严格按照危规的规定要求进行正确的积载与隔离。危险货物积载的位置,应不影响安全设备,如救生设备、消防航行信号、泵管系以及系泊设备等正常使用,并保证通道正常。

（6）船舶装载完毕后,应做如下几项工作。

① 编写所装载危险货物清单,清单内容有船名、航次、起运港、到达港、装船日期、货名、件数、重量、类别,并在积载图上标明货物品名、件数、重量及舱位等,使船舶在航行、停泊及加减载遇有紧急情况时掌握本船的装载情况,做出及时、正确的处理。

② 向到达港预报到港时间,拍发货电,以便到达港安排泊位作业,联系有关部门卸装,准备通知收货人提货。这些工作一般由船舶代理机构具体操作。

③ 备好到达港所需的有关资料。

5.4　危险货物的装卸

5.4.1　装卸危险货物的场地

装卸危险货物的场地包括泊位地点、库场和拆箱场地。

（1）装卸危险货物应在港口管理机构批准的码头和泊位进行;从事危险货物港口作业的企业应当在危险货物港口作业认可证上核定的危险货物港口作业范围内从事危险货物港口作业活动;从事危险货物港口作业的企业,在危险货物港口装卸、过驳、储存、包装、集装箱等作业开始 24 小时前,应当将作业委托人以及危险货物品名、数量、理化性质、作业地点和时间、安全防范措施等事项向所在港口行政管理部门报告。港口行政管理部门在接到报告后 24 小时内做出是否同意作业的决定,通知被告人,并及时将有关信息通报海事管理机构。未经港口行政管理部门同意,不得进行危险货物港口作业。

（2）一级危险货物原则上以直接换装方式作业。特殊情况,需经港口管理机构批准,采取妥善的安全防护措施并在批准的时间内装上船或提离港口。

（3）危险货物集装箱在港区内拆、装箱,应在港口管理机构(港口公安局)批准的地点进行,并采取相应的安全措施后方可作业。

（4）对于擅自在非指定泊位或者水域装卸危险货物的,海事管理机构应当责令当事船舶立即纠正或者限期改正。

5.4.2　危险货物安全装卸要求

（1）对装卸易燃易爆的危险货物,装卸机具要有防爆、防火措施。机械应安置火星熄灭器,要使用防爆型电器机械。在装卸爆炸品、放射性物品、一级毒害品、有机过氧化物时,装卸机械应按额定负荷降低 25% 使用,工具采用镀铜等措施,防止产生火花。

（2）设置安全网，穿戴相应的防护用品。为防止装卸过程中毒害品落水造成水域污染，最好系挂两层完好的安全网，网上加铺尼龙布（或帆布），网要绑牢，吊运货物必须从网中央的上空经过。货物一旦掉落网内，应立即收回并采取相应处理措施，干净后方可继续作业。

（3）夜间作业应有良好的照明。除夜间作业要有良好的照明外，还要求应使用防爆型的安全照明设备。通常情况下，应尽量安排于白天作业为宜。

（4）适工环境。船方应向港口经营人提供安全的作业环境。如货舱受到污染，船方应立即说明情况。对已被毒害品、放射性物品污染的货舱，船方应申请卫生防疫部门检测，采取有效措施后方可作业。

（5）船舶装卸易燃易爆的危险货物期间，必须做到"五不得"：不得进行加油、加水（岸上管道加水除外）、拷铲等作业；装卸爆炸品（第1.4S除外）时，不得使用和检修雷达、无线电电报发射机；所使用的通信设备应符合有关规定。

（6）禁火种，设禁火区。装卸易燃、易爆危险货物，距装卸地点50m范围内为禁火区。内河码头、泊位装卸上述货物应划定合适的禁火区，在确保安全的前提下方可作业。作业人员不得携带火种或穿铁掌鞋进入作业现场，无关人员不得进入。

（7）雷、闪电、雨雪天、火警情况下停止作业。装卸危险货物时，遇有雷鸣、电闪或附近发生火警，应立即停止作业，并将危险货物妥善处理。雨雪天气禁止装卸遇湿易燃物品。

（8）装卸危险货物，现场应备有相应的消防、应急器材。

（9）装卸危险货物，装卸人员应严格按照计划积载图装卸，不得随意变更。装卸时应稳拿轻放，严禁撞击、滑跌、摔落等不安全作业。堆码要整齐、稳固、桶盖、瓶口朝上，禁止倒放。包装破损、渗漏或受到污染的危险货物不得装船，理货部门应做好检查工作。

（10）爆炸品、有机过氧化物、一级易燃液体、一级毒害品、放射性物品，原则上应最后装最先卸。装有爆炸品的舱室内，在中途港不应加载其他货物；确需加载时，应经港务（航）监督机构批准并按爆炸品的有关规定作业。

（11）对温度较为敏感的危险货物，在高温季节，港口应根据所在地区气候条件确定作业时间，并不得在阳光直射处存放。

（12）装卸可移动罐柜，应防止罐柜在搬运过程中因内装液体晃动而产生静电等不安全因素。

（13）装卸过毒害品、放射性物品的工（机）具和防护用品应进行清洗、消毒，并做好保养、维修和更新工作。装卸完毕，要及时清理作业现场。

5.5　危险货物的储存与交付

5.5.1　储存

1. 危险货物仓库的基本要求

储存危险货物的库房在建造时，其建筑设计必须符合《建筑设计防火规范》《仓库防火安全管理规则》《爆炸和火灾环境电力装置设计规范》《建筑物防雷设计规范》《石油化工企业设计防火规范》《危险化学品经营企业开业条件和技术要求》等法规和国家标准的规定。对仓库的基本要求如下。

（1）储存危险物品的建筑物不得有地下室或其他地下建筑，其耐火等级、层数、占地面积、安全疏散和防火间距,应符合国家有关规定。

(2) 危险品储存建筑物、场所的消防用电设备应能充分满足消防用电的需要,储存区域或建筑内的输配电线路、灯具应符合国家规范的安全要求。

(3) 储存易燃易爆化学物品的建筑、装置必须安装避雷设备和必要的静电导除装置。

(4) 储存场所的通风管道应采用非燃材料,并应设有静电导除装置;建筑内需采暖时,热媒温度不应过高,热水采暖温度不应超过80℃,且不得使用蒸汽采暖和机械采暖。

(5) 储存易燃易爆化学物品的建筑内严禁附设员工集体宿舍。

按照《危险化学品经营企业开业条件和技术要求》,大中型危险化学品仓库应在远离市区和居民区的主导风向的下风向和河流下游的地域选址;应与周围公共建筑物、交通干线(公路、铁路、水路)、工矿企业等距离至少保持1000m;大中型危险化学品仓库内应设库房和生活区,两区之间应有2m以上的实体围墙,围墙与库区内建筑的距离不宜小于5m,并应满足围墙建筑物之间的防火距离要求。厂矿企业的生产附属性仓库,不应设在城市的居民生活区和公共建筑区。小型仓库选址视单位的具体情况而定。

2. 危险货物储存的一般要求

(1) 各类危险货物库场堆存隔离应先查"危险货物隔离表",查到隔离代码,然后再根据港口储存危险货物的隔离要求进行隔离。

(2) 经常装卸危险货物的港口,应建有存放危险货物的专用库场;建立健全管理制度,配备经过专业培训的管理人员及安全保卫和消防人员,配有相应的消防器材。严禁无关人员进入库场区域。

(3) 非危险货物专用库场存放危险货物,应经港口管理机构批准,并根据货物性质安装电气照明设备,并备消防器材和必要的通风、报警设备。库场应保持干燥、阴凉。

(4) 危险货物入库场前,应严格验收。性质不明或出口货物包装、标志不符合规定的有权拒收。进口的货物包装破损、撒漏、外包装有异状、受潮或沾染其他货物的危险货物应单独存放。及时妥善处理。

(5) 危险货物堆码要整齐、稳固,垛顶距灯不少于1.5m;垛距墙不少于0.5m,垛距不少于1m,性质不相容的危险货物、消防方法不同的危险货物不得同库场存放,确需存放时应符合危规的隔离要求。消防器材、配电箱周围1.5m内禁止存放任何物品。堆场内消防通道宽度不少于6m。

(6) 存放危险货物的库场应经常进行检查,并做好检查记录,发现异常情况迅速处理。

(7) 危险货物出运后,库场应清扫干净,对存放危险货物而受到污染的库场应进行洗刷,必要时应联系有关部门处理。

(8) 对无票、无货主或经催报后收货人仍未提取的货物,港口可依据国家"关于港口、车站无法交付货物的处理办法"的规定处理。对危及港口安全的危险货物,港口管理机构有权及时处理。

3. 各类危险货物的储存要求

(1) 爆炸品一般应直接提装,如临时存放应使用专用仓库,由专人保管。仓库、场地应设置必要的通风、降温、防汛、避雷、消防等安全设施,并采取有效的防火隔离措施,所使用的电器均应是防爆型的。在库、场保管期间不得打开包装件检查,确需检查时,应移至安全处所,严格遵守各项安全操作规程。存放爆炸品的仓库,必须加强库温的控制,每日定时观测,做好记录。根据需要做好降温或防冻工作。禁止与氧化剂、酸、碱、盐类以及易燃物和金属粉末等同库存放。铁路运输和海运相同,在承运爆炸品时取消了仓储环节,采用直装直提的方法。航空运输时间要求精度高,运送飞行时应变能力差,所以各种空运危规都规定航空运输禁运爆炸品。

(2) 存放气体的场所应远离火源、热源,库场应保持阴凉通风,防止日光曝晒。存放易燃气体的仓库照明应采用绝缘良好的防爆型灯具,禁止使用明火灯具。容器应平放,加楔垫以防滚动,如采用框架可立放,但不得倒置。且需保持容器稳固。性质相抵触的气体,如易燃气体与助燃气体不得同库存放,氧气钢瓶与油脂不得同库存放。禁止与爆炸品、氧化剂、易燃物品、自燃物品和腐蚀品同库存放。在保管期间,除定时检查外,应随时查看有无漏气和堆垛不稳的情况。

(3) 存放易燃液体的场所应保持阴凉、通风良好,避免日晒,隔绝热源和火种。库场照明设备应采用防爆型灯具。高温季节应采取降温措施。禁止与氧化剂、强酸和自燃物品同库存放。

(4) 第 4 类货物应存放在阴凉、通风、干燥处所。禁止与氧化剂、强酸同库存放。与水发生反应的货物禁止露天存放,易产生热量的货物堆码不宜过高,垛底应用清洁、干燥的木板铺垫,以利于通风散热。对温度有控制要求的货物,库温应始终保持在规定的温度之内。堆存黄磷应注意防止黄磷桶漏水而引起燃烧。

(5) 第 5 类货物应存放在阴凉、通风良好的处所,防止日晒、受潮,不得与酸类和可燃物同库存放,注意通风散热。破损的包件禁止入库,撒漏地脚应及时收集,妥善处理。不得在库内或库房附近处理残损的包件。

(6) 毒害品必须单独存放在专用库场内,专人保管。其中剧毒品要专库专柜储存,实行"五双"管理,即双人管理、双锁、双人收发、双人运输、双人使用(或双本账)。毒害品存放处所应阴凉,通风良好,并备有相应的防护用品和急救药品。货物地脚应及时清扫,交货主处理。

(7) 放射性货物应专库存放,如无专库存放时,应组织车船直取。特殊情况也可选择干燥、通风的普通仓库存放,但应划定专用货位,远离其他危险货物,派专人看管,禁止无关人员接近,严防失窃。包装件要合理摆放,辐射水平低的包装件应摆放在辐射水平高的包装件周围。存放低比度放射性物质(LSA)或表面污染物体(SCO)以及 I 级白色标志包装件的数量可不受限制,存放 II、III 级黄色标志的包装件、罐柜或集装箱的数量,一间库房应视同船舶的一个货舱,其运输指数不得超过 50,整个仓库运输指数不得超过 200。其他运输方式下,一辆车或一架飞机同时摆放所有放射性货包的运输指数之和不得超过 50。装有运输指数为 50 的放射性货包的飞机或车辆前后左右 6m 范围内,不得有其他放射性物品。

(8) 腐蚀品应存放在清洁、通风、阴凉、干燥的处所,防止日晒、雨淋。堆放场所不得有稻草、木屑、油脂等有机物或可燃物,不得与有机物、氧化剂、金属粉末等同库存放。同类货物中性质相抵触的不得同库存放。

5.5.2　交付

交付过程中应注意如下事项。

(1) 及时发出提货通知,按单发货及催提。抵港危险货物,承运人或其代理人应提前通知收货人做好接运准备,并及时发出提货通知。交付时按货物运单(提单)所列品名、数量、标记核对后交付。对残损和撒漏的地脚货应由收货人提货时一并提离港口。收货人未在港口规定时间内提货时,港口公安部门应协助做好货物催提工作。

(2) 无法交付货物的处理。对无票、无货主或经催提后收货人仍未提取的货物,港口可依据国家《关于港口、车站无法交付货物的处理办法》的规定处理。对危及港口安全的危险货物,港口管理机构有权及时处理。

5.6　危险货物的监督管理

在我国,主管机关对海运危险货物的监督管理主要依据国际公约和国内法律法规。这些国际公约和国内法律法规在本书第 1 章中已做过详细介绍。对国际航线载运危险货物船舶的管理主要通过港口国监督检查(PSC)来实施,这也是我国作为公约的缔约国履约的要求。此外,到港的缔约国船舶还要遵守我国有关海运危险货物的法律法规。对国内航线载运危险货物船舶的管理主要依据国内法律法规,包括我国以立法形式强制执行的国际公约和规则。

5.6.1　监督检查

监督检查工作主要是监督检查各有关单位、船舶是否按照规定要求进行危险货物装卸、运输等作业。具体包括以下几方面的检查。

1. 危险货物安全适运性检查

对危险货物安全适运的监督检查,一是监督检查货物的理化性质能否达到安全适运要求;二是对包装危险货物进行外部检查,检查其包装、标记和标志能否达到安全适运要求;三是对集装箱装运危险货物的监督检查。

1) 危险货物适运性检查

危险货物自身的理化性质决定了其危险程度的大小。对于一些危险性极大的货物,海运是禁止其运输的,这些物质在 IMDG Code 中已经指明。对于在 IMDG Code 中列明的有限制运输要求的物质,虽然可以运输,但是一定要达到安全运输条件。因此,主管部门在办理危险货物申报核准时,要仔细查验申报货物的理化性质是否达到安全运输要求,必要时还可要求货主提供货物技术说明书和有关技术部门出具的证明。对下列货物尤其要特别查验:

(1) "未另列明的"或新开发的危险货物;

(2) 需采取稳定措施后方可运输的不稳定物质;

(3) 需加入抑制剂或退敏剂才能运输的物质;

(4) 含水物质或含有危险有害物质的溶液、混合物;

(5) 易熔化或有温度控制要求的物质;

(6) 包装类 I 的物质;

(7) 性质复杂或不明的物质;

(8) 需批准后方可运输的物质。

2) 危险货物包装的检查

交付运输的危险货物包装应完好无损,标记、标志符合 IMDG Code 的要求,若发现标记和标志不全或包装破损、渗漏,应及时更换,不合格的包装不得运输。海事部门在监督检查中,凡发现装船时包装不符合的或认为对安全构成影响的,无论其包装检验证书有效与否,都不予放行。

使用新型包装或改变 IMDG Code 中规定的危险货物包装型式和规格,必须事先向海事管理部门提交实施改变者上级主管部门的审核意见,说明改变原包装理由及新包装性能、效果、试验标准、方法等资料。改变后的包装,由海事管理部门认可的技术检验部门按 IMDG Code 的试验标准进行试验,证明在船舶安全载运和防止海洋的污染要求等方面达到等效包装要求的,方可作为等效包装使用。

3) 危险货物集装箱的监督检查

对危险货物集装箱的监督检查主要是依据《经修正的 1972 年国际集装箱安全公约》(CSC)和 IMDG Code 的有关要求,对箱内货物的安全适运和衬垫加固情况、箱体结构和集装箱外部的标记和标牌的标识情况进行全面检查。

装箱前,装箱单位应事先通知主管部门装箱计划安排,如何时装箱、在何地作业等。主管部门根据装箱计划,安排人员进行检查。装箱完毕后,应将由装箱现场检查员签署的《集装箱装箱证明书》呈交主管部门查验。必要时,海事管理部门可对拟装船的集装箱进行抽样开箱监督检查,发现集装箱或箱内装载情况不符合安全要求时,海事管理部门将根据当事方所负的责任,责成装箱单位或托、承运人采取必要的安全处置措施,并由责任方承担一切后果。

2. 承运船舶的适载条件检查

对载运危险货物船舶的监督检查主要是检查船舶的技术条件是否符合安全适载要求,危险货物在船上的积载与隔离是否符合规定要求,船员是否掌握了有关危险货物运输安全的基本知识。检查的内容包括:查验船舶的有关证书、文书和相关资料;检查船舶的相关设备、设施和器材;检查危险货物在船上的积载隔离情况;检查船员的相关知识和操作技能;等等。

3. 危险货物作业安全检查

港口、码头危险货物装卸作业是危险货物运输过程中的一个重要环节,具备港口危险货物作业条件的企业都由港口行政管理部门颁发了《危险货物港口作业认可证》,其中认定了作业企业的危险货物作业场所、作业品种、作业方式、作业量以及作业船舶的吨级等。对港口、码头危险货物作业安全检查就是检查危险货物作业企业是否超出《危险货物港口作业认可证》认定的作业资质范围,是否按规定进行危险货物作业,是否达到安全和防止污染的要求等。

5.6.2 违章处罚

根据《中华人民共和国行政处罚法》及有关法律、行政法规和现行规章制定的《中华人民共和国水上安全监督行政处罚规定》,主管机关对违反危险货物运输安全监督管理的行为的船舶、设施及有关当事人将视情节给予警告、罚款、扣留证书、吊销证书、没收船舶及法律和行政法规规定的其他行政处罚。具体违章行为主要包括:

(1) 船舶载运危险货物进出港、过境、停留,未按规定办理申报手续;

(2) 未按规定办理危险货物安全适运(装)申报手续;

(3) 未按港监机构核准的配载图装载危险货物,或未经核准,改变危险货物的积载位置;

（4）船舶装载危险货物未按规定取得适装证书或相应的检验证明，或在船舶有关设备的缺陷未纠正前装卸危险货物；

（5）装载危险货物的船舶未经港监机构批准，停靠非危险货物专用码头或装卸（点），或者在港内停泊；

（6）使用不符合要求的装卸设备、机具装卸危险货物，或者违反安全操作规程进行作业，或者装卸设备出现故障、存在缺陷影响作业安全，不及时纠正而继续进行装卸作业；

（7）承运或装卸包装不符合《国际海运危险货物规则》和国内有关规定的危险货物；

（8）在装卸危险货物过程中发生撒漏或意外事故，不及时采取措施并不向港监机构报告；

（9）隐瞒、谎报危险货物性质或涂改、伪造危险货物单证；

（10）船舶装卸危险货物时，在装卸作业现场进行明火作业；

（11）未经批准进行危险货物过驳作业；

（12）使用破损、污染、撒漏或有渗漏现象的集装箱承运或装载危险货物；

（13）装载危险货物的集装箱内衬垫、加固不符合规定要求；

（14）装载危险货物的集装箱进口或中转未持有《集装箱装箱证明书》；

（15）危险货物装箱时，集装箱现场检查员未按规定进行监装或不如实签发《集装箱装箱证明书》；

（16）船舶在装卸爆炸品、闪点在23℃以下的易燃液体，或者散化、液化气体船在装卸易燃易爆货物过程中，检修或使用雷达、无线电发射机和易产生火花的工（机）具拷铲，或允许他船并靠进行加油、加水作业；

（17）船舶装载危险货物违反限量、隔离、衬垫、紧固规定；

（18）擅自装载未经核定危害性的新化学品；

（19）擅自改变危险货物装载形式或降低包装等级；

（20）装载易燃液体、挥发性易燃易爆散装化学品和液化气体的船舶在修理前不按规定通风测爆；

（21）在液货船上随身携带易燃物品或在甲板上放置、使用聚焦物品；

（22）液货船未经许可进行驱气或洗舱作业；

（23）液货船在装卸作业时不按规定采取安全措施；

（24）船舶装卸、载运危险货物或空舱内有可燃气体时，未按规定悬挂或显示信号；

（25）在禁止吸烟的船舶处所吸烟或使用明火；

（26）在装卸、载运易燃易爆货物或空舱内仍有可燃气体的船舶作业现场穿带钉的鞋靴或者穿着、更换化纤服装。

 **知识链接**

几种先进的危化品存储柜

1. 户外危险品存储柜

（1）Walk-in自通风式存储柜（见图5-9）。占地面积2～21平方米，多种尺寸可以选择定制。

图 5-9　自通风式存储框

（2）易燃物品存储柜（见图 5-10）。BMC 耐火系列应用非常广泛，从紧凑型小型存储到 20 多平方米大型仓储均能适用。

图 5-10　易燃物品存储框

（3）带推拉门的圆桶存储柜（见图 5-11）。

图 5-11　带推拉门的圆桶存储柜

（4）圆桶和 IBC 存储柜（见图 5-12）。

图 5-12　圆桶和 IBC 存储柜

（5）定制的危险品存储设施（见图 5-13）。

图 5-13 定制的危险品存储设施

2. 室内危险品存储

（1）防泄漏托盘（见图 5-14）。

图 5-14 防泄漏托盘

（2）易燃液体存储柜（见图 5-15）。

图 5-15 易燃液体存储柜

（3）托盘货架系统（见图 5-16）。

图 5-16 托盘货架系统

（4）带斜坡和货架的防泄漏板台（见图 5-17）。

图 5-17　带斜坡和货架的防泄漏板台

资料来源：http://www.360che.com/news/150820/44091.html

职业指导

（1）危险货物运输需求和运输量逐年增长，而危险品事故数量及其危害也在不断攀升，危险品运输要确保安全，其中就要求相关工作人员要熟悉危险品运输的申报、托运程序、承运、装卸、储存等工作的注意事项。

（2）本章知识点在企业中的应用要点是：危险品的正确运输名称的填写；危险货物运输申报要求及单据的填写；危险品承运、装卸、仓储的注意事项。

（3）学生应具备的基本素养和专业技能：掌握危险品运输流程；熟悉危险货物装卸、储存、运输的注意事项。

实训项目

以小组为单位（4～6 人为一组），开展以下实训内容：

（1）选择 2～3 种危险品货物作为运输对象，讨论其申报、托运、承运、积载、仓储的注意事项；

（2）选择 1～2 个危险品运输事故案例，分析事故的原因，并根据本章所学内容对如何实现安全运输提出意见和建议。

练习题

1. 选择题

（1）危险货物的标准运输名称（　　）。

　　A. 不一定唯一　　　　B. 唯一　　　　C. 一般为二个　　　　D. 一般为三个

（2）危险品的正确运输名称（　　）。

　　A. 以《国际海运危险货物规则》《固体散装货物安全操作规则》等国际规则确定的名称为准

　　B. 不包括数字、前缀、间缀、后缀、希腊字母及其他符号均是标准运输名称的组成部分

　　C. 包括说明、含水量、各种成分的含量说明、货物状态的说明等

  D. 指货物的商品名称(Trade Name)、别名(Synonyms)、俗名(Local Name)、化学
   名称(Chemical Name)、缩写名称

  (3) 装有低比度放射性物质(LSA-I)和表面受到放射污染的物体(SCO-I)的货舱,在装载其他货物时,任何表面上 β-放射源的非固定污染不得超过(　　　)贝可/平方厘米。

  A. 0.4   B. 4   C. 40   D. 400

  (4) 托运人在托运第 1 类爆炸危险品时,在托运单证中应注明所托运爆炸品的(　　　)。

  A. 包装的重量   B. 包装的等级   C. 货物的特性   D. 货物的净重

  (5) 托运的危险货物应具有的安全运输条件是(　　　)。①具有合格的包装;②具有完整的技术资料;③具有正确的标记、标志和标牌;④具有完备的托运单据。

  A. ①②   B. ①③④   C. ①②③   D. ①②③④

2. 判断题

(1) 包件的标记和包装的标记一样都是对内容物做出的说明。   (　　)

(2) 集装箱装箱证明仅能由海事主管机关在完成监装后签发。   (　　)

(3) 用于危险货物运输组件的标牌就是放大了的标志。   (　　)

(4) 自加速分解温度是由控制温度和应急温度推算出来的。   (　　)

3. 简答题

(1) 装卸危险货物一般应注意哪些事项?

(2) 储存危险货物一般应注意哪些事项?

集装箱装运危险货物的运输与管理

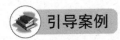 引导案例

船载危险品集装箱事故的特点

近年来,国内外发生多起船载危险品集装箱导致的泄漏、火灾、爆炸等重大事故,对船舶、港口的安全带来重大危害。即使没有发生重大事故,任何一个冒烟的集装箱都会给各方带来数万甚至数十万美元的诸如应变处理费、清理费、船期延误等损失。采用集装箱装载危险品虽然相对安全、便利,但一旦发生事故,如果处置不当,也会带来船毁人亡的恶性事故。船载危险品集装箱事故的特点如下。

1. 封闭性

由于发生事故时货物都封闭在集装箱内部,施救人员无法直观掌握箱内货物的实际情况,消防措施也无法直接实施至箱内的事故货物,消防效果较差。如果同时有大量瞒报集装箱装船,则会给施救带来更大的困难。

2. 积载情况复杂

集装箱在甲板上的积载有时高达五六层,集装箱间的前后空间较小,若事故箱位于船体中部,将给施救带来很大的困难;如果事故箱装载于舱内且甲板上也装有集装箱,则施救的难度更大。

3. 事故箱处置难度较大

考虑到自身的安全,码头一般拒绝正在发生爆炸、燃烧的船舶靠泊码头进行事故处置,而集装箱船舶一般不配备装卸设备,无法自行处置事故箱,如果不能及时地将事故箱处置下船,会导致事故迅速扩大蔓延,增加施救困难,海况的复杂多变也对事故的处置有重大影响。

4. 船舶自备灭火设施缺乏

如果事故发生在港区和沿海,船舶能较快取得岸基的支持,但若在远海,除了能得到一些专家的处置建议外,取得灭火力量支援的可能性是极小的。危险品集装箱的货物种类多达几十种,部分危险化学品需要专门的灭火剂,而船上可能未配备针对此类化学品的灭火剂,这给船舶自救带来困难。

资料来源:http://wl.100xuexi.com/view/otdetail/20100429/0DFBD698 - D579 - 4A42 - AE02 - 614C2F0AF8F3.html

案例解析：

　　从危险货物的生产、包装、装箱、陆上运输到船舶运输的整个过程涉及人员多、部门多、程序多、环节多、货物品种多、运输过程受环境影响大，任何环节出现差错，都有可能导致集装箱在船舶上发生事故。从上述对船载危险品集装箱事故的特点分析发现，集装箱承载危险品一旦发生事故，情况复杂，设施缺乏，给救援带来相当大的困难。

　　本案例涉及的主要知识点：危险品的集装箱运输。

➡ **学习导航**

　　本章学习要点：了解集装箱的分类；掌握集装箱的选择和检查方法及危险品装箱方法；掌握集装箱装运危险货物的运输与管理要求；了解集装箱的开箱检查过程。

▶ **教学建议**

　　本章的备课要点：搜集集装箱以及装箱的图片，深入集装箱港口及集装箱堆场、集装箱货运站等地拍摄作业视频，以便在课堂上进行形象、生动的展示。搜集大量集装箱运输危险品的事故案例，结合案例讲解本章的主要内容。本章建议授课 4 学时。

　　集装箱运输是现代交通运输快速发展的代表，相对非集装箱运输而言，集装箱运输在经济性、安全可靠性、准时性等方面大大提高，对自然环境的影响小，并且其综合产业链长，影响范围大，对全球物流运输的贡献巨大。

　　集装箱运输是一种先进的现代化运输方式。因为它具有能够长期反复使用，在运输中不移动货物就可以进行多种运输工具的交替运输，并且可以快速地装卸等特点，对货物的包装和运输都实行了统一和简单规范化，减少了中间环节，加速了商品的流通过程，降低流通费用，节约物流的劳动消耗，实现了快速、低耗、高效率及高效益地完成运输生产过程，与传统的件杂货散运方式相比，它具有运输效率高、经济效益好及服务质量优的特点。正因如此，集装箱运输模式已成为世界各国保证国际贸易的最佳运输方式。尤其是经过几十年的发展，随着集装箱运输软硬件成套技术日趋成熟，到 20 世纪 80 年代集装箱运输已进入到可以利用海、陆、空等两种以上的运输手段来完成国际的连贯货物运输，形成能提供优质的国际多式联运一条龙运输模式。又由于集装箱运输巨大的规模经济效益优势，使其在全球得到迅猛发展。

　　集装箱运输业从 20 世纪 90 年代开始在我国得到迅速的发展。随着我国加入世贸组织（WTO），中国参与国际经济竞争、融入经济全球化方面又迈出了决定性的一步，我国经济的发展必然也给集装箱运输业带来契机。

6.1　集装箱货物运输组件

6.1.1　集装箱的分类

1. 按集装箱的用途分类

　　为了适应装运不同种类货物的需要，出现了不同类型的集装箱。按照外部规格尺寸不同有不同的种类,除此之外,根据集装箱不同的用途、不同的制造材料及结构来分也有不同的种类。以下是按集装箱的用途分类。

1) 干货集装箱(Dry Cargo Container 或 Dry Van or General Purpose Container)

干货集装箱也称为杂货柜或通用集装箱,在广东地区叫普柜(见图 6-1),用以装运除液体货物、需要调节温度的货物及特种货物以外的一般件杂货。其使用范围很广,常用的有 20ft 和 40ft 两种。其结构常为封闭式,一般在一端或侧面设有箱门,箱内设有一定的固货装置,使用时一般要求清洁、水密性好。其适箱货物为有适当的包装的件杂货,以便充分利用集装箱的内容积。在各种集装箱中,干货柜所占的比重最大,达九成以上。

2) 开顶集装箱(Open Top Container)

开顶集装箱也叫敞顶集装箱(见图 6-2),其箱顶可以方便地取下、装上,有硬顶和软顶两种,其他构件与干货柜类似。这种集装箱适于装载高度较高的重大件货,如钢铁、木材等,尤其是像玻璃板等易碎的重货,利用吊机从顶部吊入箱内不易损坏,而且也便于在箱内固定。由于箱顶可能进水,开顶柜一般应装于舱内而不是甲板上。

图 6-1　普柜

图 6-2　开顶柜

3) 通风集装箱(Ventilated Container)

通风集装箱一般在其侧壁、端壁或箱门上设有 4～6 个供通风用的窗口,适用于装运不需要冷藏但需通风、防止汗湿的杂货,如原皮、水果、蔬菜等。如果将通风窗口关闭,可作为普柜(杂货柜)使用。在急需情况下可用设有通风孔的冷藏柜代用,如图 6-3 所示。

4) 冷藏集装箱(Reefer Container)

冷藏集装箱又称冷柜、冻柜、雪柜或冰柜,是专为在运输中要求保持一定温度的冷冻货或低温货(如鱼、肉、新鲜水果、蔬菜及某些药物等)而特殊设计的保温集装箱(见图 6-4)。

5) 隔热集装箱(Insulated Produce Container 或 Heated Container)

隔热集装箱又叫保温隔热柜、恒温集装箱,它能使货物保持鲜度,主要用于载运蔬菜、水果等,通常用干冰制冷,保温时间约为 72 小时(见图 6-5)。

6) 罐式集装箱(Tank Container 或 Liquid Bulk Container)

罐式集装箱(见图 6-6)适用于装运酒类、油类、液体食品及化学品等液体货物。它由罐体和箱体框架两部分组成,罐体用于装液体货,框架用来支撑和固定罐体。罐体的外壁采用保温材料以使罐体隔热,内壁一般要研磨抛光以避免液体残留于壁面。为了降低液体的黏度,罐体下部还设有加热器,罐体内温度可以通过安装在其上部的温度计观察到。罐顶设有

图 6-3　通风柜

图 6-4　冷柜

图 6-5　隔热集装箱

图 6-6　罐式集装箱

装货口,罐底设有排出阀。装货时货物由液罐顶部的装货孔进入;卸货时则由排货孔靠重力自行流出或从顶部装货孔吸出。

7) 散货集装箱(Bulk Container 或 Solid Bulk Container)

散货集装箱又叫散货柜(见图 6-7),用于装运大豆、大米、麦芽、面粉、玉米、各种饲料及水泥、化学制品等散装粉状或粒状货物。使用这种货柜可以节约不菲的包装费用、减轻粉尘对人体和环境的损害,还可提高装卸效率。散货柜的顶部设有 2～3 个装货口,底部做成漏斗形或设有卸货口。

8) 台架式(框架式、板架式)集装箱(Flat Rack Container)

台架式集装箱(见图 6-8)是没有箱顶和侧壁,甚至有的连端壁也去掉而只有底板和四个角柱的集装箱。其主要特点是为了保持其纵向强度,箱底较厚。箱底的强度比普通集装箱大,而其内部高度则比一般集装箱低。在下侧梁和角柱上设有系环,可把装载的货物系紧。台架式集装箱没有水密性,怕水湿的货物不能装运(若用帆布遮盖货物则能部分防水),适合装载形状不一的货物。

9) 平台式集装箱(Platform Container 或 Platform-Based Container)

平台式集装箱形状类似铁路平板车,是一种仅有底板而无上部结构的集装箱(见图 6-9)。平台的长度和宽度与国际标准集装箱的箱底尺寸相同,可使用与其他集装箱相同的紧固件和起吊装置。这种集装箱的采用打破了过去一直认为集装箱必须具有一定容积的概念。平台式集装箱装卸作业方便,适宜装运超重、超长货物。

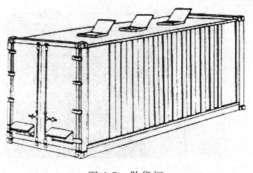

图 6-7　散货柜

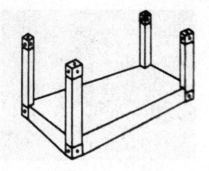

图 6-8　台架式集装箱

10）汽车集装箱（Car Container 或 Auto Container）

这种集装箱是专为装运小型汽车而设计制造的，其结构特点是无侧壁，仅设有框架和箱底。为了防止汽车在箱内滑动，箱底专门设有绑扎设备和防滑钢板。汽车柜有单层的和双层的两种（见图 6-10）。

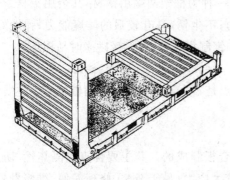

图 6-9　平台式集装箱

图 6-10　汽车集装箱

11）动物集装箱（Animal Container、Pen Container 或 Live Stock Container）

动物集装箱也叫牲畜集装箱，是一种专门用来装运鸡、鸭、鹅等活家禽及猪、牛、马、羊等活家畜的集装箱（见图 6-11）。动物集装箱在船上一般应置于甲板上。

12）服装集装箱（Garment Container、Hanging Garment Container 或 Hanger Container）

服装集装箱也叫挂衣箱（见图 6-12）。其结构特点是：在箱内上侧梁上装有许多根横杆，每根横杆上垂下若干条皮带扣、尼龙带扣或绳索，成衣利用衣架上的钩直接挂在带扣或绳索上。这种装载方式属于无包装运输，它不仅节约了包装材料和包装费用，而且减少了人力成本，提高了服装的运输质量。

2. 按集装箱的制造材料分类

从目前采用的集装箱材料看，一个集装箱往往不是由单一材料做成的，而是以某种材料为主，在箱子的不同结构处采用不同的材料。因此，按制造材料来分类，实际是按箱子的主体材料即主要结构（侧壁、端壁、箱顶）采用的材料来分的。

图 6-11　动物集装箱

图 6-12　服装集装箱

1）钢制集装箱

钢制集装箱的框架和箱壁板都用钢材制成。其优点是强度大、结构牢固、焊接性好、易修理、水密性好、能反复使用、价格低廉；主要缺点是抗腐蚀能力差、自重大，相应地降低了装货能力。钢制集装箱是使用得最普遍的集装箱。

2）铝合金集装箱

铝合金集装箱有两种：一种是钢架铝板；另一种为框架两端用钢材，其余用铝材。其主要优点是自重轻，从而提高了集装箱的装载能力；不生锈，具有较强的防腐能力；弹性好，不易变形。主要缺点是造价相当高，焊接性也不如钢制集装箱，因而受碰撞时易损坏。

3）不锈钢制集装箱

这种集装箱多见于罐式集装箱。其主要优点是不生锈、强度高、耐腐蚀性好。主要缺点是价格高，投资大。

4）玻璃钢制集装箱

这种集装箱是在钢制框架上装上玻璃钢复合板制成的。其主要优点是隔热性、防腐蚀性和耐化学性都较好、强度大、刚性好，能承受较大应力；易于清洗，修理简便，维修费较低；箱子内容积较大。主要缺点是自重大，造价高。

3．按集装箱结构分类

按集装箱箱体结构分有如下三类。

1）内柱式集装箱和外柱式集装箱

侧柱和端柱设在箱壁内部的为内柱式集装箱，反之为外柱式集装箱。两者各有优缺点，一般内柱式外表平滑，受斜向外力不易损伤，涂刷标志方便，加内衬板后隔热效果好；外柱式外板不易损坏，可省去内衬板。

2）折叠式集装箱和固定式集装箱

主要部件能简单地折叠或分解，反复使用时可再次组合起来的集装箱称折叠式集装箱；反之，各部件永久组合在一起的称固定式集装箱。目前，主要使用固定式集装箱。

3）预制骨架式集装箱和薄壳式集装箱

外板用铆接或焊接方法与预制骨架连成一体的集装箱，称预制骨架式集装箱；而薄壳式集装箱则把所有构件连成一个刚体，其优点是可减轻重量，共同承受扭力而不产生永久变形。当今集装箱多按薄壳结构理论设计。

6.1.2　集装箱货物的现场装箱作业

集装箱货物的现场装箱作业,通常有三种方法。

(1) 全部用人力装箱。

(2) 用叉车装卸车(铲车)搬进箱内再用人力堆装。

(3) 全部用机械装箱,如用货板(托盘)货用叉车装卸车在箱内堆装。

在这三种方式中,第三种方法最理想、装卸率最高,发生货损事故最少。但是即使全部采用机械装箱,装载时如果忽视了货物特性和包装状态,或由于操作不当等原因,也往往会发生货损事故,特别是在内陆地区装载的集装箱,由于装箱人不了解海上运输时集装箱的状态,其装载方法通常都不符合海上运输的要求,从而引起货损事故,甚至是危险事故的发生。集装箱货装箱时应注意以下事项:

(1) 应根据货物的不同种类、性质、包装,选用不同规格的集装箱,选用的箱子应符合国际标准,经过严格的检查,并具有检验部门发给的合格证书。

(2) 在装箱(做柜)时,任何情况下柜内所装货物的重量不能超过集装箱的限重。

(3) 装载时要使箱底上的负荷平衡,箱内负荷不得偏于一端或一侧,特别是要严格禁止负荷重心偏在一端的情况。

(4) 货物多层堆码时,堆码层数应根据箱底承载能力规定和货物包装强度来定,为避免下层货物被压坏,需要在各层之间垫入缓冲器材。

应避免产生集中载荷,如装载机械设备等重货时,箱底应铺上木板等衬垫材料,尽量分散其负荷。标准集装箱底面平均单位面积的安全负荷大致如下:20 英尺集装箱为 $1330 \times 9.8\mathrm{N/m^2}$,40 英尺集装箱为 $980 \times 9.8\mathrm{N/m^2}$。

(5) 装载托盘货时,要确切掌握集装箱的内部尺寸和货物的外部尺寸,计算好最佳的装载件数,尽量减少弃位。托盘货物装入集装箱的时候通常采用叉车等机械工具,但更需要操作工人谨慎操作。

(6) 货物的装载要严密、整齐,货物之间不应留有空隙,这样不仅可充分利用箱内容积,也可防止货物相互碰撞而造成损坏。

(7) 在目的地掏箱(拆箱、拆吉)时,打开箱门时货堆可能会向外倒塌,箱门部位的货物应专门加以稳固,通常可利用箱门内侧上的环扣进行绑扎,也可以使用垫板、网络等装卸工属具约束可能向外倾出的货物。

(8) 应使用清洁、干燥的垫料(Dunnage),常用的有胶合板、草席、缓冲器材、隔垫板等,如使用潮湿的垫料,就容易发生货损事故。

(9) 用人力装货时要注意包装上有无"不可倒置""平放""竖放"等装卸指示标志。要正确使用装货工具,捆包货禁止使用手钩。箱内所装的货物要装载整齐、紧密堆装。容易散捆和包装脆弱的货物,要使用衬垫或在货物间插入胶合板,防止货物在箱内移动。

(10) 用叉式装卸车装箱时,将受到机械的自由提升高度和门架高度的限制。在条件允许的情况下,叉车装箱可一次装载两层,但上下应留有一定的间隙。

(11) 拼装货(LCL)在混装时应注意如下几点。

① 物理、化学性质相冲突的货物(互抵货)不能混装。

② 轻货要放在重货上面。

③ 包装强度弱的货物要放在包装强度强的货物上面,比如纸箱放在木箱上面。

④ 同形状、不同包装的货物尽可能不装在一起。

⑤ 液体货和清洁货(怕脏货)要尽量放在下面。

⑥ 包装中会渗漏出灰尘、液体、潮气、臭气等的货物,最好不要与其他货混装在一起。如不得不混装时,应用帆布、塑料薄膜或其他衬垫材料隔开。

⑦ 有尖角或突出部件的货物,要把尖角或突出部件保护起来,不使它损坏其他货物。

⑧ 关于垫料:装货前,冷藏集装箱内使用的垫木和其他衬垫材料要预冷;要选用清洁卫生的衬垫材料,不使它污染货物;不要使用纸、板等材料作衬垫,以免堵塞通风管和通风口。

⑨ 必须注意到冷藏货要比普通杂货更容易滑动,也容易破损,因此对货物要加以固定,固定货物时可以用网等做衬垫材料,因为网等垫料不会影响冷气的循环和流通。

⑩ 严格禁止已降低鲜度或已变质发臭的货物装进箱内,以避免损坏其他正常货物。

(12)危险货物的装载,也必须严格按照规定要求规范操作,完善程序,并作好详细的记录。

6.2　集装箱装运危险货物运输与管理

6.2.1　集装箱装运危险货物运输检查项目和内容

1. 证书审核

(1)船舶载运危险货物申报单。审核时要注意通过查阅 IMDG Code,核对货物的正确运输名称、联合国编号、类别、数量和装载位置等,如果属于放射性物质、感染性物质、新的有机过氧化物或 IMDG Code 中"未另列明"的物品,应要求申办方提供货物特性的补充资料。

(2)危险货物安全适运申报单。在审核危险货物安全适运申报单时,要注意同一箱号不能有需要相互隔离的物质。

(3)集装箱装箱证明书。出港危险货物集装箱应提交经海事部门考核的装箱检查人员现场检查后签发的集装箱装箱证明书。

审核集装箱装箱证明书时要注意装箱员签名的真实性,如发现冒名签名,或装箱员不在装箱现场检查后签发的,集装箱装箱证明书将不予承认,并可按章处罚。

境外的危险货物集装箱的装箱证明往往与申报单合并在一起,签发人也不要求经主管考核发证。

集装箱装运危险货物装箱证明书用于证明装箱正确且满足以下要求。

① 集装箱清洁、干燥,外观上适合装货。

② 如果托运货物中包括除第 1.4 类外的第 1 类货物,集装箱在结构上符合《国际危规》第 1 类绪论中第 12 节的规定。

③ 集装箱内未装有不相容的物质,除经有关主管机关按第 12.1.1 款的规定批准者外。

④ 所有包件均已经过外观破损检查,装箱的包件完好无损。

⑤ 所有包件装箱正确,衬垫、加固合理。

⑥ 当散装危险货物装入集装箱时,货物已均匀地分布在集装箱内。

⑦ 集装箱和所装入的包件均已正确地加以标记、标志和标牌。

⑧ 当将固体二氧化碳(干冰)用于冷却目的时,在集装箱外部门端明显处已显示标记或标志。注明:"内有危险气体——二氧化碳(干冰),进入之前务必彻底通风。"

⑨ 对集装箱内所装的每票危险货物,已经收到根据《国际危装》总论第 9.4 节所要求的危险货物申报单。

(4) 船舶装运危险货物符合证明。集装箱船舶装运危险货物应具有检验部门签发的构造和设备符合证明。审核时应注意"符合证明"允许载装的危险货物种类和具体的积载位置。

(5) 货物舱单。根据 SOLAS 1974 公约第Ⅶ章规定,每艘载运包装危险货物的船舶须备有一份特别清单或舱单,该单证要标明船上所载的危险货物及其所处位置。通过对比特别清单或舱单与船舶载运危险货物申报单中危险货物名称,海事部门可以发现船舶载运危险货物有无错报、漏报。

2. 装箱检查

通常对集装箱进行检查有箱子内部和外部检查、箱门检查、清洁检查以及附属件检查等。

(1) 外部检查。对箱子进行六面察看,注意外部是否有损伤、变形、破口等异样情况,如有,即做出修理部位标志。箱顶部分要检查有无气孔等损伤,对于已进行过修理的部分,检查时应特别注意检查其现状如何、有无漏水现象。

(2) 内部检查。对箱子的内侧进行六面察看,注意是否漏水、漏光,有无污点、水迹等。把箱门关起来,检查箱子有无漏光处,这样就能很容易地发现箱顶和箱壁四周有无气孔,箱门能否严密关闭。检查时要注意箱壁内衬板上有无水湿痕迹。

(3) 箱门检查。检查箱门是否完好,门的四周是否水密(Water-tight),门锁是否完整,箱门能否重复开封,开启时能否正常转运至 270°,关闭后是否密封,还要检查箱门把手动作是否灵活,箱门能否完全锁上。

(4) 附件检查。对集装箱的加固环接状态,如板架式集装箱的支柱,平板集装箱和敞棚集装箱上部延伸结构的检查。主要检查系环、孔眼、板架集装箱和开顶集装箱上使用的布蓬和索具、储液槽和放水龙、通风管、通风口等是否齐全、完备。

(5) 清洁状态检查。检查集装箱内有无残留物,有无垃圾、污染物、恶臭、生锈,有无被污脏,是否潮湿,如不符合要求,应予以清扫,必要时应铺设衬垫或塑料膜等。

特别要注意的是,集装箱用水冲洗后,从表面上看好像已经干燥,但箱底和内衬板里面却含有大量的水分,这是造成货物湿损的重要原因之一。另外,如箱内发现麦秆、草屑、昆虫等属于动植物检疫对象的残留物时,也必须把这些残留物彻底清除。

6.2.2　危险货物装箱的一般要求及注意事项

1. 一般要求

危险货物装箱有如下一般要求。

（1）装入箱内的包件完好无损。

（2）箱内不能装有不相容的物质，要求相互"隔离"的危险货物不得同装在一个集装箱内；要求互相"远离"的危险货物，经主管机关批准后方可同装在一个集装箱内。

（3）包件装箱正确，衬垫加固合理。

（4）集装箱的装载量加上集装箱的自重不能超过集装箱最大总质量。

（5）危险货物质量在箱底面上的分布应是均匀的，若货物质量分布不均匀或装箱不满时，尽可能使货物重心置于箱平面重心附近，在任何情况下，都不应使货物质量的60%集中在箱长度一半以内的位置。

2. 注意事项

危险货物装箱有以下注意事项。

（1）凡是集装箱卡车运输危险品货物，所有货物均必须按照国际规范严格包装，其表面必须有明显的符合实际的危险品标记和标签。

（2）货物装箱前应调查清楚该类危险货物的特性、防灾措施和发生危险后的处理方法，作业场所要选在避免日光照射、隔离热源和火源、通风良好的地点。

（3）作业场所要有足够的面积和必要的设备，以便发生事故时，能有效地处置。

（4）作业时要按有关规则的规定执行，作业人员操作时应穿防护工作衣，戴防护面具和橡皮手套。

（5）装货前应检查所用集装箱的强度、结构，防止使用不符合装运要求的集装箱。

（6）装载爆炸品、氧化性物质等危险货物时，装货前箱内要仔细清扫，防止箱内因残存灰尘、垃圾等杂物而产生着火、爆炸的危险。

（7）要检查危险货物的容器、包装、标志是否完整，与运输文件上所载明的内容是否一致。禁止有包装损伤、有容器泄漏的危险货物装入箱内。

（8）使用固定危险货物的材料时，应注意防火要求和具有足够的安全系数和强度。

（9）危险货物的任何部分都不允许突出于集装箱外，装货后箱门要能正常地关闭起来。

（10）有些用纸袋、纤维板和纤维桶包装的危险货物，遇水后会引起化学反应而发生自燃、发热或产生有毒气体，故应严格进行防水检查。

（11）危险货物的混载问题各国有不同的规定，但通常都规定，不能把属于不同等级的危险货物混载在同一集装箱内。

（12）危险货物与其他货物混载时，应尽量把危险货物装在箱门附近。

（13）严禁危险货物与仪器类货物混载。

（14）在装载时不能采用抛扔、坠落、翻倒、拖拽等方法，避免货物间的冲击和摩擦。

（15）对托运人来说，应在货物托运单上或单独的申报单上保证他所托运的货物已正确地加以包装、标记、标志等内容，并具有适运的条件。

（16）运输危险货物时，应准备与运输其他种类货物所需的同样单证，这些单证的格式应填写的具体内容，及其所承担的责任由适用于该项运输方式的国际公约和有关立法加以确定。

（17）负责将危险货物装入集装箱内的工作人员，应提交"集装箱装运危险货物装箱证明书"。

（18）装有危险货物的集装箱,应有规格不少于 250mm×250mm 的《国际海上危险货物运输规则》的 类别标志(标牌),应至少有四幅这种标志(标牌),并将其贴在外部明显的地方,每侧各一幅,前后各一幅。

（19）装载易于散发易燃气体的危险货物集装箱,不应与可能提供电源的冷藏或加热的集装箱装载同一船舱内。

（20）当拆柜后,一经确认集装箱已无危险性,所有危险标志应自箱上去掉或加以遮盖。

（21）装载危险货物的集装箱卸空后,应采取措施保证集装箱不受污染,而使集装箱不具有危险性。

（22）干散货装箱的注意事项。用集装箱装运散装货可节省包装费用和装卸费用。干散货装箱时应注意:

① 装卸机械能否适应散货的性质及货柜的结构特征,必须视货物性质、湿度、比重和配载因素等情况而定,不可千篇一律;

② 经检验合格和准备装载干散货的集装箱必须预先清洁,确保箱内干燥,无异味和异物;

③ 必须在集装箱内铺设与集装箱上下左右内壁相适应的立体式塑料布,以最大程度避免发生货物污染和损毁事故;

④ 每辆集装箱卡车的干散货装卸作业最好一次性完成,中途不要暂停。

（23）液体散装货的装箱。采用罐式集装箱运输液体货物时应注意:

① 罐式集装箱本身结构、性能、箱内面的涂料是否满足货物的运输要求;

② 查明集装箱的容量和所允许的载重量的比例与货物比重是否接近,当货物比重较大装载半罐的情况下,在装卸和运输过程中有损罐的危险;

③ 查明排罐时是否有合适的设备,这些设备是否适用于箱子的阀门等;

④ 检查安全阀是否有效;

⑤ 了解货物的特性,在运输和装卸过程中是否需要加温,以及装卸地是否具有蒸汽源和电源;

⑥ 了解当地有关法规。

6.2.3　系固和缓冲材料的检查

为了防止集装箱在搬运过程中箱内货物移动和倒塌,减少货损,减少对集装箱的损坏,杜绝危险,必须对箱内货物进行必要的衬垫和固定。用作衬垫和固定的用具和材料主要有木材、胶合板、绳索、填补器和空气垫等。

（1）木板。为了防止货物在箱内的滑动、摩擦,与铁器部位有效隔离,或保护包装强度较弱的货物,分散上层货物的负荷,在货物之间加上用木板做的间壁或用木板作衬垫。检查时要注意带有树皮的木板不能使用。

（2）木棱和木块。当货物在箱内留有空隙时,需用木棱或方形木块予以支撑或塞紧,有时使用木棱在货物的端部作支柱或栅栏,防止货物移动或倒塌。要注意有木节或横纹的木料不能使用。

（3）胶合板。其用途与木板基本相同,要注意不能使用残缺不全的胶合板,胶合板容易断裂,不能承受太大的压力。

（4）绳索。绳索只能用作固定货物的辅助用具,为防止货物前后滑动或摇摆,不能仅用绳索来固定货物。

（5）填补器。如果集装箱内积载了同样形状和尺寸的货物,由于箱壁与货物之间留有固定不变的空隙,可以预先用木板制成一个与空隙一样大小的木框架,填入空隙中,这是一种行之有效、省工又省料的固定用具。

（6）空气垫。使用时先把空的气垫插入货物周围的空隙中,再给气垫充气膨胀,这样除固定货物外,还能起到缓冲作用。

6.2.4　典型包装货物的装箱

1. 纸箱货的装载

（1）装箱要从里往外装,或从两侧往中间装;

（2）在纵向产生 250～300cm 的空隙时,可以利用上层货物的重量把下层货物压住,最上层货物一定要塞满或加以固定;

（3）如所装的纸箱很重,在集装箱的中间层就需要适当地加以衬垫;

（4）箱门端留有较大的空隙时,需要利用方形木条来固定货物;

（5）装载小型纸箱货时,为了防止塌货,可采用纵横交叉的堆装法。

2. 木箱货的装箱操作

木箱货装箱时应由里向外、由下至上装载,堆码要整齐平稳,不能留有空当。所装的货物在箱内不能铺满一层时,应用木棱或填补器填塞牢固,以防货物移动或塌堆。如箱门端留有较大的空隙,则必须利用木板或木棱加以固定和支撑。支撑时不能撑在箱门上,应尽量利用角柱、角件等强力构件。如箱门的空隙不大,可采用木框填补或使用木栅栏,避免与箱门摩擦或开箱时倒下。

3. 袋装货的装载

袋装货一般容易倒塌和滑动,可采用压缝方式堆积或者用粘贴剂粘固,或在袋装货中间插入衬垫板和防滑粗纸;袋包一般在中间呈鼓凸形,常用堆装方法有砌墙法和交叉法;为防止袋装货堆装过高发生塌货事故,需用系绑用具加以固定。

4. 桶装货的装载

桶装货装箱时,应自内向外直立平铺堆靠,桶底要铺垫木板,箱壁四周应用木板或胶合板加以有效隔离,在每层之间使用木板衬垫。当不能装满一层时,应加以有效的紧固,使其不致滚动和移动。如果箱门附近留有较大的空隙,可采用侧壁支撑的方法进行固定。

5. 钢瓶货的装载

钢瓶的保护皮圈应齐全,否则不能装入箱内。钢瓶不宜单个散放,最好以每几个为一组或以托盘的形式装箱,这样可以防止钢瓶在箱内滚动。箱的侧壁和两端应用木板与金属隔离。堆放时,箱内钢瓶的安全帽必须朝同一方向。如集装箱内部装满,则不需要特别加固,但箱门端的空隙应使用木板或胶合板使箱门与钢瓶隔离。如钢瓶在箱内拟装两层时,必须在下层钢瓶上铺设足够厚度的木板或胶合板。如上层钢瓶不能铺满一层,箱门附近的货物除用绳索捆扎外,还应施加固定。钢瓶原则上竖装,但由于尺寸的原因必须横装时,则每垛的前后必须用隔离板隔开。如在纵向留有空隙,则采用木框或增加隔板的厚度来填塞。

6.2.5　各类危险货物装箱检查要点

1. 爆炸品

(1) 曾装运过强酸、强碱的集装箱,在彻底清除干净之前,严禁装入爆炸品。

(2) 包装应良好,如有破损、水湿、油污、虫蛀等,则不得装入箱内,木板箱不能有钉外露。

(3) 由于爆炸品对金属较为敏感,箱壁四周应用衬垫木板使货物与金属部位隔离;不能有钉子撒落在箱内。

(4) 所使用的装箱工具或机械,应不致产生火花,排烟管应有消除火星的网罩,同时应降低负荷的 25% 使用。

(5) 作业时防日光暴晒,避免在高温下装箱,夜间作业应使用防爆型照明灯具。

(6) 搬运时,必须轻拿轻放,不得在地上滚动,禁止背负。

(7) 积载不能超过包装堆积试验的高度,雷管及引信等极敏感的物质应装于货物的表面。

(8) 爆炸品有 6 个小类,装箱时要注意它们的配装类。

2. 气体

(1) 在进行有毒或剧毒气体作业时,作业场所应备有防毒面具;在进行易燃气体作业时,应备有灭火器材。

(2) 夏季作业时,要有遮阳设施,防止日光暴晒和高温下作业。

(3) 所使用的工具或机械设备,应不致产生火花,严禁穿着沾有油污的工作服和使用沾有油污的手套及工具。

(4) 作业时不能手持钢瓶的安全帽,严禁抛掷、碰撞、滚滑。

(5) 注意检查钢瓶安全帽是否拧紧,检查钢瓶的保护圈是否齐全,检测有无漏气和异味。

3. 易燃液体

(1) 检查作业现场是否备好相应的灭火器材。

(2) 闪点低于 23℃ 的易燃液体作业现场应选在遮阳的地方,防止日光暴晒,避免在高温下作业。

(3) 作业人员不得随身携带火种,夜间作业应使用防爆型照明灯具。

(4) 使用机车装箱时,排烟管应有防火装置,并降低其负荷 25% 使用,进行固定工作时,应使用不致产生电火花的工具,固定用的钉子不能外露。

(5) 注意检查容器有无膨胀现象,焊接缝处有无渗漏的渍迹,桶盖有无松动。

(6) 盛装的容器不能完全装满,要考虑航行途中可能遇到的最高温度,应留有足够的膨胀余位。

4. 易燃固体

(1) 本类中那些对撞击、摩擦较敏感的货物,装箱时箱壁的四周应用木板或胶合板加以有效的隔离和固定,进行铲、叉作业时,要轻拿轻放,防止摩擦、撞击。

（2）对于有温度要求的货物,应按该货物的具体要求配置控制温度的装置。

（3）电石、黄磷、金属钙等如发现容器膨胀、破裂,应更换容器,未经处理或放气前不要搬运、晃动,更不能装入箱内。

（4）发现有湿气或有水渍及污染现象的包件,不能装入箱内。箱内潮湿的集装箱禁止使用。

5. 氧化物质和有机过氧化物

（1）所使用的集装箱内部应清洁、干燥,没有油污,不得留有任何酸类、煤炭、木屑、硫化物及粉状可燃物质。

（2）认真检查包装件是否完好,桶盖有无松动,关闭环是否卡紧,外表有无裂痕。

（3）作业人员应戴防护手套,必要时需戴口罩和穿着防护服。

（4）忌高热的物质,作业时应有遮阳设施,防止阳光直晒。

（5）所使用的机具应与货物的性质相适应,叉、铲车的排烟管应有防火装置。

（6）有机过氧化物应在 IMDG Code 规定条件下,考虑到整个航程的情况进行装运。

（7）使用温控集装箱时应事先检查其温控设备是否处于良好状态。

6. 有毒物质和感染性物质

（1）作业时禁止肩扛、背负、冲撞、摔碰、翻滚,搬运要平稳,轻拿轻放,防止包装破损。

（2）搬运一般毒品时应穿工作服,戴口罩、手套,搬运会引起呼吸中毒的挥发性流体毒害品时,还应系胶质围裙,穿胶靴,戴防护眼镜和防护帽,外露皮肤应涂上防护药膏。搬运剧毒物质必须戴防毒面具。

（3）进行剧毒品作业应远离生活区,防止有毒气体或粉尘进入生活区。

（4）忌湿、晒的毒害品应避免雨、雪天作业,防止日晒。

（5）撒落在场地上的毒物,应用锯末吸干并及时清扫干净。

7. 放射性物质

（1）应认真检查包装,保证装入箱内的包装完好无损,符合 IMDG Code 对放射性物质的特殊包装要求。

（2）作业时禁止肩扛、背负、倒放、翻滚,轻拿轻放,无机械设备时,可使用手推车,操作人员作业时间不能太长,要进行轮换。

（3）装箱时要把放射性大的物质集中于集装箱中部,放射性小的物质装于周围。如果装的数量很少,应装于箱的中间,四周用填料顶紧,这样可起到一定的屏蔽作用。

（4）对于放射性物质应当优先装运,使货物不落地、不积压。

（5）作业完毕,应用肥皂、清水将手脸冲洗干净。

8. 腐蚀性物质

（1）搬运时应穿工作服、戴手套,防止皮肤接触到货物。

（2）使用玻璃或陶瓷等容器时,应检查封口是否完好,有无渗漏,装箱时应采取有效的紧固措施。

（3）要注意堆码不能超过积载试验允许的高度。

6.2.6　抽箱检查

除了到装箱场所检查出港危险货物的装箱外,还可以将检查重点放在对进出港危险货物集装箱的抽样开箱检查上。具体做法是根据危险货物进出港的申报资料,选定目标箱,通过货主或其代理人,视需要办妥海关开箱检查手续,将目标箱提到适宜开箱检查的场地。开箱时最好有货主、船公司代表、码头操作人员在场,并落实安全防护措施。集装箱经过了陆路或海路的颠簸,箱内包件可能已经受损和倒塌,开箱时要格外小心。检查的方法可参照装箱检查,重点是看标记、标志是否齐全,危险货物是否与申报资料相符,包装件的包装、装箱、堆码、加固是否符合规范的要求,如果发现有隐报、瞒报、伪报的行为,可按有关规定进行处罚。对于标记、标志不全,包装、堆码、加固等有缺陷的,要纠正后才能放行,情节严重的也可按章处罚。

中转危险货物集装箱除了有较确切的证据怀疑申报不实或有其他特殊情况外,一般仅限于审核申报资料,不进行开箱检查。

6.2.7　登轮核查危险货物集装箱载运情况

按照规定每一艘载运危险货物的船舶应具备一份危险货物舱单,注明船上所载危险货物及其位置。登轮检查时,可向船长或大副索取船上的危险货物舱单,也可通过船上的电脑查阅,对照该船的危险货物资料和集装箱装箱证明书核查是否与申报的相符。对不如实申报的,可按章进行处罚。通过调阅危险货物舱单,还可以清楚地知道危险货物集装箱的装载位置,审核是否符合 IMDG Code 的积载隔离要求。

6.3　集装箱开箱检查

6.3.1　开箱检查的确定

海事执法人员应通过检查单证(船舶预配积载图、危险货物舱单、船舶出港申报单、装箱证明等)或现场检查危险货物集装箱的箱体情况来确定拟进行开箱检查的目标集装箱。重点为以下几种类型的集装箱:

① 有破损、污染、撒漏或渗漏现象的;
② 被举报存在装箱质量问题的;
③ 被举报有瞒报、谎报危险货物行为的;
④ 拼装的或中转的;
⑤ 诚信度差的装箱检查员监装的。

6.3.2　开箱检查过程

1. 开箱检查的程序

开箱检查前,海事部门应签发《船舶载运危险货物集装箱开箱检查通知书》,通知托运人、承运人或其代理人并做好与有关部门的协调工作。海事部门签发的《船舶载运危险货物集装箱开箱检查通知书》一式三份,一份交被通知人,一份抄送装卸作业单位,一份由海事部门留存。被通知人收到通知后,应在该通知书上签字确认。开箱检查时,被通知人和装卸作业单位应做好相应的开箱准备工作,配合检查。实施开箱检查须有 2 名以上海事执法人员在现场。开箱前应记录危险货物集装箱箱号、铅封号、舱单上显示的货物名称等相关信息。并对危险货物集装箱箱体外部情况进行检查,察看集装箱安全合格牌(CSC 标牌)是否完好、有效;集装箱装入的危险货物是否超重;集装箱箱体状况;集装箱标牌、标记状况。

2. 具体检查内容

开箱后,应检查以下内容:

(1)实际装箱内容是否与申报单一致;

(2)包装形式是否符合《国际危规》的要求并与申报的包装形式相符;

(3)包装是否按规定显示危险货物标志和标记;

(4)危险货物包件堆码是否正确;

(5)危险货物包件衬垫、加固是否合理;

(6)箱内是否装有互不相容的物质;

(7)不同货物装载是否符合隔离要求;

(8)装入箱内的危险货物如需采取特殊的防护措施,是否已经采取。

3. 检查后处理

(1)开箱检查发现箱内有未申报的危险货物,由现场执法人员拍照、摄像,做好现场取证工作,取证完毕后重新封箱。海事执法人员向承运人或托运人出具《海事违法行为证据登记清单》,由装卸单位将危险货物集装箱移至危险货物堆场或仓库。由承运人通知托运人到海事部门接受调查,转入违法案件调查程序。

(2)对箱内货物的包装未显示货物名称,或货物名称与运单名称不相符,或货物性质不明的,应责成承运人或托运人提供说明货物性质的文书资料。必要时,应由鉴定机构对货物性质进行评估。

对开箱检查中发现存在装箱质量问题的危险货物集装箱,应按要求纠正缺陷后,方可办理有关装船手续。

开箱检查后,由被通知人重新在被检查危险货物集装箱上加做新的铅封。海事执法人员注意记录新的铅封号。

海事执法人员应及时记录检查情况,对检查发现结果及处理结果在《船舶载运危险货物集装箱开箱检查记录表》中进行记录。参加开箱检查的承运人或其代理人、装卸作业单位代表、相关证人在《船舶载运危险货物集装箱开箱检查记录表》上签字确认相关情况。

职业指导

危险货物采用集装箱运输,可以在运输过程中对危险货物起到足够的保护作用,同时又方便装卸和搬运。在装卸和保管时,要加大对危险货物集装箱的管理。执行装卸货注意事项,加强监装监卸管理。危险货物集装箱的运输、保管应符合有关堆放、储存、转运的法令法规的要求。学生通过本章的学习,能够熟悉集装箱装运危险品的运输与管理要求,将来在工作实践中,把理论和实际结合起来,实现危险品的安全运输。

实训项目

（1）学生分组，每组 4～6 人；

（2）了解某一场站某种危险品的装箱全过程，分析其装箱是否得当；

（3）根据分析结论提出改进方案。

练习题

简答题

（1）简述集装箱的分类。

（2）简述集装箱货物的现场装箱作业。

（3）简述各类危险货物装箱的检查要点。

（4）简述集装箱开箱检查的基本流程。

第 7 章

散装液体货物的运输与管理

 引导案例

墨西哥漏油事故污染情况

2010 年 4 月 20 日夜间,位于墨西哥湾的"深水地平线"钻井平台发生爆炸并引发大火,大约 36 小时后沉入墨西哥湾,11 名工作人员死亡。这一平台属于瑞士越洋钻探公司,由英国石油公司(BP)租赁。钻井平台底部油井自 2010 年 4 月 24 日起漏油不止。事发半个月后,各种补救措施仍未有明显突破,沉没的钻井平台每天漏油达到 5000 桶,并且海上浮油面积在 2010 年 4 月 30 日统计的 9900 平方千米基础上进一步扩张。此次漏油事件造成了巨大的环境和经济损失,同时,也给美国及北极近海油田开发带来巨大变数。受漏油事件影响,美国路易斯安那州、亚拉巴马州、佛罗里达州的部分地区以及密西西比州先后宣布进入紧急状态。

1. 事故地点

墨西哥湾(Gulf of Mexico)因濒临墨西哥而得名,位于北美洲大陆东南沿海水域,部分为陆地环绕,通过佛罗里达半岛和古巴岛之间的佛罗里达海峡与大西洋相连,并经由犹加敦半岛和古巴之间的犹加敦海峡与加勒比海相通。这两个海峡均宽约 160 千米。墨西哥湾东西向和南北向的最远距离分别为大约 1800 米和 1300 米,总面积约 155 万平方米。其西北、北和东北面为美国南部海岸,西、南和东南面为墨西哥东部海岸。

2. 事故经过

(1)爆炸。美国南部路易斯安那州沿海一个石油钻井平台当地时间 2010 年 4 月 20 日晚 10 点左右起火爆炸,造成 7 人重伤、至少 11 人失踪,当局派出船只和飞机在墨西哥湾展开搜索行动,希望能发现救生船或幸存者的踪迹。事故发生后,平台上 126 名工作人员大部分安全逃生,其中一些被爆炸和大火吓坏了的工人纷纷跳下 30 米高的钻塔逃生,另有一些人则选择了救生船。这一钻井平台建于 2001 年,由越洋钻探公司拥有,眼下与英国石油公司签有生产合同。

(2)漏油。2010 年 4 月 24 日起,"深水地平线"钻井平台爆炸沉没约两天后,海下受损油井开始漏油。这口油井位于海面下 1525 米处。海下探测器探查显示,钻井隔水导管和钻探管开始漏油,估计漏油量为每天 1000 桶左右。"我们认为这是一起严重的溢出事故。"海岸警卫队军官康尼·特雷尔说,"我们正竭力协助清理浮油。"租用钻井平台的英国石油公司

出动飞机和船只清理海面浮油,但因天气状况恶劣,清理工作受阻。

(3) 新发现漏油点。2010 年 4 月 28 日海岸警卫队官员玛丽·兰德里在一场新闻发布会上说,租用"深水地平线"的英国石油公司工程人员发现第三处漏油点。兰德里说:"英国石油公司方面通报,在海底油井处又发现一处漏油点。"海岸警卫队和救灾部门提供的图表显示,浮油覆盖面积长 160 千米,最宽处 72 千米。从空中看,浮油稠密区像一只只触手,伸向海岸线。兰德里介绍,美国国家海洋和大气管理局估计,油井漏油量每天 5000 桶左右,是先前估计数量的 5 倍。英国石油公司不认同这一数量,营业部经理道格·萨特尔说,先前日漏油大约 1000 桶的估计应该是准确的。

(4) 事故升级。2010 年 5 月 29 日,被认为能够在 2010 年 8 月以前控制墨西哥湾漏油局面的"灭顶法"宣告失败。

"每天原油泄漏量可能将近 80 万加仑,而且这一数字很可能接近 100 万加仑。"据美联社消息,有科学家在考察墨西哥湾井喷情况后表示,墨西哥湾泄漏的原油量至少比原先估计多两倍,最高多五倍。而据美国有线广播公司称,每天原油的泄漏量达 1.2 万至 2 万桶。

美国墨西哥湾原油泄漏事故 2010 年 6 月 23 日再次恶化:原本用来控制漏油点的水下装置因发生故障而被拆下修理,滚滚原油在被部分压制了数周后,重新喷涌而出,继续污染墨西哥湾广大海域。

(5) 封堵成功。7 月 15 日,监控墨西哥湾海底漏油油井的摄像头拍摄的视频截图显示,漏油油井装上新的控油装置后再无原油漏出的迹象。在墨西哥湾漏油事件发生近 3 个月后,英国石油公司 15 日宣布,新的控油装置已成功罩住水下漏油点,"再无原油流入墨西哥湾"。

英国石油公司是在对漏油油井进行"油井完整性测试"后宣布这一结果的。该公司于 10 日卸除了旧的控制漏油装置,换上了目前的控油罩。

据美国媒体报道,接下来需要观察新控油罩封住漏油后,是否造成油井其他地方出现漏油点。

英国石油公司管理人员此前曾表示,即使新装置能完全控制漏油,英国石油公司将继续打减压井,因为这是永久性封住漏油油井的最可靠的方法。

3. 事件影响

2010 年 4 月 20 日,英国石油公司在美国墨西哥湾租用的钻井平台"深水地平线"发生爆炸,导致大量石油泄漏,酿成一场经济和环境惨剧。美国政府证实,此次漏油事故超过了 1989 年阿拉斯加埃克森公司瓦尔迪兹油轮的泄漏事件,是美国历史上"最严重的一次"漏油事故。

4. 经济损失

截至 2010 年 6 月 1 日,泄入墨西哥湾的石油在 1700 万加仑到 2700 万加仑,这些石油可以盛满 25 个到 40 个奥林匹克标准泳池。更可怕的是,泄漏仍在继续,每天的漏油量在 12000 桶到 19000 桶,远超过此前评估的 5000 桶。

受漏油事故的影响,奥巴马总统不得不宣布对 33 个深水石油钻井项目的暂停期限延长到 6 个月,同时也暂缓在阿拉斯加沿海的石油钻探项目。

英国石油公司在舆论指责中首当其冲。有媒体报道指出,英国石油公司自年初租用"深井地平线"以来,已投入巨大资金,启动经费就高达 1 亿美元。英国石油公司表示,该公司为应对漏油事故已耗费了 9.3 亿美元，其中包括控制漏油的措施和事故赔付等。

5. 环境破坏

路易斯安那州州长 2010 年 5 月 26 日表示，该州超过 160 千米的海岸受到泄漏原油的污染，污染范围超过密西西比州和亚拉巴马州海岸线的总长。墨西哥湾沿岸生态环境正在遭遇"灭顶之灾"，相关专家指出，污染可能导致墨西哥湾沿岸 1000 英里长的湿地和海滩被毁，渔业受损，脆弱的物种灭绝。

"现在这个时间段尤其敏感，因为很多动物都在准备产卵。在墨西哥湾，大蓝鳍金枪鱼正在繁衍，它们的鱼卵和幼鱼漂浮在海面；海鸟正在筑巢。而对于产卵的海龟来说，海滩遭到破坏，其影响是致命的。"杜克大学海洋生物学家拉里·克罗德说，一次重大的漏油事件将破坏整个生态系统和建立在其上的经济活动。

南佛罗里达大学海洋学家维斯伯格更担忧的是，油污会被卷入墨西哥湾套流。因为一旦进入套流，油污扩散到佛罗里达海峡只需一周左右；再过一周，迈阿密海滩将见到油污。进入套流的原油会污染海龟国家公园，使当地的珊瑚礁死亡，接着大沼泽国家公园内的海豚、鲨鱼、涉禽和鳄鱼都将受害。

6. 沉重的生态忧虑

随着原油污染的持续恶化，已有更多出海清理石油的工作人员和沿岸居民出现头晕、恶心等症状。在受害最严重的路易斯安那州，超过 125 英里的海岸线被浮油侵袭，污染正一点一点毁灭沿岸生态。飓风季的来临将使原油污染进一步恶化。今年的飓风季将是 2005 年卡特里娜飓风以来最为活跃的一季。美国"飓风季"自 6 月 1 日开始，至 11 月结束。路易斯安那州近几十年来湿地面积大幅减少，湿地生态系统脆弱。原油侵袭的进一步加剧，将使湿地生存能力受到严重威胁。

案例解析：

世界上做安全做得最好的企业——杜邦公司有句名言：一切安全事故都是可以避免的。虽然说事故有必然性，但是我们要注意到，在所有的事故中，因为人的不安全因素和管理的缺陷所造成的事故占 95% 以上。因此，加强对管理制度的强化就成了保证企业生产安全的必由之路。对于石油运输和管理的公司而言更是如此，在面对要求越来越高的世界石油市场时，如何做好自身的安全建设，成为重中之重。

本案例涉及的主要知识点：原油的特性；原油的安全管理注意事项。

🔶 学习导航

了解散装油类的种类和理化常数及储存，熟悉其特性，掌握散装油类的安全运输；了解散装液体化学品的分类，熟悉散装液体化学品的定义和特性，掌握散装液体化学品的安全运输；了解散装液化气的分类，熟悉散装液化气的特性，掌握散装液化气的安全运输。

📑 教学建议

本章的备课要点：散装油类的特性、散装油类的安全运输；散装液体化学品的特性及其安全运输；散装液化气的特性及其安全运输。教学以理论为主、实训为辅，采用多媒体教学，在课件中展示散装液体货物运输的图片和视频，并进行案例讲解。建议授课学时为 6 学时。

7.1　散　装　油　类

7.1.1　定义、分类及特性

1. 散装油类的定义

散装油类主要指原油及其产品。

原油(Crude Oil)是指从地下开采出来的一种(油状)黏稠液体,是未经炼制加工的石油,它是成分复杂的碳氢化合物的混合物,主要是由甲烷族、环烷、多环烷族和芳香族等不同的烃类所组成。此外,它还含有微量的氧化物、硫化物和灰分。一些不同产地的原油的化学组成如表 7-1 所示。

石油制品(Petroleum Products)是原油经炼制加工,如分馏、裂解、重整等方法获得的各种产品,又称成品油(Products Oils)。

表 7-1　原油的化学组成

产　　地	元素含量/%				
	C	B	S	N	O
大庆(混合原油)	85.74	13.31	0.11	0.15	—
大港(混合原油)	85.67	13.40	0.12	0.23	—
胜利	86.26	12.20	0.80	0.10	—
克拉玛依	86.10	13.30	0.04	0.25	0.28
苏联杜依玛兹	83.90	12.30	2.67	0.33	0.74
墨西哥	81.20	11.40	3.60	—	0.80
伊朗	85.40	12.30	1.06	—	0.74

2. 散装油类的分类

(1) 原油。原油按所含不同烃类可分为以下四种:

① 甲烷族原油。此种原油适于炼制固体的石蜡和优质的润滑油。

② 环烷与多环烷族原油。此种原油经蒸馏后残存较多沥青,亦称沥青族原油。

③ 甲烷与环烷族原油。此种原油由上述两种原油混合而成,适于精炼润滑油和重油。

④ 特殊族原油。如芳香族原油、甲烷与环烷芳香族、环烷芳香原油等。

(2) 成品油。成品油按用途可分为以下四类:

① 燃料油类,如汽油、煤油、柴油等。

② 润滑油类,如气缸油、车船用润滑油、车船用润滑脂等。

③ 化工用料类,如溶剂苯、甲苯等。

④ 建筑材料类,如沥青等。

(3) 油轮可载运的油类。在《经 1978 年议定书修订的 1973 年防止船舶造成污染公约》(MARPOL 73/78)附则Ⅰ中列出了油轮可以载运的油类名单,共计 8 小类 44 种油品。

① 石脑油(Naphtha)：

a. 溶剂(Solvent)；

b. 石油(Petroleum)；·

c. 窄馏分油(Heartcut Distillate Oil)。

② 喷气燃料类(Jet Fuels)：

a. JP-1(煤油)喷气燃料　JP-1(Kerosine)；

b. JP-3 喷气燃料　JP-3；

c. JP-4 喷气燃料　JP-4；

d. JP-5(重质煤油) JP-5(Kerosine，Heavy)；

e. 燃气轮机燃料　(Turbo Fuel)；

f. 煤油(Kerosine)；

g. 矿物油溶剂(Mineral Spirit)。

③ 汽油类(Gasolines)：

a. 天然汽油(Gasinghead(natural)Gasoline)；

b. 车用汽油(Automotive Gasoline)；

c. 航空汽油(Aviation Gasoline)；

d. 直馏汽油(Straight Run Gasoline)；

e. 1 号燃料油(煤油)(Fuel Oil No. 1(Kerosene))；

f. D 号燃料油(Fuel Oil No. 1-D)；

g. 2 号燃料油(Fuel Oil No. 2)；

h. 2-D 号燃料油(Fuel Oil No. 2-D)。

④ 汽油调和料类(Gasoline Blending Stocks)：

a. 烷基化燃料(Alkylates-Fuel)；

b. 重整油(Reformates)；

c. 聚合物燃料(Polymer-Fuel)。

⑤ 馏分油(Distellates)：

a. 直馏油(Straight Run Distellates)；

b. 闪蒸原料(Flashed Feed Stocks)；

⑥ 轻柴油(Gas Oil)：

裂化油(Cracked Gas Oil)。

⑦ 油类 Oil：

a. 澄清油(Clarified Oil)；

b. 原油(Crude Oil)；

c. 含原油的混合物(Mixtures Containing Crude Oil)；

d. 柴油(Diesel Oil)；

e. 4 号燃料油(Fuel Oil No. 4)；

f. 5 号燃料油(Fuel Oil No. 5)；

g. 6 号燃料油(Fuel Oil No. 6)；

h. 残渣燃料油(Residual Fuel Oil)；

i. 铺路沥青(Road Oil)；

　　j. 变压器油(Transformer Oil)；

　　k. 芳烃油(不包括植物油)(Aromatic Oil(Excluding Vegetable Oil)；

　　l. 润滑油和调和油料(Lubricating Oils and Blending Stocks)；

　　m. 矿物油(Mineral Oil)；

　　n. 马达油(Motor Oil)；

　　o. 渗透润滑油(Penetrating Oil)；

　　p. 锭子油(Spindle Oil)；

　　q. 透平油(Turbine Oil)。

　　⑧ 沥青溶液(Asphalt Solutions)：

　　a. 调和油料(Blending stocks)；

　　b. 屋顶用柏油(Roofers Flux)；

　　c. 直馏渣油(Straight Run Residue)。

　　(4) 我国对油类的分类。目前国内石油的分类,主要按其火灾危险性分为三级：

　　① 一级——闭杯闪点在 28℃以下的石油,如汽油、石脑油等；

　　② 二级——闭杯闪点在 28℃及以上,60℃以下的石油,如煤油等；

　　③ 三级——闭杯闪点在 60℃及以上的石油,如燃料油、重柴油等。

3. 散装油类的特性及危害性

　　(1) 散装油类的主要特性。

　　① 挥发性。大部分散装油类都含有易挥发的碳氢化合物,所以它们具有易挥发性。在《国际油船和油码头安全作业指南》(IOTTSG)一书中将闭杯闪点低于 60℃的油品列为挥发性油品。石油产品的挥发不但会造成其数量减少,而且由于其挥发部分多是轻质馏分,因而会使其质量降低,同时为燃烧、爆炸提供了石油蒸气。挥发的快慢取决于温度的高低、压力的大小、表面积的大小、气流速度的快慢以及油品密度的大小。

　　② 易燃性。散装油类具有遇火燃烧的特性。散装油类的燃烧是其蒸气的燃烧,所以越易挥发的油品越易引起燃烧。它可以用闪点的高低来衡量,闭杯闪点低于 60℃的油品具有易燃的危险性,如汽油的闭杯闪点为 40℃(c. c)、煤油的闭杯闪点为 45℃(c. c),都是易燃的。

　　③ 爆炸性。散装油类所挥发的油气与空气混合,在一定的浓度范围,遇有火花即能发生爆炸。油气混合气能发生爆炸的下限和上限的浓度称为爆炸极限。油气的爆炸下限较低,即油气浓度低的时候特别容易引起爆炸。如汽油的爆炸极限在 1.2%~7.2%,煤油的爆炸极限在 1.4%~7.5%。

　　④ 易感静电性。散装油类在管道内以一定速度流动或在容器(包括油舱)内动荡,会因与管壁或容器壁相摩擦而带电；带电较高时,静电荷能在绝缘装备和接地物体之间放电。这时,如果接触到周围的油气与空气的混合气,有可能引起燃烧或爆炸。

　　⑤ 黏结性。黏结性是指原油及重油、柴油等不透明的石油产品在低温时,流动性减小而黏结成糊状或块状的特性。一般用凝固点和黏度来表示。

　　⑥ 毒害性。散装油类所挥发的气体对人体健康有害,尤其是含硫较多的石油气。某些产品如汽油含有四乙基铅,更具毒性。

⑦ 胀缩性。散装油类的体积随温度的变化而膨胀或收缩的性质,称为胀缩性。不同的品种和在不同的温度条件下其胀缩程度不同,可由石油的体积温度系数 f 决定。

⑧ 污染性。散装油类除大量挥发能造成空气污染外,液体的滴、漏及污水排放也能造成水域、陆域环境的污染。

(2) 危害性。油类的危害性主要归纳为安全危害和对海洋的污染。

① 安全危害。安全危害包括燃烧爆炸、易感静电和对人身健康的危害。

a. 燃烧爆炸。油类能够起火燃烧,但需在一定条件下才会发生。它与其他可燃物质一样,也需具备燃烧的三要素:一是可燃物,货油挥发出的石油气或烃气。二是助燃物,货油周围的空气。三是热源,足以点燃石油气的火焰、电火花、静电火花、热加工等。

若缺少其中任何一个要素,就不可能引起燃烧,或燃烧的可能性不大。

如果可燃油气被点燃,火焰就会很快扩展到整个混合气中,将出现迅速膨胀,局部压力升高。在敞开的场所,膨胀的气体很容易消散,但是在封闭的空间里,如货油舱,膨胀的气体被限制在有限的空间内,致使压力继续升高,直到油舱的围壁崩裂,导致爆炸。

除非空气中所含的烃类气体浓度在可燃范围内,否则烃类气体和空气的混合气体是不会引起爆炸的。对于各种不同的纯烃类气体和不同的石油产品挥发出来的混合气体来说,其爆炸范围略有不同,大约为 1%～10%。只要将油气浓度控制在爆炸范围之外,就可以达到一般的防患目的。

b. 易感静电。在石油装卸、运输中,货油或含油污水在管道内流动与管壁做相对运动时,用压缩空气扫清管线内存油时,装货初期、货油与舱底水掺混时,用高容量洗舱机喷射舱壁时,都会使运动中的货油或含油污水等与相对静止物分离而带电。为防止静电造成火灾事故,在装货初期应控制流速(一般不大于 1m/s),并将管线通过主液货管或船壳进行接地,以疏导电荷。

c. 对人身健康的危害。石油及石油产品对人身健康造成危害的,主要是石油及石油气中的有毒成分。人员中毒几乎全是由于接触了各种石油和石油气而发生的,接触的主要途径有吞入、皮肤直接接触和吸入。

石油气毒性的大小,主要取决于石油气中的成分。某些微量元素、芳香烃(如苯)和硫化氢的存在,能大幅度地提高其毒性。

需要强调的是,很多石油气的中毒临界值远远低于可燃下限值,如苯、硫化氢的中毒临界值(TLV)为 10×10^{-6},在进入货油舱之前,一定要彻底通风,要确保油气浓度低于中毒临界值,方可进入舱内工作。

② 对海洋的污染。对海洋的污染包括对海洋生物资源的危害、对海滨和海岸自然环境的危害和其他一些影响。

a. 对海洋生物资源的危害。进入海洋的石油,在氧化和溶解过程中能导致海水溶解氧含量急剧下降,二氧化碳和有机物含量增高,其他某些化学性质也会产生一定变化。大面积海洋污染导致海水严重缺氧,能对海洋生物造成严重危害。

b. 对海滨和海岸自然环境的危害。气候怡人的海滨和海岸自然环境通常是娱乐和疗养的胜地,也是天然的浴场。然而发生油污染后,海洋上漂浮的油类在风、浪、潮的作用下,漂上海岸或海滩,令人产生厌恶感或失去游乐的兴趣,从而降低海滨的使用价值,恶化海岸自然景观。

c. 如果海洋植物遭受油污染侵害则会枯死,造成海岸带侵蚀。

③ 其他影响。其他影响包括对海洋气候的影响,对海水利用及滩涂养殖的影响等。

4. 散装油类的理化常数

在散装油类的运输中,需要掌握和使用的理化常数有油品的密度、石油体积系数、石油密度温度系数、石油体积温度系数、凝固点、黏度、闪点、含水量和含蜡量等。

(1) 密度。密度是指在温度 t℃时,单位体积石油的质量,用 ρ_t 表示,单位为 g/cm³ 或 kg/L。20℃时单位体积石油的质量为标准密度,用 ρ_{20} 表示,单位为 g/cm³。用石油密度计测得温度 t℃(非 20℃)时的密度为视密度,用 ρ_t' 表示,单位为 g/cm³。

(2) 石油体积系数。石油及其产品的密度随温度的升降而变化,温度升高,密度减小,体积膨胀;反之,密度增大,体积缩小。这反映原油及其产品的体积随温度的升降而变化的规律。我国规定温度为 20℃时的石油体积为标准体积,用 V_{20} 表示,单位为 L 或 m³。石油在 20℃时的体积 V_{20} 与在 t℃时的体积 V_t 的比值为石油体积系数,用 k 表示。

$$k = \frac{V_{20}}{V_t}$$

(3) 石油密度温度系数 r。石油温度变化 1℃时,其密度的变化值为石油密度温度系数,用 r 表示,单位为 g/cm³/℃。

$$r = \frac{\rho_{t_1} - \rho_{t_2}}{t_2 - t_1}$$

(4) 石油体积温度系数 f。是由温度变化 1℃时,其体积变化的百分值为石油体积温度系数,以 f 表示,单位为 1/℃。

$$f = \frac{V_2 - V_1}{V_1(t_2 - t_1)}$$

r 与 f 的关系为

$$f = \frac{r}{\rho_{20}}$$

(5) 凝固点。凝固点是指在一定的试验条件下,试验油品在试管内倾斜 45°时,能使油品水平面在 1min 内保持不流动的某一温度。

测定油品的凝固点是为了掌握原油(特别是暗色石油)及其产品在什么温度下将失去流动性,并由此拟定各类油品保管及装卸作业时的温度。

(6) 黏度。黏度或内摩擦是液体所具有的一种性质,它表现出液体分子间因力的作用所引起的移动阻力。凡能影响分子间摩擦的因素都能影响黏度,液体分子的大小、形态和分子间力等因素是决定黏度的内因,温度、压力等环境条件是决定黏度的外因。

黏度可用相对黏度、动力黏度和运动黏度表示。

相对黏度是 200mL 温度为 t℃的油品,从黏度计流出的秒数,和 200mL 温度为 20℃的蒸馏水从该黏度计流出的秒数之比值。相对黏度的测定可采用恩氏黏度计。

动力黏度是指面积为 1cm² 的两液层间的阻力,其层与层间的距离为 1cm,相互移动速度为 1cm/s。国际制单位(SI)中,动力黏度的单位为帕斯卡·秒(Pa·s),原动力黏度的单位为泊(P)。

$$1P = 0.1Pa \cdot s$$

运动黏度是液体动力黏度与同温度、同压力下液体密度之比,国际单位制中,运动黏度单位为平方米每秒（m²/s）。原运动黏度的单位为沲（cm²/s）。

$$1cm^2/s = 10^{-4}m^2/s$$

动力黏度和运动黏度的测定一般采用毛细管黏度计。

在如何运用轨道、机泵灌注或抽卸原油及其产品方面，黏度是一个很重要的参数。

（7）闪点。我国有关石油闪点试验方法的规定有 GB 261-77 石油产品闪点测定、GB 7634-87 石油及有关产品低闪点的测定、GB 267-77 石油产品闪点及燃点测定。

闪点的高低表明油品的易燃程度、易挥发性混合物的含量以及气化程度，掌握不同种类的散装油类的闪点，在运输和储存过程中，可以采用相应的措施避免燃烧事故，减少挥发损耗。

（8）含水量。各种散装油类的含水量由标准规定。

（9）含蜡量。散装油类含蜡量较高时易凝固，对装卸作业有一定影响。我国主要油田原油的部分常数如表 7-2 所示。

表 7-2　我国主要油田原油的部分常数

石油常数	大庆混合原油	胜利混合原油	大港混合原油	玉门原油	克拉玛依原油
密度 ρ_{20}	0.8552	0.9070	0.8896	0.8698	0.9679
50℃时的运动黏度/（m²/s）	0.2215	0.2138	0.2064	0.1590	0.1923
凝固点/℃	25	20	20	8	3.7
含水量/%	0.21	0.8	0.8	6.5	

5. 散装油类的储存

散装油类除了少量注入包装容器储存外，大量的是利用大容量的油罐储存。油罐有土罐、混凝土罐、钢罐等多种，目前大量采用的是钢罐。

土油罐（油池）是由涂敷 0.5～0.7m 厚的油性黏土层所形成的土坑，储油可达 160 吨以上。土油罐用于短期储存原油和重油。为防止油品渗漏，罐底经常保持一层水。

钢筋混凝土油罐，可筑成矩形或圆形，其储油量为 500～7500 吨。钢筋混凝土油罐主要用于储存原油、重油和柴油。

钢制油罐可供储存原油和各种液体成品油。它有立式、卧式、球形和扁球形等多种形式，已形成标准的油罐有容量为 100～4600m³ 的焊接立式的圆筒罐、容量为 750～10000m³ 或 15000m³ 的按特别设计的焊接式圆筒钢罐、容量为 5500m³ 和 10500m³ 的铆接立式圆钢罐等。

储存散装油类的油罐（以及储存桶装油品的油库）可建造在地面、半地下或地下。地面油罐的罐底和地平面在同一水平或高于地面；半地下油罐的罐底在地面下的深度应至少为油罐高度的一半，同时罐内油品的最高液面应不超出地面 2m，地下油罐内最大限度储存油品时，油品液面应至少低于地面 0.2m。利用地下油罐储存油品，油品的挥发远较地面和半地下油罐储存时要少。

储存散装油类的油罐，要有专门的装备，如使空气进入和罐内混合气体排出的自动调节阀，完整有效的灭火装置，为减轻油品挥发而装备的可浮式或不透气顶盖。较先进的油罐还装有挥发油气收集器，以及设置在钢制油罐外壳上的用以防止静电积聚的接地装置等。

7.1.2　散装油类的运输

1. 油品的装卸

油船运输中,油品的装卸是在专用码头上进行的。由于油品利用管道输送,码头只需有足够的系靠船舶的墩装置(包括工作平台)和架设管道的栈桥,以及其他作业所需的(包括安全方面)装备,所以它可以伸向深水水域,以适应大型油船作业。现在多点系泊、固定单点系泊和浮筒单点系泊等设施已得到广泛采用。

油船的装卸作业须通过软管或自动输油臂使船岸连接后才能进行。装油时使用岸上的动力,将油品泵到油船各舱。如果岸上油库设在较高的位置,有时可利用重力直接装船。卸油时使用船上的动力,将油品泵到岸上油罐或其他储油设施。若输油距离较远,岸上要另行增设动力。油品装卸在船上要涉及极为复杂的阀系统操作管理,以保证不同的油品通过管路注入计划装载的货油舱,各舱的油按计划顺序被泵出,特别要防止混油。

装卸前船岸应填写 IMO 推荐的"船岸安全检查表"中 A 部分的内容。同时双方商定装卸速度、数量、压力、联系方法等,防止产生操作性事故。

(1) 装油。油船船长、大副应充分了解合同所载油品的规格、数量、特性,以及装卸港的要求,并由大副拟制作业计划。装油计划除应保证船舶稳性外,还要注意船舶纵向强度。当装载量较少时,应避免集中装载于首、尾舱,或过多集中在中部货油舱,而可以间隔地留出空舱。当装载多种油品时,应对管路利用结合装载舱室做妥善考虑。同时对各舱的装载应提出液面空位的控制数。该空位数由当时的油温、密度及航行中可能达到的最高温度等因素决定,空档舱容 ΔV 可用下式求得:

$$\Delta V = V_{ch} \times f \times \Delta t / (1 + f \Delta t)(m^3)$$

式中: V_{ch} 为油舱(或油轮全船)的舱容,m^3;Δt 为航次中货油可能的升温℃;f 为货油的体积温度系数 1/℃。

装油须按计划顺序进行。由于给油速度较高(500~1000t/h),船方事先应充分了解岸上泵油速度,在作业时应与岸上保持联系,以便及时调节速度或停止泵油。装油时油舱内的气体除由呼吸通风管道排出外,也常将油舱口的舱盖螺扣旋开,以利于排气。

装油过程中,万一发生溢油事故,不应急促地关闭阀门,而应打开那些能使油通往其他有较多油面空间的油舱阀门,这样能及时分流,防止因阀门关闭(岸上仍以较高的泵压泵油)而造成软管破裂、喷油的危险。在此同时,迅速通知岸上停止输油。已出现的溢油应尽快处理。一般不应使油品流向舷外,若已造成海面污染,要努力缩小污染损害范围,同时要注意防止引起火灾危害。

在装货的后期,值班船员应密切注意各舱应留出的空档,通常在大副制订的装载计划中会明确地标明。在即将进行收尾作业之前,首先通知岸方降低装油速率,并关闭其他油舱阀门留待收尾,然后逐一油舱进行收尾作业。在一个货舱即将到达规定的空档高度时,先打开下一个预定要进行平舱作业的油舱的阀门,然后再关闭到了空档高度的满舱油舱的阀门。在装载两种以上货油的情况下,应避免出现几种货油同时满舱而来不及处理的局面。在收尾作业阶段应尽可能把装载的油舱数降低到最小个数,并适当增加人力,以免发生油污事故。

装货结束时,配合岸上做好扫线工作。大副或指派一名船员检查所有的货油阀门,确认其全部处于关闭状态。然后同商检人员一起进行空档和油温的测量工作。测量工作应在装载完成后30分钟进行,并做好防止静电的措施。

(2) 卸油。如装运的油品凝固点较高(约10℃),则船舶进港卸油前应对该油品进行加温,将蒸气通到舱底的加热管,对油品加热以使油品能顺利泵出。

油船卸油也应事前拟出卸油计划,以保证各舱卸油不致出现船舶纵向受力不良的情况,同时应合理使用管路,不发生不同油品的混杂。货油舱卸油时原则上也由通气管输入空气,以维持舱内的正常压力。由于卸油时舱内空间留存有大量油品蒸气,它与空气的混合比在不断变化,与装油时石油混合气体相比,具有较大的危险性。此外,卸油使用船舶机泵,在此过程中泵房内极易因泵或阀等渗漏油品而滞留油气,有相当的危险,所以应始终保持良好的通风。

在卸油后期,可使船体有一适当的横倾或纵倾角度,以有利于卸空舱内的油品。但在卸油的起始阶段应避免这种倾斜,以防油品从舱口开启的测油孔溢出。卸油过程中,同样应避免发生任何溢油、漏油而造成水域污染的事故。

油船卸油后应进行扫线、拆除软管等工作。在油船卸油后,接续的是压载航次,所以须向专用压载水舱注入压载水,或直接将压载水注入经水洗后的货油舱。现对压载水的排放已有严格的限制。

2. 油品的交接

油品的交接主要是质量交接和数量交接。

(1) 质量交接。油品的质量交接主要采用选样封存方式。船舶装油时以适当的方法选取货油样品加以封存,船舶抵达目的港卸油以前,同样要选取货油样品,并进行化验。经过化验以后,收货人对货油质量没有异议时才能开始卸油,如果收货人对货油质量提出异议,可以开启装船时封存的油样再次进行化验,以判别船方是否在航行中尽到了保管货物的责任。

① 选取油样。选取的货油样品应具有代表性,一般在装油港选取油样有以下两种方法:一是在装油过程中,从码头上管道末端的小开关处选取油样,装油一开始就取一次油样,以后每隔1到2小时取一次;二是从油舱中选取,对于一艘油轮选取油样,至少要从25%的油舱中选取,其中首部5%、中部15%、尾部5%,每个油舱选取油样必须连续地从油舱的不同深度采集。此外,也可只从油舱中选取中层油样。船舶抵达目的港卸油前,只采用第二种方法选样。

② 油样封存。选取出来的货油样品,需搅拌均匀装入两只瓶子中,其中一瓶用船方火漆密封交给货方,作为货方发货质量的凭证;另一瓶用发货人的火漆密封后交给船方,作为船方收货的质量凭证。显然,装载时选取的货油样品具有一定的法律效力,因此不能单独由任何一方选取油样作为货油质量交接的标准样品。标准样品只能在船方、货方共同参加下,由质量检查机关人员去做。

(2) 数量交接。数量交接主要是装油量的计算。石油及其产品的计量方法有多种,在大宗油运中采用的是"体积密度法"(以体积和密度计算重量),所以首先必须准确地测量油品的体积。

① 油品体积的测量。一般油船各货油舱配置专门的容积表,该表反映油舱一定高度

(或液面空档高度)时的容积,见表 7-3。因此,测量液面空档高度后即可从容积表中查出油品的体积。

表 7-3　油舱容积表(部分)

高度/m	容积/m³	高度/m	容积/m³
...	...	...	...
0.80	45.227	4.80	252.184
0.90	51.092	4.90	257.308
1.00	56.957	5.00	262.432
...	...	...	...

测量液面空档高度常用的测量工具有测深卷尺和木制测空尺。前者用合金制成,下悬重锤,其长度超过所测舱深;后者仅适用于空档高度较小的情况。

② 石油及其产品的重量计算。国际上通用的油品计量方法是将密度和体积都换算成标准状况(我国为 20℃),再考虑空气浮力的影响,通过计算所得的即为油品在空气中的重量。其计算公式为

$$m = V_{20}(\rho_{20} - 0.0011)$$

或

$$m = V_{20}\rho_{20}F$$

式中:m 为油品在空气中的重量 t;V_{20} 为油品在 20℃时的体积,m³;ρ_{20} 为油品在 20℃时的密度,g/cm³ 或 t/m³;0.0011 为空气浮力修正值;F 为油品的空气浮力修正值系数(见表 7-4)。

表 7-4　空气浮力修正系数(F)

标准密度 ρ_{20}/(g/m³)	空气浮力修正系数 F	标准密度 ρ/(g/m³)	空气浮力修正系数 F
0.500 0~0.509 3	0.997 700	0.679 6~0.719 5	0.998 40
0.509 4~0.531 5	0.997 80	0.719 6~0.764 5	0.998 50
0.531 6~0.555 7	0.997 90	0.764 6~0.815 7	0.998 60
0.555 8~0.582 2	0.998 00	0.815 8~0.874 1	0.998 70
0.582 3~0.611 4	0.998 10	0.874 2~0.941 6	0.998 80
0.611 5~0.613 6	0.998 20	0.941 7~1.020 5	0.998 90
0.613 7~0.679 5	0.998 30	1.020 6~1.100 0	0.999 00

但由于计量时油品并非处于 20℃状态,所以需经换算,其换算方法如下。

a. 将视密度换算成标准密度。首先从货油舱(或油罐)中取出平均的油品试样,测量其温度和密度,所得密度为视密度(也称观测密度),以 ρ'_t 表示,其中 t 为油品测量温度。可以利用"视密度换算表"(见表 7-5),并经过必要的计算,得到标准密度(ρ_{20})。该换算表温度间隔为 1℃,密度间隔为 0.001g/cm³,当油品温度不是整数时,需运用内插法计算。

表 7-5 视密度换算表

油温/℃	$\rho_{20}/(g/m^3)$				
	0.8450	0.8460	0.8470	0.8480	0.8490
35.0	0.8546	0.8556	0.8566	0.8576	0.8586
36.0	0.8553	0.8562	0.8572	0.8582	0.8592
37.0	0.8559	0.8569	0.8578	0.8588	0.8598
38.0	0.8565	0.8575	0.8585	0.8595	0.8604
…	…	…	…	…	…

b. 将实测体积换算成标准体积。油品经实测测得的体积以 V_t 表示,利用专门的数表查得必要数据,经计算可得出标准体积(V_{20})。具体地说,有三种系数可供使用,如石油体积系数 k,石油密度温度系数 r,以及石油体积温度系数 f 等。其中

$$k = V_{20}/V_t \quad r = (\rho_{t_1} - \rho_{t_2})/(t_2 - t_1) \quad f = (V_2 - V_1)/V_1(t_2 - t_1)$$

由此得

$$V_{20} = kV_t$$

或

$$V_{20} = [1 - (t - 20)r/\rho_{20}]V_t$$

或

$$V_{20} = [1 - (t - 20)f]V_t$$

式中,t 为油品实测温度。

c. 油量计算。经上述换算后,即可计算油品在空气中的含量。各国计量方法虽有不同,但步骤类似。各国油量计算的不同之处在于计量标准体积与密度不同。例如,我国以 20℃ 为标准温度,计量的体积与密度标准为 V_{20} 和 ρ_{20};日本采用相对密度,以 15℃ 时的油品质量与 4℃ 时的纯水的质量的比值($d_{15}/4℃$)为标准,标准体积为 V_{15};英国和美国采用 $d_{60}/60℉$ 和 $V_{60℉}$,而且单位均为英制,须经换算得公制重量。

3. 油船的压载及洗舱

(1) 油船压载。油船空船航行时必须压载以保持船舶稳性,根据航行的区域和天气条件决定压载水的数量。一般在良好天气状况下,空载的沿海油船所需压载水量为总载油量的 20%~25%,远洋油船为 35%~40%,在恶劣天气情况下为 40%~50%,特殊情况下高达 50%~60%。

①专用压载舱(SBT)。专用压载舱(Segregated Ballast Tank)系指在油船上专用于压载的舱室,并有独立的管系,与货油舱和燃油舱完全隔开。在正常情况下,其量保证能满足压载航行的要求,可以不使用货油舱装压载水,其水清洁,在任何地方都可以排放。MARPOL 73/78 的 1992 年修正案规定:凡载重量为 20000t 及其以上的原油油船和载重量为 30000t 及其以上的成品油船,均应设专用压载舱。

② 专用压载舱的保护位置(SBT/PL)。专用压载舱的保护位置 SBT/PL(Protective Location of the SBT)是指专用压载舱合理布置在船舶易损部位,当油船发生碰撞、搁浅、触礁、事故,以最大限度地防止和减少油类外流。要求专用压载舱有一定的保护面积,并有安

排位置的推荐方案,它同专用压载舱是一个整体,即 SBT/PL 能有效地代替双层底。

③ 清洁压载舱(CBT)。清洁压载舱(Clean Ballast Tank,CBT),是对在 MARPOL 73/78 附则Ⅰ生效后的 2~4 年内现有油船采用的一种替代措施,指在营运中根据船型、货舱结构、航区特点、吃水要求等,将部分货油舱经过清洗,改为专门用于装载压载水,成为临时的 SBT。但对船舶结构、泵、管路等方面不作改动,即泵、管路仍与货油为同一个系统,只不过降低了货油的装载容积,操作程序变得复杂,但并不能保证压载水一定符合标准。因此,必须增设油水分离器和排放监控装置。

如果油船利用货油舱装载压载水,这种压载水含有油污,需专门处理。根据 MARPOL 73/78 公约 1992 年修正案规定,不能任意地将污水排放到船外水域(规定正在航行中油船油量瞬间排放率不得超过 30 升/海里,排放总量新油船不得超过载油总量的 1/30000,现有船不得超过油总量的 1/15000。

(2) 油船洗舱。洗舱的目的是除去油渍、油垢和沉淀物,以便能装运清洁的压载水或改换其他油品。同时洗舱也是彻底清除舱内易燃、易爆性混合气体,以便能安全地进行货舱结构、设备检修,乃至整船检修所必需的。洗舱设备有移动式和固定式两种。利用水洗舱的洗舱机是移动式的,采用原油洗舱时有固定的洗舱设备。用水洗舱是装载清洁压载水或人员下舱进行检修等作业所必需的,除此以外的情况下,就可广泛运用原油洗舱。

① 水洗舱。用水洗舱的移动式洗舱机的作业过程基本如下:根据洗舱位置,把洗舱机放入舱内所要求的高度,用软管中的水压带动洗舱机转动,依靠水流,冲刷舱壁等船舱内结构上所有的残油,使其流到舱底,过后再将油与水的混合液从油舱泵到相应的含油洗舱水接收柜。在第一位置冲刷后(时间视所载油品而定),将洗舱机往下放到第二位置,逐次下降到符合清洗要求为止。洗舱的水是经加热的,以往加热温度达 66℃(150°F),现建议不得超过 49℃(120°F),因为试验证明高压喷出的水流会产生很高的静电电位。

② 原油洗舱(COW)。MARPOL 73/78 公约规定新船必须备有原油洗舱/惰性气体系统(COW/IGS)。原油洗舱(Crude Oil Washing),系指用固定式洗舱机将正在向岸上排放的一部分货油送回到正在卸空的油舱,并用喷出的原油射流使液面舱壁等结构得到冲洗。用于冲洗的油及构件上的残油均汇集到正在排放的货油之中,被不断泵往陆地。为防止回收的油性残留物进入循环,洗舱油应从渣滓少的其他油舱泵取。为有效地冲洗,应保持洗舱油有一定的压力(大约为 1.029MPa)。原油洗舱,如油品不含水分,则作业产生静电的电位很低;但当原油夹带较多水分时,产生的电荷比纯水洗舱时还严重,其程度视原油含水分多少而异,所以污油水舱中的油不能作为洗舱用油。

采用原油洗舱对于防止水域油污染和提高船舶营运经济效益有如下好处:

a. 减少船舶残油量,增加卸油量;

b. 减少油舱压载水的含油量,处理与排放压载水较易满足防污染的规定;

c. 减少(水洗舱)油水残油量,既有利于增加船舶装载量,又有利于缩小港口污水处理工程;

d. 舱内油脚能随货油一起卸出,可减少进一步用水洗舱的工作量(只需两天即可达到进坞检修作业的要求,比全部用水洗舱可节约 5~6 天时间);

e. 减少水洗造成的油舱腐蚀等。

它的缺点是在不同程度上增加了卸油作业的时间,同时船舶必须配备惰性气体系统

(Inert Gas System/GS)。

（3）洗舱时舱内油气状态。油船洗舱作业具有危险性，其危险程度由油舱内实际存在的气体组成状态所决定。一般把这些状态分为以下四类：

a. 油舱状态不加控制的。油舱状态不加控制时，舱内气体可处于油气过稀、过浓或可燃爆状态。不论洗舱作业开始时处于何类状态，在作业过程的任何时候，其状态都会发生变化，所以这种不加控制是非常不安全的（任何时候都可能出现最危险状态）。为了保证安全，如在不加控制的状态下洗舱，必须注意彻底防止在作业货油舱所及相关范围内可能出现任何火种（包括火星）。

b. 油气过稀状态。油气过稀状态是指舱内油气含量低于爆炸极限的下限（油气与空气混合所形成的气体，在爆炸极限的上下限范围内遇有任何火星即能发生爆炸）。它是由注入新鲜空气来实现的。油舱卸油后，舱内油气量随所卸货油油蒸气压力和当时的环境温度，以及卸油速度而定。为使舱内气体组成变化处于油气过稀状态，典型的做法是卸油后打开油舱盖，用驱气风机（在舱口处）将空气吹入油舱，此时舱内混合气体中油气的浓度急剧发生变化。被新鲜空气气流驱出的油气，将可能处于可燃爆范围，因而这一时期油船及其周围环境存在着潜在的危险，应严格控制火种。在空气吹入油舱的整个过程中，必须利用仪器监测气体的浓度，当油气浓度达到爆炸极限下限的 40% 时，方可停止驱气作业，进行洗舱作业。洗舱过程中，由于残油被冲刷和温度的影响，舱内的油气会有所增加，所以仍须对气体状态进行监测，当发现油气含量达到可燃爆下限的 60% 时，应停止洗舱作业，继续让油舱透气，直至油气含量下降到下限的 40%。

c. 惰性状态。惰性状态是指舱内含氧量低于 11%（即无法助燃，为安全起见，SOLAS公约规定含氧量小于 8%）的状态。它是目前最安全的油舱控制方式。为获得这种状态，船舶必须配置惰性气体系统。可以利用专门的惰性气体发生装置制取惰性气体，或利用储藏在高压气瓶内的氮气。但船上实际最常用的是锅炉烟道气（含氮 77%，含二氧化碳 3.5%，含氧 4.2%）。由于锅炉烟道气是灼热的，而且含有腐蚀性的二氧化硫，所以使用前必须经冷却和净化处理。经处理后的烟道气由鼓风机输送到与各货油舱连接的惰性气体总管。洗舱作业应在舱内含氧量低于 8% 的条件下进行，为此应不断地向油舱供应惰性气体，并使舱内压力稍大于舱外，以防外界空气进入。当舱内已能维持正常的惰性状态时，洗舱作业不受可能产生火星的限制。由于在油船作业中尚无法完全控制静电的产生，以及由此而产生火星，所以油船使用惰性气体装置是非常重要的。

d. 油气过浓状态。油气过浓状态是指舱内油气含量始终保持在高于爆炸极限上限的状态，它实际上是一种难于达到的状态。为达到这种状态，必须人为地通过喷射系统将货油循环到油舱，以提高油气浓度。采用这种状态进行洗舱，其作业程序相当复杂。

4. 污水及溢油处理

1）污水处理

油船的正常操作排放包括压载水、洗舱水和机舱舱底水的排放。含油污水的排放是船舶造成海洋油污染的主要原因之一。

防止油船正常操作排放的方法主要有：一是将污油留在船上或待船舶靠岸后排入岸上接收设施；二是控制所排放的含油污水的数量。

（1）装于上部法。装于上部法（Load On Top, LOT）是指将含油的压载水、洗舱水保留在船上的污油水舱中,而不是直接排放入海。在污油水舱中,油水混合物被静置沉降分离。静置的时间最好在 36 小时以上。实践证明,油污的压载水经过 48 小时以上的静置,大部分的油水能够得到自然重力分离,离表面 2 米以下的污水中,含油量不超过 100×10^{-6}。在污油水舱中,最初静置 1 小时后,约 85% 的含油污水达到油水分离,故可以把底部分离出来的水排出,而余下的乳化水至少需要再静置 24 小时才能分离出含油量低于 100×10^{-6} 的水,然后再排出。可见时间越长分离得越彻底,然后将符合排放规定的下层水缓慢排入大海,上层污油和油水乳浊液合并到二级、三级分离的污油水舱中继续分离,最后在污油水舱残留的污油中只含少量的水,且只占污油水舱容积的一部分。这种污油可以在抵达装货港时排放到岸上的接收设备中,也可以把新货油装在残油的上部至卸货港一起卸出。装于上部法就是因选择后一种污水处理方法而得名。

(2) 污油水舱。目前,油船均设污油水舱,用于处理压载水和洗舱水,它可由 1～3 个舱组成。单级分离只用一个舱,它在洗舱开始前被灌水到与船外水平面相平处,洗舱后将含油污水泵入该舱,经一段时间后,自舱底排放污水,而让残油留在船上。其缺点是容量较小,为等待油水分离常使洗舱作业停顿,且仍存在将油带出船外的危险。双级式污油水舱由两个舱组成,其中一个为主分离舱,另一个舱有利于进一步分离偶然流入的油分,使排放的水只含较少的油分。三级式污油水舱由中央主分离舱和两个边舱组成,其油水分离效果甚佳,是现代油船采用的有效处理污水方式。

不论是单级还是多级分离处理都应该让污油水舱中的油水混合物以尽可能长的时间进行沉淀,以便油水分离。舱内所排放的水应以缓慢的作业方式排放到船外水域,所以排放泵应以尽可能低的速度运转,而且污水排放应在白天进行。排放管应在水线以上,以便观察。

在严格控制船舶排放含油污水的情况下,一些油船不得不在港口处理含油污水,为此港口应有相应的油水分离设施。

按照《中华人民共和国防止船舶污染海域管理条例》规定,到港船舶的压舱、洗舱等含油污水,不得任意排放,应由港口油污水处理设施接收处理,港口无接收处理条件、船舶油污水又确需排放时,应事先向海事局提出书面报告,经批准后,按规定条件和指定区域排放。

经批准的船舶排放含油污水,必须符合以下各项规定(上述条例第二十条)。

① 一般情况:

a. 在批准的区域内;

b. 在航行中,瞬时排放率不大于 60 升/海里(现在按 MARPOL 73/78 公约,应是 30 升/海里);

c. 污水的含油量不大于 15 毫克/升;

d. 船上油水分离设备、过滤系统和排油监控装置处于正常工作状态;

e. 在退潮时进行。

② 150 吨以上的油船和 400 总吨以上的非油船机舱油污水的排放,除满足上述①项之第 a、b、d、e 条之外,还应满足:

a. 距最近陆地 12 海里之外;

b. 污水含油量不大于 100 毫克/升。

③ 150 吨以上油船的压舱水、洗舱水的排放,除满足上述①项之第 b、d 条外,还应满足:

a. 距最近陆地 50 海里之外;

b. 每压载航次排油总量,现有船舶不得超过装油总量的 1/15000,新油船不超过装油总量的 1/30000。

2) 溢油处理

油类污染海洋的原因除了含油污水的排放外,装卸作业时意外的溢油和碰撞等海事事故产生的溢油也是一个主要的原因,而且危害严重。

按溢油的数量多少分少量溢油和大量溢油,下面分别介绍处理方法。

(1) 少量溢油。发现溢油应尽快组织船员利用船上一切可以利用的设备和物质阻止继续溢油,并对流入水中的油类进行处理,其一般原则如下。

① 吸附和打捞。若溢油的黏度较低时,可用吸油材料或用吸油材料制成的围油栏等吸油后,再将其打捞上来;若溢油的黏度较高(在水面上结块)时,也可利用夹子、水桶和扫帚等清扫工具直接打捞。

② 散布油处理剂。经吸附和打捞仍无法回收的溢油,使用喷洒散布油处理剂,并进行适当的搅拌使油分散。但是,油处理剂大多含有强烈毒性,它的使用会对油污染的水域造成二次污染,因此,一般不希望大量使用,若使用也必须征得所在港口或海域的主管机关同意。

③ 使用围油栏。在溢油量略多而且又有风和水流时,首先利用围油栏将溢油围起来,然后吸附和打捞溢油,最后向油污染的水域散布油处理剂。

(2) 大量溢油。失事船舶的溢油量很大时,应尽最大努力迅速地与有关当局联系,并报告下列情况:溢油的时间和地点、溢油的数量和特征、溢油源、溢油地点气象与海况条件、油面漂移情况及在溢油地点采取行动的可能后果,使有关当局能采取有效措施及早救援,回收处理溢油,将船舶海损事故造成的油污染降至最低限度。

在溢油量大而黏度比较低时,油的扩散相当迅速,故应尽快采用围油栏将油围起来,然后利用油回收船或油水吸引器、油水分离器、吸油材料等物理方法进行回收,再将回收的油作为锅炉的燃料或送入废油焚烧装置烧掉;再对水面残余的溢油采取散布油处理剂等化学方法,或者化学方法与生物方法相结合,消除或减少油污染的损失及危害。

5. 安全操作注意事项

根据石油及其产品的特性,油运存在一定的危险(主要是燃、爆和毒害的危险)。为确保安全,对于油运的各个方面均制定有详尽的规章和作业规程,有关人员应严格执行。

油运安全的主要矛盾是油气可燃,油气与空气混合,在一定的浓度范围(1%～10%)可引起爆炸,特别是在运输环境中存在各种各样的火种。其中前者是发生危险事故的内因,后者是外因。为防止油船发生燃爆事故,最关键的是控制各类火种(包括任何火星),其次是控制油气与空气混合的状态。此外,某些石油气具有毒性,也应有相应的防范措施。

油船及油码头作业场区严禁一切火种,包括能产生火星的一切机具。电气设备在危险所及范围都应禁止使用,能产生火星的任何作业都不得进行。同时,船岸应配备足够有效的消防设备。在控制火种方面,难以驾驭的是电暴、雷击和油运作业中存在的静电放电火花,其中尤以静电易被忽视而更具危险。在世界上的许多地区,电暴是自然现象中的一种表现,油船及作业环境极易因电暴引起带电,如附近聚集可燃爆混合气体,就相当危险。所以一旦遇有电暴,应停止一切作业,且不论停止作业的时间长短,都必须将所有油舱开口和透气桅管的旁通管全部关闭。雷击也是经常出现的自然现象,油船遇雷击最易引起透气桅管口(油气从各舱透出的总排出口)被点燃的危险,此时应保持继续作业,让油气不断透出,使火焰被阻留在桅管顶部,而绝对不应停止透气,否则火焰将沿桅管蔓延到各舱,会发生严重的燃爆事故。在透气桅管口被雷击点燃后,应将透气桅管底部的蒸汽进口阀打开,利用蒸汽扑灭火焰,或直接向该桅顶喷水灭火(此时喷泡沫是无效的)。油运中产生静电是由油品在舱内与舱壁摩擦,在管道内与管壁摩擦,以及含油污水与舱壁、管壁发生摩擦而引起的,当静电电荷蓄积到一定程度,就有放电产生火花的危险。因此,装卸油及洗舱作业应控制单位时间流程(初期流量以 1m/s 为宜)和洗舱水(或油)的温度及喷射状态。由于油舱中蓄积的静电荷在洗舱后可能要维持 5 个小时才会逐渐衰减,因此这段时间内切忌将任何金属探测用具插入油舱,因为这类"金属探头"能发生或接收足够多的静电电荷,一旦插入油舱会发生放电现象,足以使舱内混合气体燃爆。为防止静电造成危害,在可能产生静电的部位均应有导线接地。

油船的油舱以及船体周围的气体状态有可能出现正处于爆炸极限范围之内的情况,此时,任何火星都足以酿成灾难。除严防火种外,控制气体状态也是确保安全的重要方面,所以必须经常对气体状态进行监测,并确实按规定在油气浓度为一定限度时才进行有关的作业。油船作业时,气体状态不加控制是危险的,而能提供惰性状态则可基本控制危险。油船作业过程中逸出油气,会在船体周围形成可燃爆混合气体(一般有过稀、过浓和可燃爆三种混合状态,其中油气过浓状态随着气体扩散运动会转变为可燃爆状态)。如果环境风速很低,在 2.25m/s 以下时,可燃爆混合气体不易扩散,具有较大的潜在危险。即使空气流通较好,但船舶舱面存在某些封闭或半封闭处所,可能集聚可燃爆气体。甚至在风速较大时,舱面某些背风处所会由于气旋而集聚可燃爆气体,这些情况都潜伏着可能引起燃爆的危险,应严加注意。

油船泵舱内的气体状态也是带有危险性的。因为油气可从甲板进入该舱,同时机泵作业过程中也会有油液渗出,挥发成油气,它们与空气混合都有燃爆的可能。为了保证有效地通风换气,保障安全,现代油船的泵舱通风系统具有在一小时内能使舱内气体完全置换 20 次的能力。

油气有毒,人体吸入少量油气会产生酒醉样的反应迟钝、头晕目眩,甚至头痛、两眼发炎等现象,吸入过多时则可致命。所以对于长期从事油运的人员应防止中毒事故,特别是须深入油舱做各种紧急检修时,一定要有足够的防毒措施。

在油运安全方面,防止水域油污已成为一个专门的问题。油船作业过程溢油、排放含油量超过标准的污水,以及油船发生海事(触礁、搁浅或碰撞)大量溢油等,不但会造成水域严重污染,而且将使船东在经济上蒙受重大的损失。所以,整个油运过程必须严格遵守国际和国内各种法规的规定,各单位编制溢油应急计划,并报当地主管部门审批。

7.2　散装液体化学品

7.2.1　定义、分类及特性

1. 散装液体化学品的定义

所谓散装液体化学品,是指除石油和类似易燃品外的液态的、散装的危险化学品。散装液体化学品包括具有重大火灾危险性的货品,其危险性超过石油和石油产品及类似的易燃品;还包括除具有易燃性外,另有重大危险性的货品;或非易燃性的具有剧毒性、反应性等重大危险性的货品。

具体地说，散装液体化学品是指温度为 37.8℃，其蒸汽压不超过 0.28MPa 的液体石油化工品和人工合成化学品，并经过对火灾危险性、健康危险性、水污染危险性、空气污染危险性和反应危险性评价列入《国际散装运输危险化学品船舶构造和设备规则》(IBC CODE)第十七章的液体物质和按有毒液体物质的分类准则进行污染危害评估列入 MARPOL 73/78 公约附则Ⅱ中的物质。凡经审查决定不列入《国际散装运输危险化学品船舶构造和设备规则》第十七章的货品，则列入该规则的第十八章。

主要散装液体危险化学品性状见表 7-6～表 7-8。

表 7-6　主要散装液体危险化学品性状表（一）

项　　目	醋酸 Acetic Acid	盐酸 Hydrochloric Acid	硫酸 Sulphuric Acid	液态硫 Sulphur Liquid	磷 Phosphorus
化学式	CH_3COOH	$HCl+H_2O$	H_2SO_4	S	P_4
相对分子质量	60.05	36.465	98.08	32.07	123.9
熔点/℃	16.7	−254[39.2]	10.35	112.8	44.1
沸点/℃	117.8	60	约 290	444.4	280.5
闪点/℃	0	—	—	207.2	—
燃点/℃	427	—	—	232.2	30(黄磷)
爆炸极限/%	—	—	—	2.0	—
液比重	1.049(20)	1.2[39.1](15)	1.83(18)	1.8(130)	1.83
蒸汽比重	2.1	1.3	3.4		4.3
蒸汽压/mmHg	20(29.5)	5.64[36](10)	1(145.8)	10(241.5)	1(76.6)
体积膨胀率	$1.073×10^{-3}$(20)	$0.455×10^{-3}$[33.2]	—	—	—
黏度/cP	1.22(20)	1.7[30](20)	20.2(20)	8.21(138)	0.884(60)
TLV-TWA	$10×10^{-6}$	$5×10^{-6}$	$1mg/m^3$	10 * /5 *	$0.1mg/m^3$
水溶性	任意混合	完全溶解	易溶于水	不溶于水	$1/3×10^5$
静电特性	B 级	B 级	B 级	B 级	B 级
与水、空气反应性	弱离子化(水)	与水相混发热	水中发热	沸腾	空气中自燃
备注		[]：内溶液%值	*：98%硫酸值	*：H_2S/SO_2 值	

2. 散装液体化学品的分类

在散装化学品规则和国际散装化学品规则中，列出的散装液体化学品物质均未作分类。目前从不同的角度，大致有以下几种分类方法。

（1）从运输方式上分。根据运输方式的不同，散装液体化学品可分为：

① 大宗化工产品，如硫酸、硝酸、磷酸、盐酸和氢氧化钠等；

② 石化产品，如润滑油、溶剂、添加剂等；

③ 煤焦油产品，如苯、二甲苯等；

表 7-7　主要散装液体危险化学品性状表（二）

项　　目	苯 Benzene	甲苯 Toluen	乙醇 Ethyl Alcohol	丙酮 Acetone	丙烯腈 Acrylonitrile
化学式	C_6H_6	$C_6H_5CH_3$	C_2H_5OH	CH_3COCH	$CH_2\!=\!CHCN$
相对分子质量	78.11	92.14	46.07	58.08	53.05
熔点/℃	5.5	−95	−114.5	−94.8	−83.5
沸点/℃	80.1	110.6	78.3	56.3	77.6
闪点/℃	−11	4.4	12.8	−17.8	−1
燃点/℃	580	480	363	537.8	481.1
爆炸极限/%	1.3/7.9	1.2/7.1	2.3/19	2.6/12.8	3.0/17
液比重	0.879(20)	0.866(20)	0.789(20)	0.7908(20)	0.806(20)
蒸汽比重	2.73	3.18	1.59	2.0	1.83
蒸汽压/mmHg	100(261)	30(26.04)	60(25.24)	200(21.65)	60(11.8)
体积膨胀率	1.257×10^{-3}(20)	1.090×10^{-3}(20)	1.12×10^{-3}(20)	1.487×10^{-3}(20)	0.806×10^{-3}(20)
粘度/cP	0.65(20)	0.586(20)	1.19(20)	0.322(20)	0.4(20)
TLV-TWA	10×10^{-6}	100×10^{-6}	1000×10^{-6}	1000×10^{-6}	20×10^{-6}
水溶性	不溶于水	0.037%(10)	混合	可溶	7.35wt%
静电特性	A 级	A 级	B 级	B 级	B 级
与水、空气反应性	无	无		无	混合同水共沸
备注					

表 7-8　主要散装液体危险化学品性状表（三）

项　　目	糖醛 Furfural	二硫化碳 Carbon disulphide	氢氧化钠溶液 Sodium Hydro Sulphide Salution	石脑油 Petroleum Naphtha
化学式	$C_5H_4O_2$	CS_2	NaOH	混合物
相对分子质量	80.087	76.13	40	
熔点/℃	−38.7	−111	12 *	−100～−73
沸点/℃	161.7	46.3	140 *	3～170
闪点/℃	60	−30		−45.6～0
燃点/℃	316	90		232
爆炸极限/%	2.1/19.3	1/50		0.83/8.0
液比重	1.159(20)	1.26(22)	1.53 *(20)	0.625～0.75
蒸汽比重	3.3	2.67	1.38	2.5
蒸汽压/mmHg	1(18.5)	360(25)	1～7 *(20)	150(25)

续表

项 目	糖醛 Furfural	二硫化碳 Carbon disulphide	氢氧化钠溶液 Sodium Hydro Sulphide Salution	石脑油 Petroleum Naphtha
体积膨胀率		$1.218 \times 10^{-3}(20)$	0.48×10^{-3}	$1.53 \sim 1.08 \times 10^{-3}$
黏度/cP	83g/100mL	0.366(20)	44.8(25)	0.2(20)
TLV-TWA	5×10^{-6}	0.22g/100mL	2mg/m³	100×10^{-6}
水溶性	不溶于水	—	有	无
静电特性	B 级	A 级	B 级	A 级
与水、空气反应性	—	150℃以上分解	发热	无
备注			*：50%水溶液值	

注：以上 3 个表除有特殊记载外，表中所列数值均为标准气压下的值；( )内数字表示温度；静电特性按 ICS 指针分级。

④ 糖类和醇类，如酒、啤酒等；

⑤ 植物油和动物脂。

(2) 从品种上分。根据品种不同，散装液体化学品可分为：

① 石油化工产品，包括基本有机化工原料、有机溶剂、润滑油、添加剂、三大合成材料（塑料、合成纤维和合成橡胶）、染料中间体、农药和炸药等；

② 非石油化工产品，包括无机酸碱等化工产品、动植物油脂和糖浆等。

(3) 按反应程度分。散装化学药品船的运输常常装载很多不同品种的货物，货物除了本身固有的危险性外，货物之间的反应也会对安全运输造成极大的威胁。美国海岸警卫队（USCG）根据反应性程度将货物分为以下五类。

0 类：几乎不起反应的化学品，但在特殊情况下，能与 4 类化学品反应，如饱和烃。

1 类：仅与第 4 类物质反应的化学品，如芳香烃、烯烃、醚、酯等。

2 类：不能与 0 类或 1 类化学品反应，或本类化学品不能互相反应的化学品，但能与 3 类和 4 类化学品反应，如醇、酮、聚合物等。

3 类：能与 2 类和 4 类化学品反应，且本类化学品能相互反应的化学品，如有机酸、液氨、环氧衍生物等。

4 类：可以相互反应，并能与所有其他化学品反应的化学品，如浓无机酸、强酸、磷和硫等。

(4) 按相容性分。由于上述分类不能满足安全运输中积载和隔离的要求，因此，美国海岸警卫队将货物分为 1~22,30~43 共 36 类，并将 1~22 列为反应类，表明反应类与货物之间不相容和可以相邻装载的情况，并用字母 A~I 注明不相容的特殊情况。USCG 制定的货物相容性表（又称货物配装表）（见表 7-9）被世界各国广泛应用于积载和隔离散装化学品，这对保证散装液体化学品的安全运输起了重要作用。

挪威在《挪威船舶管理法规》中，将 323 种化学品分为 25 类（共 38 小类），并由 38 小类列出反应性表。只要知道两种化学品所属的小类，就可由表查出是属于几乎不反应、强烈反应还是有例外反应的情况，使用很方便，但要掌握分类类别就较为困难了。

表 7-9　货物相容性表

货物分类 ＼ 反应组	1 非氧化性无机酸	2 硫酸	3 硝酸	4 有机酸	5 苛性碱	6 氨	7 脂肪胺	8 醇胺	9 芳香胺	10 酰胺	11 有机酸酐	12 异氰酸盐	13 醋酸乙烯酯	14 丙烯酸盐	15 烯丙基类取代物	16 烷氧撑氧化物	17 表氯代醇	18 酮	19 醛	20 醇,乙二醇	21 酚,甲酚	22 己内酰胺溶液
1. 非氧化性无机酸					×	×	×	×	×		×	×	×	×		×	×	×	A	E	×	×
2. 硫酸	×				×	×	×	×	×	×	×	×	×	×		×	×	×	×	×	×	×
3. 硝酸	×	×			×	×	×	×	×	×	×	×	×	×		×	×	×	×	×	×	
4. 有机酸		×	×		×	×	×	×	C		×	×	×	×		×	×	×	×	F	×	
5. 苛性碱	×	×	×	×				×			×	×	×	×		×	×	×	×	×	×	×
6. 氨	×	×	×	×							×	×	×			×	×					
7. 脂肪胺	×	×	×	×							×	×	×	×	×	×	×	×	×	×	×	
8. 醇胺	×	×	×	×	×						×	×	×			×	×	B	×			
9. 芳香胺	×	×	×	C							×	×				×	×					
10. 酰胺		×	×									×					×				×	
11. 有机酸酐	×	×	×	×	×	×	×	×	×			×				×	×					
12. 异氰酸盐	×	×	×	×	×	×	×	×	×	×	×				D						×	
13. 醋酸乙烯酯	×	×	×	×	×	×	×	×								×	×					
14. 丙烯酸盐	×	×	×	×	×	×	×									×	×					
15. 烯丙基类取代物		×	×	×	×	×	×	×				D					×					
16. 烷氧撑氧化物	×	×	×	×	×	×	×	×	×		×		×	×			×				×	
17. 表氯代醇	×	×	×	×	×	×	×	×	×	×	×		×	×		×						
18. 酮	×	×	×	×	×		×	B														
19. 醛	A	×	×	×	×		×	×										×				
20. 醇,乙二醇	E	×	×	F	×		×									×						
21. 酚,甲酚	×	×	×	×	×		×			×		×				×						
22. 己内酰胺溶液	×	×		×	×							×										
...																						
30. 烯烃		×	×																			

续表

货物分类 ＼ 反应组	1. 非氧化性无机酸	2. 硫酸	3. 硝酸	4. 有机酸	5. 苛性碱	6. 氨	7. 脂肪胺	8. 醇胺	9. 芳香胺	10. 酰胺	11. 有机酸酐	12. 异氰酸盐	13. 醋酸乙烯酯	14. 丙烯酸盐	15. 烯丙基类取代代	16. 烯基撑氧化物	17. 表氯代醇	18. 酮	19. 醛	20. 醇乙二醇	21. 酚甲酚	22. 己内酰胺溶液
31. 链烯烃																						
32. 芳香烃			×																			
33. 其他烃类混合物			×																			
34. 酯		×	×																			
35. 卤代乙烯			×																			×
36. 卤代烃		G	×		H		I															
37. 腈		×																				
38. 二硫化碳							×	×														
39. 硫醚、二硫化物		×										×										
40. 乙二醇醚		×	×																			
41. 醚			×																			
42. 硝基化合物					×	×	×		×													
43. 其他水溶液		×										×										

注：① "×"为两者不相容。

② 空格为两者可以相邻装载。

③ 以下为反应性有偏差的注解：

"A"丙烯醛(19)和2-乙基-3-丙基丙烯醛(18)与第1类非氧化性无机酸不相容；

"B"异佛尔酮(18)和甲基异丁烯基酮(18)与第9类芳香胺不相容；

"C"丙烯酸(4)与第12类异氰酸酯不相容；

"D"烯丙基醇(20)与第1类非氧化性无机酸不相容；

"E"呋喃甲醇(20)与第4类有机酸不相容；

"F"呋喃甲醇(20)与第2类硫酸不相容；

"G"二氯乙醚(36)与第2类苛性碱不相容；

"H"三氯乙烯(36)与第5类苛性碱不相容；

"I"乙二胺(7)与二氯乙烯(36)不相容。

（5）根据对海洋污染程度分

在 MARPOL 73/78 附则Ⅱ"控制散装有毒液体物质污染规则"中，根据物质对海洋的危害程度和应采用的相应防污措施，将有毒液体物质分为以下四类。

① A 类：这类有毒液体物质，如从洗舱或排除压载的作业中排放入海，将对海洋资源、人类健康产生严重危害，或对海上的休憩环境和其他合法利用造成严重损害，因而有必要对它采取严格的防污措施。

② B 类：这类有毒液体物质，如从洗舱或排除压载的作业中排放入海，将对海洋资源、人类健康产生危害，或对海上休憩环境和其他合法利用造成损害，因而有必要对它采取特殊的防污措施。

③ C 类：这类有毒液体物质，如从洗舱或排除压载的作业中排放入海，将对海洋资源、人类健康产生较小危害，或对海上休憩环境和其他合法利用造成较小损害，因而要求有特殊的操作条件。

④ D 类：这类有毒液体物质，如从洗舱或排除压载的作业中排放入海，将对海洋资源、人类健康产生可察觉的危害，或对海上休憩环境和其他合法利用造成轻微损害，因而要求对其操作条件给予适当注意。

3. 散装液体化学品的特性及危害性

（1）散装液体化学品的主要特性。

① 密度范围大，有的比水轻，有的比水重 2～3 倍。如丁烷的密度为 0.5990g/cm^3，硫酸的密度为 1.84g/cm^3。

② 蒸汽的相对密度大，高达 2.4g/cm^3。

③ 黏度大，流动性能差，装卸时需要加热。如润滑油、动植物油脂等。

④ 腐蚀性。强酸、碱类中的很多货物，不仅对皮肤（接触）会造成严重损伤，而且对货舱的结构、材料和仪器、仪表也会有严重的腐蚀。

⑤ 毒性大。化学品液体及其蒸汽一般都具有刺激性，液体接触皮肤会造成刺激和脱脂等作用，如醋酸异丁酯会刺激皮肤，并具有强烈的脱脂作用；石脑油不仅会强烈脱脂，还会穿透皮层。蒸汽吸入情况更严重，如氨、二丁胺、邻二氯苯多有强烈的刺激作用；四氯化碳、二硫化碳、甲苯二异氰酸盐等都是剧毒物质，能致人置死亡；氯乙烯、三氯甲烷有麻醉性；乙醚、氯乙烷等能使人麻醉，甚至丧失知觉。

⑥ 容易燃烧。很多货物闪点低于 23℃，爆炸范围大于 20%，属于易燃液体，且比一般石油产品具有更大的易燃性。例如，乙醚的闪点为 −40℃，爆炸范围为 1.85%～36.5%；环氧乙烷的闪点为 −20℃，爆炸范围为 3%～100%；有些货物的自燃点很低，低于 200℃，对这些货物应采取特殊措施。

⑦ 反应性。有些货物与货物之间会发生化学反应；有些货物与水或空气会发生反应。因此，采取隔离措施是至关重要的。

⑧ 自身反应性。有些货物会发生分解、结晶、自偶氧化还原和聚合反应，自身反应常常与温度条件密切相关。因此，必须对这些货物的温度严加控制，或加阻聚剂防止发生聚合反应。

⑨ 蒸汽压力高、沸点低。一般液体定义为在 37.8℃时的蒸汽压不大于 0.28MPa，而有些化学品的表压可达 0.06～0.098MPa，可看作为"半气体"，它们的挥发性强，沸点低，如环

氧丙烷、异戊二烯、乙醚的沸点都在 34℃ 左右,海上运输时必须采取冷却降温措施。

⑩ 热敏感性。有些石油化学品因受热会发生氧化、老化等反应而遭受破坏,如干性油、鱼油等。

除此之外,散装液体化学品还有对杂质极其敏感、对海洋的污染性等特性,掌握这些特性对化学品专用船的设计制造,以及运输和装卸都十分重要。需要时,必须对此了解得十分清楚。

(2) 危害性。散装液体化学品危害性主要有以下几个方面。

① 火灾危险性。化学品的火灾危险性,可由其闪点、燃点、自燃点和爆炸范围来表示和确定。

② 对健康的危险性。对健康的危险性,是通过对皮肤或器官的刺激、吸收或摄入的有毒作用来确定的。有下述三种中毒途径。

a. 有毒气体或蒸汽对皮肤、眼、鼻、喉和肺的黏膜产生刺激或有毒作用。

b. 有毒液体物质对皮肤的刺激。

c. 通过皮肤吸收或口腔摄入,常用半致死量(LD_{50})或半致死浓度(LC_{50})来确定。

③ 对水污染的危险性。对水的污染性,由对人的毒害性、水溶性、挥发性、气味或味觉,以及比重来确定。

④ 对空气污染的危险性。对空气污染的危险性,由下述指标确定。

a. 紧急情况暴露限度(E.E.L)或半致死浓度(LC_{50})。

b. 蒸汽压力。

c. 在水中的可溶性。

d. 液体或蒸汽的比重。

⑤ 反应危险性。反应危险性是指它与水反应,与其他化学品反应,以及包括聚合、分解、结晶、自身氧化还原等自身反应来确定的。

7.2.2　散装液体化学品的运输

1. 运输、装卸前的准备

(1) 船岸联系。货物作业前船岸之间应做好联络、交换信息资料。船方在抵达装卸港前,应将有关事项通告港方,例如:

① 船舶抵港时的吃水和纵倾状况;

② 是否需要拖轮协助靠泊;

③ 岸连接用的软管和法兰的尺寸;

④ 船体、舱壁、阀门和管线是否有泄漏现象;

⑤ 是否有设备需要修理而要延迟装卸作业等情况。

港方也应将有关情况通告船方,如:

① 拖轮和系缆艇的有关情况;

② 突堤码头泊位或系泊浮筒应特别注意的情况;

③ 泊位水深和港口气象资料;

④ 装货港待装货物和卸货港储罐的详细情况等。

装卸前,船岸双方应填写 IMO 推荐的"船岸安全检查表"的 A 部分和 B 部分的内容,并商定装卸的流速、流量及停止作业的信号等。

（2）货物资料。货物承运前,货主应提供所托运货物的完整资料,包括货物的正确技术名称、理化特性说明书、医疗急救和消防措施等内容,对于易于分解的货物应提供稳定剂的内容,对于易放出无法察觉的剧毒蒸汽的货物应加入能察觉的添加剂,否则应拒绝装运。

（3）装载计划。船舶装运货物前必须制订装载计划,制订装载计划首先应考虑船舶的强度、稳性和吃水差。现代船舶上有计算机控制程序,进行自动调节和控制。

同时,要根据货物的特性选择适用的液货舱,一般比重大、腐蚀性强的货物要选择强度较大的不锈钢液舱,或考虑相适应的涂层液舱;对于易氧化或易燃货物,应考虑液舱需要充填氮气的要求等;对于热敏感货物,必须进行温度控制,并要考虑相邻货舱的影响;对于各种易挥发或能产生有毒蒸汽的货物,必须考虑透气系统的独立性,以免损及货物质量,甚至造成危险反应。

另外,最重要的应考虑多品种货物之间的反应性和相容性,对货物进行适当的隔离。具体可参阅"货物相容性表",对不相容的不可以相邻装载。隔离的目的除了防止货物之间引起危险反应外,还包括有害货物危及船员生命、船舶设备以及在意外的情况下对环境的危害。

2. 运输、装卸作业

（1）装货。装货前对货舱应做好清舱准备,并根据"船岸安全检查表"的内容进行检查和做好准备。装货时严格按照装载计划程序进行,与岸方随时保持联络,并要由专职人员负责监装,船岸双方必须步调一致。建立检查制度,使操作绝对不发生失误。出于对安全和货物质量的考虑,装货前应对液货舱进行环境控制,其方法有惰化法、干燥法、隔绝法和通风法。各种货物对液货舱环境控制的具体要求可查阅 IBC Code 的第十七章或 BCH Code 的第六章的相关内容,在"液货舱环境控制"栏目中"Inert"表示惰性法,"Dry"表示干燥法,"Vent"表示通风法。

（2）航行中。装货完毕后,船舶在航行中应定期检查货物的温度,以及液舱空当的压力控制情况。对吸湿性和反应性货物,应检查充填的干燥空气或氮气的压力,防止因货舱温度下降时,湿气和空气进入货舱。应定时对管路接头、阀门、货舱开口等有代表性的地点进行蒸汽检测,防止出现燃烧和中毒事故隐患。对加稳定剂、抑制剂的货物,若货主提供检测箱,应定期进行检测,必要时应采取措施进行调节。

（3）卸货。卸货工作只能在确定了卸货量,并在检查确认货物取样中无任何异常后方可进行。货泵及有关阀门应根据卸货计划和收货方的指示进行操作,卸货中船方和码头应保持密切联系。货泵应以低速启动,同时应密切注意其出口压力表,经检查确认货物已驳至码头方储罐,且泵、液货管路和软管内无异常后,方可逐渐加大卸货量至规定压力。卸货过程应注意泵和管路上是否有化学品渗漏现象,轴封是否有发热现象,特别是应使用检测仪器检查泵舱内气体浓度,以确保安全。卸货进行到一定程度（液位降至 30～50cm）时,应开始扫舱作业,使用有效扫舱系统将残余货卸到满足 MARPOL 73/78 附则 Ⅱ 的要求。

3. 计量和取样

散装液体化学品的计量和取样方法与油品的方法基本相同。

4. 压载水

现代化学品船大多数不具备足够容积的专用压载舱,多数只是满载排水量的 12%～15%,所以船舶在卸货离港之前需要对货舱注入压载水。

为了保护海洋环境,应遵守 MARPOL 73/78 附则 Ⅱ 对船舶卸货、扫舱、预洗操作控制的要求,使货舱残余物质的数量满足公约允许的范围后方可注入压载水。除特别许可和专用压载舱的压载水可直接排舷外,其他形式的压载水都需排入岸上接收装置。在向岸上排泄之前,必须取得港方同意,并且港方应明确表示岸上系统为接收压载水已做好一切准备。

5. 污水排放

在 MARPOL 73/78 附则 Ⅱ——控制散装有毒液体物质污染规则中,对有毒液体物质的残余物、洗涤水等的排放作了明确的规定。

(1) A 类物质原则上不准许排放,必须进行预洗,并送往岸上接收设施,随后引入舱内的洗涤水。只有在距离海岸 12 海里以外,水深达 25m 以上,航速在 7 节以上的条件下,方允许从水下排出口排放。

(2) B 类和 C 类物质都需要用高效扫舱系统使残余量限定在指定值内,B 类物质每舱残余物不得超过 $1m^3$ 或舱容的 1/3000,两者取大者;C 类物质每舱残余物不得超过 $3m^3$ 或舱容的 1/1000,两者取大者。如果达不到这一标准,必须排往岸上接收设施。如果符合以上标准,在卸载后引入的洗涤水和压载水才允许排放。排放还应遵守在距离海岸 12 海里以外,水深达 25m 以上,航速在 7 节以上的条件下从水下排出口排放的规定。并且对 B 类物质,在航迹中的最大允许浓度为 $1×10^{-6}$;对于 C 类物质,在特殊区域内应小于 $1×10^{-6}$,在特殊区域外应小于 $10×10^{-6}$。

(3) D 类物质只要将残余物用水稀释 10 倍,即船舶尾流中混合物浓度小于 10%,船舶航速达 7 节以上,离岸 12 海里以外便可排放。

6. 安全操作注意事项

(1) 危险性的防止。

① 防燃、防爆:主要控制火种和采用惰性气体系统等。

② 防止货物间的危险性反应:利用货物相容性表,正确地积载和隔离货物。

③ 防止与水反应:采用双层舱结构,与水隔离。

④ 防止货物自身的反应:利用控制温度或加入抑制剂的方法。

⑤ 防止与空气反应:用惰性气体覆盖或用惰性气体取代法卸货。

(2) 安全操作。安全操作包括装卸货物、航行中的管理、洗舱、排气、船舶及设备维修等,都必须严格遵守有关的操作规定。

(3) 防止散装有毒液体物质污染。防止散装有毒液体物质污染包括防止有毒液体物质对水的污染和对空气的污染两个方面。为防止水污染,散装化学品船舶在运营时必须遵守 MARPOL 73/78 附则 Ⅱ 中的规定;为防止对空气的污染,对某些蒸气毒性很大的物质,船、岸必须设置蒸气回收处理装置。

7.3　散装液化气

7.3.1　定义、分类及特性

1. 散装液化气的定义

通常,液化气是指一类在常温下是气体,经降温或在临界温度以下被压缩为液体的物质。国际海事组织制定的《国际散装运输液化气体船舶构造和设备规则》(IGC Code)将液化气定义为,在 37.8℃,蒸汽压力大于 0.28MPa 的液体及理化性质与这些液化气体相近的货品。

目前在 IGC Code 第十九章最低要求一览表中共列出 32 种常见液化气。主要散装液化气性状见表 7-10～表 7-12。

表 7-10　主要液化气货物性状表(一)

项　　目	氨 Ammonia	氯 Chlorine	氮 Nitrogen	甲烷 Methane	乙烷 Ethane
化学式	NH_3	Cl_2	N_2	CH_4	C_2H_6
相对分子质量	17.03	70.91	28.01	16.04	30.07
熔点/℃	−78	−101	−210	−182	−183.6
沸点/℃	−33.4	−34.6	−195.8	−161.5	−89
闪点/℃	—	—	—	−187	−130
燃点/℃	651			537	515
爆炸极限/%	15/28	—	—	5.0/15	3.0/15.5
临界温度/℃	132	14	−147	−82.6	32.4
临界压力/atm	115.5	76.1	33.5	45.4	48.3
临界密度/kg/m³	235	573	313	162	203
液密度/kg/m³	681(34)	1.557(−34)	815(−194)	425(−161)	546.7
液黏度/cP	0.263	0.604(−34)	0.15	0.118	0.155
气体比重	0.597	2.49	0.967	0.544	1.035
450℃蒸汽压/(atm)	17.0	13.0	31(−148)	41.3(−86)	48(30)
定压比热/(kcal/kg·℃)	0.498	0.098	0.248	0.533	0.419
液比热/(kcal/kg·℃)	1.037	0.224(−27)	0.391(213)	0.816(−162)	0.581(−87)
蒸发潜热/(kcal/kg)	301.8	66.1	47.8	122.7	117.4
总发热量/(kcal/kg)	5.380	—	—	13260	12400
TLV-TWA	$25×10^{-6}$	$1×10^{-6}$	单纯窒息剂	单纯窒息剂	单纯窒息剂

表 7-11　主要液化气货物性状表(二)

项　　目	丙烷 Propane	正丁烷 n-Butne	异丁烷 i-Butane	乙烯 Ethylene	氯乙烯基 Vinyl Chloride
化学式	$CH_3CH_2CH_3$	$CH_3(CH_2)CH_3$	$(CH_3)_3CH_3$	C_2H_4	$CH_2=CHCl$
相对分子质量	44.10	58.12	58.12	28.05	62.50
熔点/℃	−188	−138	−160	−169	−159.7
沸点/℃	−42.1	−0.5	−11.7	−103.7	−13.7
闪点/℃	−104	−72	−81	−77	−78
燃点/℃	466	450	160	450	472
爆炸极限/%	2.1/9.5	1.5/8.4	1.8/8.8	2.7/36	3.4/33
临界温度/℃	96.1	152	135	9.21	158.4
临界压力/atm	42	37.5	36	49.7	52.7

项　目	丙烷 Propane	正丁烷 n-Butne	异丁烷 i-Butane	乙烯 Ethylene	氯乙烯基 Vinyl Chloride
临界密度/(kg/m³)	217	228	221	218	370
液密度/(kg/m³)	583	601	595	569.9	910
液黏度/cP	0.208	0.21	0.134(37.8)	0.16	0.248(−10)
气体比重	1.52	2.05	2.05	0.97	2.15
450℃蒸汽压/atm	15.4	4.41	6.05	41.6(0)	7.28
定压比热/(kcal/kg·℃)	0.398	0.406	0.398	0.3715	0.205
液比热/(kcal/kg·℃)	0.53	0.564	0.57	0.625	0.333(20)
蒸发潜热/(kcal/kg)	102	92.1	87.5	115.4	71.2
总发热量/(kcal/kg)	12030	11840	11800	12020	4870
TLV-TWA	单纯窒息剂	1600×10⁻⁶	600×10⁻⁶	单纯窒息剂	促溃疡剂

表 7-12　主要液化气货物性状表（三）

项　目	丙烯 Propylene	丙烯氧化物 Propylene Oxide	丁二烯 Butadiene	乙醛 Acetaldehyde	空气 Air
化学式	$CH_3CH{=}CH_2$	CH_3CHCH_2O	$CH_2{=}C_2H_2{=}CH_2$	CH_3CHO	混合物
相对分子质量	42.08	58.08	54.09	44.05	28.966
熔点/℃	−185	−104.4	−109	−123	—
沸点/℃	−47	34.2	−4.4	20	−194
闪点/℃	−108	−37.2	<−18	−35	—
燃点/℃	497	465	450	185	—
爆炸极限/%	2.0/10.3	2.1/37	1.1/12	4.0/60	—
临界温度/℃	92	209.1	152	188	−140.7
临界压力/atm	45.6	48.6	42.7	55	37.2
临界密度/(kg/m³)	233	312	245	263	350
液密度/(kg/m³)	605.5	859(0)	650(−4)	780	—
液黏度/cP	0.15	0.41(20)	0.149(20)	0.222	—
气体比重	149	2.0	1.87	1.52	1
450℃蒸汽压/atm	18.A	1.50	5.07	2.46	—
定压比热/(kcal/kg·℃)	0.363	0.314	0.351	0.296	0.249
液比热/(kcal/kg·℃)	0.57(−47.7)	0.47(0)	0.549(−23)	0.522(0)	—
蒸发潜热/(kcal/kg)	10.6	89	108.4	301.8	51.38
总发热量/(kcal/kg)	11690	7760	11210	5380	—
TLV-TWA	单纯窒息剂	100×10⁻⁶	1000×10⁻⁶	25×10⁻⁶	—

注：以上 3 个表，①除特殊标记以外的值，指在常温下（液体时为饱和液体）的值。②（）：在该温度的泡和液体或过冷液体（大气压下）的值。

2. 散装液化气的分类

在气体规则和国际气体规则中,列出的散装液化气货品均未做出分类。目前从不同的角度,大致有以下几种分类方法。

(1) 根据液化气运量。海上运输的液化气,从运量上看,主要是液化石油气和液化天然气,逐渐发展用液化的办法运载其他的气态化学品,如出现乙烯专用船。因此将海上运输的液化气分成三类,即液化石油气、液化天然气和液化化学品气。

① 液化石油气(Liquefied Petroleum Gas,LPG),主要成分包括丙烯、正丁烯、异丁烯和丁二烯在内的含 3 至 4 个碳原子的烃类化合物。

② 液化天然气(Liquefied Natural Gas,LNG),主要成分是甲烷,并含有少量氮气和其他烃类(如乙烷、丙烷、丁烷等)的化合物。

③ 液化化学品气(Liquefied Chemical Gas,LCG),是指除上述两类液化气外,凡是在常温下为气态,经冷冻或加压的方法以液体形式进行运输的化学物质,包括无机化合物或单质以及各类有机化合物。

(2) 根据组成和性质。

① 烃类液化气。包括甲烷、乙烷、丙烷、丁烷以及丙烯和丁烯。这样分类的目的是兼顾石油气和天然气,它们都是混合气体,在液化气运输中占首要地位。

② 卤代烷。主要有氯甲烷、溴甲烷、氯乙烷和制冷剂气体——氟氯烷(俗称氟利昂)。

③ 烯烃类。除了石油气中的丙烯和丁烯外,所有带双键的化合物归为此类,包括乙烯、丁二烯、异戊二烯、丙炔、氯乙烯、偏氯乙烯、乙烯基乙醚。

④ 含氧化合物。这类物质含氧,但不带双键,如环氧乙烷、环氧丙烷、乙醛和乙醚。

⑤ 胺类。包括乙胺、双甲基胺和异丙胺三种。

⑥ 无机物。包括单质氯、氮、化合物氨和二氧化硫四种。

3. 散装液化气的特性

(1) 液化和气化。绝大多数液化气在常温常压下都是气体,需加压或降温使其液化后再运输储存。如液化了的气体吸收热量温度升高时,液化气会大量气化,如液化了的气体压力降低,液化气也会大量气化。因此,当液化气货品泄漏时,由于外界压力低于它在容器内的饱和蒸气压力,或者外界环境温度高于它原来的温度,泄漏出来的液化气会马上蒸发气化。

(2) 外观和气味。除了氯和二氧化硫等少数货物外,其他绝大多数液化气货物都是无色的。氯是淡黄色的液体,蒸气是绿色或黄色;二氧化硫则是淡棕色透明液体。

纯净的甲烷、乙烷、丙烷、丁烷、丁烯、戊烯、氮和制冷剂气体等液化气货物是无色无味的,为了便于察觉泄漏,对于民用燃料 LNG、LPG 需增添加臭剂。

(3) 比重和相对密度。除了氯、溴甲烷、二氧化硫、二氯乙烯外,IGC Code 所列的其他液化气货物液体的比重均小于 1,比水轻,一旦泄漏,在它们气化前会漂浮起来。对比水轻的液化气液体在地面或甲板面流淌着火时,不能用水柱直接喷向着火液体,以免水将着火液化气液体托起向四周蔓延。

绝大多数的液化气货物的蒸气都比空气重,只有甲烷和氨的蒸气比空气轻,乙烯和液氮等的蒸气虽然也比空气轻,但密度接近空气。因此,绝大多数的液化气货物泄漏时,易沉积在处所的底部或低洼地带,不易扩散,容易使人吸入中毒窒息或发生可燃气体爆炸事故,当发生火灾时蔓延迅速,较难扑救,并且火焰集中底部,对人员的伤害要比轻的可燃气体严重。

(4) 水溶性和水合物。在液化气货物中,乙醛、氨和环氧乙烷是全溶于水的,二甲基胺和氧化丙烯易溶于水,氯、乙醚、异丙胺、溴甲烷、氯甲烷、二氧化硫和氯乙烷可溶或微溶于水,其他货物都不溶于水。

一些烃类化合物在一定温度压力下会与水结合生成结晶状水合物,水合物类似碎冰或半溶状的雪,它会卡住货泵,破坏轴承或密封设置,影响阀门、滤网、仪表和管路,所以应小心防止生成水合物,尽可能不让货物含有水分。如货物含有水分,可加入少量防冻剂(甲醇、乙醇等),但应注意防冻剂对货物质量的影响和对人的危害。

(5) 自身聚合反应。自身聚合反应是同一种物质分子(单体)间相互反应结合形成同分子聚合物。聚合过程通常是放热的,热会促使聚合反应加速进行。货物在整个聚合过程中,会变得更加黏稠,直到变成坚硬的聚合物为止。聚合反应使货物损坏,还会破坏设备,引起危险。在液化气货物中,有丁二烯、异戊二烯、氧乙烯、氯乙烯单体、二氯乙烯等在运输条件下可能会发生自身聚合反应。凡是可能发生聚合反应的货物,应在运输前加入适当的抑制剂。

(6) 与空气反应。有些液化气货物会与空气生成不稳定的过氧化物,并会导致爆炸。这些过氧化物不稳定,会引起货物自身聚合反应。为了避免过氧化物的生成,必须利用抗氧化剂等对这些货物进行抑制,或在惰性气体覆盖下载运。另外,只要过氧化物是潮湿的,它们就不会爆炸,因此,在修理其中可能存在过氧化物的货物系统前应进行冲水,装货运营时为避免形成过氧化物,应对货物系统高度除氧和清除氧化物。会与空气发生反应的液化气货物主要是非饱和的碳氢化合物,它们包括乙醛、丁二烯、乙醚、环氧乙烷、异戊间二烯、氯乙烯和乙氧基乙烯等货物。

(7) 化学相容性。某些货物之间会发生剧烈的危险反应,因此,不能将不相容的货物混装。如果同时要载运两种或多种不相容的货物,每种货物必须分别采用独立的管系、液货舱、再液化设备和透气系统等。对于常见的液化气货物,如甲烷、乙烷、丙烷、丁烷、乙烯、丁二烯、异戊间二烯、氨、氯乙烯单体等,它们之间是化学相容的货物,互相之间在运输条件下不会起化学反应,但上述货物都与氯(干燥的)不相容,会有危险反应。另外氨与氧乙烯、氧丙烯、二氧化硫等液化气货物化学不相容。

(8) 与材料及其他物质的相容性。必须小心确保货物系统使用的材料与所载运货物在化学上是相容的。对于甲烷、乙烷、丙烷、丁烷、乙烯、丁烯等常见的液化气货物,与一般常规的金属材料及常见物质在化学上是相容的,只是与聚乙烯不相容(乙烯、丙烯与聚乙烯相容)。另外,甲烷和乙烯对软钢不相容。另外,丁二烯、异戊间二烯与镁、汞、铜、铝不相容,氨与汞、锌、铜、氯、聚四氟乙烯、聚氯乙烯等不相容,氯乙烯与氯不相容。此外,氨会与惰性气体中的二氧化碳起反应,压缩机润滑油也会和某些货物起反应造成堵塞和损坏。

(9) 与水反应及其腐蚀性。除了部分液化气会与水起反应生成水合物或导致结冰外,大多数液化气货物都不会与水有危险反应,但是有些液化气货物会与水起反应,如氨、氯、氯甲烷、氯乙烷、二氧化硫等;还有些液化气货物有腐蚀性,但在干燥时腐蚀性不大,只是与水接触后,腐蚀性会明显增强,应确保装载上述这些货物的货物系统无湿气和水分。装货前货物应干燥,惰化用的惰性气体或货舱内的空气必须具有较低的露点。氨与水反应生成氢氧化铵并发热;氯与水或水蒸气反应生成有毒并有高度腐蚀性的酸溶液或酸烟气;氯甲烷与湿气接触会分解;氯乙烷会慢慢水解形成有毒和有腐蚀性的氯化氢气体;二氧化硫与水化合生成亚硫酸和硫酸等腐蚀性酸,并产生危险的烟雾。

(10) 易燃性。在 IGC Code 所列的 32 种液化气货物中,氯、氮、二氧化硫和制冷剂气体(R-12、R-22 等)等是完全不可燃物质,溴甲烷的引燃能量比甲烷高 100~1000 倍,实际上可看作是不可燃的,除此之外,其他都是可燃的物质,泄漏出的液化气蒸气与空气混合后,在爆炸极限浓度范围内遇到火源或热源都会引起燃烧和爆炸。

(11) 毒性。在 IGC Code 所列的 32 种液化气货物中,有 17 种是有毒的。常见且运输量较大的 LNG、LPG、丙烯、丁二烯等是无毒的。

7.3.2　散装液化气的运输

国际规则《散装运输液化气体船舶构造和设备规则》,《现有散装运输液化气体船舶规则》和《国际散装运输液化气体船舶构造和设备规则》对新造和已建造船舶在安全标准等方面进行了规定。实践中散装液化气的运输需注意以下事项。

1. 液化气的运输与装卸

装卸前,船岸双方应填写 IMO 推荐的"船岸安全检查表"的 A 部分和 C 部分的内容,并商定装卸的流速、流量及停止作业的信号等。

(1) 装货。装货前应获得货主提供的托运货物的完整资料;制订装载计划;对货舱进行气体环境控制,如干燥处理、惰性化、除气和预冷等;大副亲自指挥,按预定装货计划执行;一开始进液舱流速控制在不超过 1m/s,并巡视检查,检查正常后可通知岸方提高装货速率;在基准温度下,任何货舱的装货数量不得超过液货舱容积的 98% 并考虑管系内的残液。

(2) 卸货。液化气船卸货方法取决于船舶类型、货物种类和岸上储罐要求等,常见的有三种基本方法:

① 用货物压缩机卸货(仅适用于压力式货舱);

② 用货舱内的深井泵或潜水泵卸货(现代大型液化气船普遍采用此种方法);

③ 用货物压缩机与甲板上的增压泵联合卸货。

刚开始卸货时,岸方应请求船舶用低速卸货,一切正常后再提高卸货速度。在卸货结束阶段,应注意关小货泵排出阀,减少货泵排量,从而最大限度地卸完货舱内的液货。对于压力式液化气船,卸货时一般是将所有的液货都卸完,货物系统内只剩货物蒸气。对于全冷式液化气船,如果下航次装载同类货物,通常在卸货后在液货舱内保留部分液货以维持货舱在适装的低温状态。

卸货完毕后,必须进行扫线作业,即将甲板管路、岸上管路和装卸软管或装卸臂中的液货用货物蒸气吹入岸罐。

(3) 航行中。在航行中,应对船舱空间的气体进行不断的检测,万一货舱发生轻微泄漏,应利用排气装置,使气体的浓度控制在爆炸下限以下。冷冻式液化气船使再液化装置处于运行之中,以便保持一定的压力和温度。必须按规定记录货物的温度、压力和液面,如发现异常情况,应立即调查原因,妥善处理。

(4) 压载。液化气船的液货舱是不准作压载舱的,船舶设有专用的压载水舱。

2. 安全运输注意事项

散装液化气有七大危险特性,从安全运输角度考虑,除了遵守有关的国际规则外,主要注意以下三个方面的安全。

(1) 防火、防爆。严格控制船上火源,对预防火灾、爆炸是非常重要的。常见的船舶火源有明火、电火花、静电放电火花、雷电、机械撞击火花及自燃等。

(2) 防止对人体健康的危害。液化气船载运的液化气体大都具有刺激性、腐蚀性、麻醉性、毒性和窒息性。它们可对人体造成各种不同的危害,轻则危害人体健康,重则使人丧失生命。液化气体主要通过与皮肤接触和被人吸入的途径对人体造成危害。液化气体对人体健康的危害可以分为化学烧伤、冻伤和中毒。

（3）防止对环境的污染。液化气船在操作排放或意外泄漏时,对环境造成的污染主要是大气污染和海洋污染,在载运有毒货物时尤其严重。

随着石油化学工业的迅猛发展,海上石油化学品的运输整体呈逐年上升趋势。散装液体化学品运输是目前海运发展的热点。从事散货运输业务的企业迫切需要更多的熟悉散装液体货物运输知识的人才。本章知识在工作中的应用要点有:散装油类的性质;散装油类的安全运输;散装液体化学品的性质;散装液体化学品的安全运输;散装液化气的性质;散装液化气的安全运输。通过对本章知识的学习,学生应具备主要散装液体货物安全运输的知识,熟悉散装液体货物安全运输中应注意的事项,在发生运输事故时知道如何处理。

将同学分组,一组以4～6人为宜,开展实训工作。

选择某种散装液体货物运输事故的一个案例,制作汇报材料,内容包括:

（1）该货物的性质,以及安全运输需要注意的事项;

（2）研究该运输事故发生时的情况及起因;

（3）为避免事故发生需要采取的措施,分析发生事故后应如何处理。

📖 练习题

1. 选择题

（1）石油温度变化1℃时,其体积变化的百分值为（   ）。

    A. 石油体积系数　　　　　　　　　　B. 石油密度温度系数

    C. 石油体积温度系数　　　　　　　　D. 密度

（2）下列散装液体危险货物品中,闪点最低的是（   ）。

    A. 苯　　　　　　B. 甲苯　　　　　　C. 乙醇　　　　　　D. 丙酮

（3）下列物品中,不属于液体化学品的是（   ）。

    A. 醋酸　　　　　B. 硫酸　　　　　　C. 液态酸　　　　　D. 液化石油气

（4）下列物品中,可与硫酸相邻装载的是（   ）。

    A. 硫酸　　　　　B. 有机酸　　　　　C. 醇胺　　　　　　D. 异氰酸盐

（5）下列物品中,其液化气为淡黄色液体的是（   ）。

    A. 氯　　　　　　B. 甲烷　　　　　　C. 丙烷　　　　　　D. 氮

2. 简答题

（1）油类物质主要有哪些特性?

（2）简述散装液体化学品的分类。

（3）简述液化气的性质。

散装固体货物的运输与管理

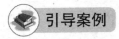 引导案例

"永宁 7"轮渤海沉没案

"永宁 7"轮渤海沉没案涉案中货物为秘鲁细精选矿粉,含水量不明,装货港为宁波北仑,卸货港为秦皇岛,因货物发生流态化并产生移动导致船舶倾斜、倾覆。船东和船舶保险人起诉托运人、港方,大连海事法院一审判决理由主要如下:

(1) 托运人未准确标明货物的名称,未提供有关货物特性的详细资料,违反法定义务,致使船东未能按照规定行使"拒运权"和港方存在共同过错并构成侵权,因此判决和港方连带承担 70%的责任;

(2) 港方未认真审核货物特性的证明文件,未行使"拒装权",违反法定义务,致使船东未能按照规定行使"拒运权",和托运人存在共同过错并构成侵权,因此判决和托运人连带承担 70%的责任;

(3) 货物发生流态化时,船方船员未正确判断船舶倾斜原因并采取良好船艺保证船舶安全,对事故发生亦存在一定过错,应适当减轻托运人和港方责任,因此判决承担 30%的责任。

资料来源:航海案例 http://blog.sina.com.cn

案例解析:

在固体散货运输中,相关各方应履行如下各自义务:①托运人如实、准确地告知货物名称、特性、相关物理化学参数的义务(海商法第六十六、六十七条和《海运精选矿粉及含水矿产品安全管理暂行规定》第一条);②船方妥善谨慎的装载义务,事故发生后采取适当施救、处理措施的义务(海商法第四十八条);③港方应审查货物品质证明文件,确定是否准予装运的义务(交通部 1988 年《海运精选矿粉及含水矿产品安全管理暂行规定》第二条);④港方按照船舶装舱技术要求装载的义务(交通部 1987 年《关于海运矿粉等散装货物装舱标准和船舶、港口责任划分的规定》第十一条)。如果托运人、船方、港方中任何一方违反前述义务,则可能被法院认定对事故发生具有过错,并承担由此带来的相应责任。

本案例涉及的主要知识点:散装固体安全适运条件及装运要求。

➡ **学习导航**

熟悉散装固体货物的定义、分类及特性;掌握散装货物的识别、分类、测试、采样、配备文件以及积载、装卸、隔离等要求。

教学建议

本章的备课要点:散装固体货物的定义、分类及特性;散装货物的识别、分类、测试、采样、配备文件以及积载、装卸、隔离等。教学以理论为主、实训为辅,采用多媒体教学,穿插案例讲解。建议授课学时为 6 学时。

8.1　散装固体货物的定义、分类及特性

8.1.1　散装固体货物的定义

散装固体货物系指除了液体和气体外,由粉末、颗粒或较大片状物质组成的基本均匀混合物,该种物质一般直接装入船舶货舱而不用中间包装,如谷物、矿石、精矿、煤炭、化肥、饲料等。

散装固体危险货物是指具有燃烧、有毒、腐蚀和放射性等危险的散装固体物质,和仅在散装运输时有危险的物质(MHB)。

本书所指散装固体危险货物是指受 1974 年 SOLAS 公约第 Ⅶ 章约束,并符合《散装固体货物安全操作规则》(Code of Safe Practice for Solid Bulk Cargoes)(简称 BC 规则)的物质或物品。所有这些物质已经在 BC 规则附录 B 中列明。

8.1.2　散装固体货物的分类

散装固体货物通常可分为以下几类。

1. 易流态化货物(cargoes which may liquefy)(A 类货物)

它是指一般由较细颗粒的混合物构成,包括精矿、某些煤炭和具有类似物理性质的货物。在《BC 规则》的附录 A 中列出了 40 多种这类货物,如黄铁矿、铁精矿、硫化锌、锰精矿等。这类货物海运的潜在危险是:当它们的含水量超过其"适运水分限量"(Transportable Moisture Limit,TML)时,货物会由于流态化而产生移动。所谓"流态化"是指该物质在装运时外观比较干燥,但含有大量水分,在航行中由于船舶的颠簸、震动,使其水分逐步渗出,表面形成可流动状态。其表层已流态化的货物在船舶摇摆时会流向一舷,但在回摇时却不能完全流回,如此继续,将使船舶逐渐倾斜乃至倾覆。

易流态化货物的"流动水分点",又称"流动湿点"(flow moisture point),是指这类货物达到发生流态化特性时的含水量。易流态化货物安全运输公认的最大含水量称为"适运水分限量",被确定为其"流动水分点"的 90%。

2. 具有化学危险的货物(materials possessing chemical hazards)(B 类货物)

它是指由于其本身的化学性质而在运输中会产生危险的货物。这类货物又分为两类。

(1) 已列入《国际危规》的固体货物。它们在包装条件下安全运输的要求可查阅《国际

《危规》;而在散装运输时的安全运输要求应查阅 BC 规则。属于 IMDG Code 中列明的物质有以下几类。

第 4.1 类:易燃固体。

该类物质系指易燃固体和受摩擦时可能造成起火的固体。

在 IMSBC Code 附录 1 各固体散装货物明细表中列出的这类物质有硫磺(块及粗颗粒),UN1350。

第 4.2 类:易自燃的物质。

该类物质系指除发火材料以外的物质。它在遇空气而没有能源供给时易发生自燃。

在 IMSBC Code 附录 1 各固体散装货物明细表中列出的这类物质有:椰子肉(干的),UN1363;黑色金属屑,UN2793;废氧化铁或废海绵铁,UN1376;种子饼,含植物油,UN1386;种子饼,含油量低于 1.5% 且水分含量不超过 11%,UN2217。

第 4.3 类:遇水放出可燃气体的物质。

该类物质系指在与水发生反应时易产生自燃或放出危险性可燃气体的固体物质。

在 IMSBC Code 附录 1 各固体散装货物明细表中列出的这类物质有:硅铝铁粉末,UN1395;无保护层的铝硅粉,UN1398,铝熔炼副产品或铝再熔炼副产品,UN3170;硅铁(含硅 30%~90%),UN1408;锌粉,UN1435。

第 5.1 类:氧化性物质。

该类物质系指本身不一定可燃,但通过产生氧气可能造成或有助于其他物质燃烧的物质。

在 IMSBC Code 附录 1 各固体散装货物明细表中列出的这类物质有:硝酸铝,UN1438;硝酸铵,UN1942;硝酸铵基化肥,UN2067;硝酸铵基化肥,UN2071;硝酸钡,UN1446;硝酸钙,UN1454;硝酸铅,UN1469;硝酸镁,UN1474;硝酸钾,UN1486;硝酸钠,UN1498;硝酸钠和硝酸钾混合物,UN1499。

第 6.1 类:有毒物质。

这些物质如被吞咽、被吸入或与皮肤接触易造成死亡、严重损伤或危害人身健康。

第 7 类:放射性物质。

该类物质系指含有放射性核素,只要托运货物的放射性强度和总量大于 IMDG Code 第 2.7.7.2.1 至 2.7.7.2.6 段所述的数值的任何物质。

在 IMSBC Code 附录 1 各固体散装货物明细表中列出的这类物质有:低放射比度的 (LSA-I)放射性物质,非裂变的或预计裂变的 UN2912;表面受到放射性物质污染的物品 (SCO-I),非裂变的或预计裂变的 UN2913。

第 8 类:腐蚀性物质。

该类物质系指能通过化学反应严重地伤害与之接触的生物组织,或能严重损坏甚至毁坏其他货物或运输工具的物质。

第 9 类:杂类危险物质和物品。

该类物质系指在运输期间具有其他类别未包括的危险的物质和物品。

在 IMSBC Code 附录 1 各固体散装货物明细表中列出的这类物质有:蓖麻籽、蓖麻饼、蓖麻油渣或蓖麻片,UN2969;鱼粉(鱼渣),稳定的,UN2216。

(2) 仅在散装运输时会产生危险的货物(Materials Hazardous only in Bulk,MHB)。

这类货物由于未列入《国际危规》，因此其在散装运输中易产生的危险往往容易被人们所忽视。MHB货物包括能减少舱内含氧量的散货、易于自热自燃的散货以及潮湿时会产生危险的散货。在BC规则附录B中列举了20种MHB货物，如焙烧黄铁矿、炭、煤、直接还原铁、氟石、生石灰等。

3. 既不易流态化又无化学危险的散装货物（Bulk materials which are neither liable to liquefy nor to possess chemical hazards）（C类货物）

这类货物中，有些与A类散货同名，但其块状较大或含水量较小；有些与B类散货同名，但已经过抗氧处理或某些物质含量较小。在C类货物中，有些还具有一定的毒性或腐蚀性。运输C类货物时，应注意测定其静止角。一般静止角小的散货的潜在移动性要大于同名的A类货物。

4. 既具有易流态化又具有化学危险的散装货物（Bulk materials which both liable to liquefy and to possess chemical hazards）

这类货物既可在附录A中查到，又可在附录B中查到，如煤、硫化金属精矿、铜精矿等。运输这类货物时，必须兼顾其易流态化特性和其化学危险性对运输安全的影响。

8.1.3　散装固体货物的特性

散装固体货物的特性主要有以下几个方面。

1. 粉尘危害

固体散货在装卸作业过程中，易产生粉尘，从而使作业人员暴露于粉尘中，对健康造成慢性危害。

有些货物产生的粉尘具有爆炸性，在装货、卸货和扫舱中尤其如此。在这期间，应进行充分通风，防止空气中充满粉尘，用水龙头冲洗而不用扫帚，使爆炸危险降至最低。如细末硫磺易于发生粉尘爆炸，特别是在卸货和扫舱中，因此细末硫磺不得散装运输。

2. 配载不当引起船舶结构上的损坏

由于一些散装固体货物的密度大，即积载因数（积载因数是指每1吨货物所占用的立方米数（m^3/t）小，如铁铬混合物，其积载因数仅为 $0.18\sim0.26m^3/t$。在货舱中装载时，对船舶结构产生较大的应力，尤其是当货物分布不均匀时，对船舶结构是一种潜在的威胁。

3. 航行中稳性的降低

造成航行中稳性降低的原因是散装固体货物的流动性和易流态性。

（1）流动性。货舱中的散装固体货物在航行中，尤其是在恶劣的天气和海况条件下容易发生货物移动，一方面会降低船舶稳性，另一方面对局部船体结构造成破坏。

散装固体货物的流动性用静止角来衡量。静止角是指能够自由流动的、非黏性颗粒物质的最大斜面角，即这类物质的圆锥形斜面和水平面之间的夹角，对于装入货舱中的货物，静止角就是在装舱过程中，自然形成的锥形体，其斜面和舱底水平面之间的夹角，示意图见图8-1。

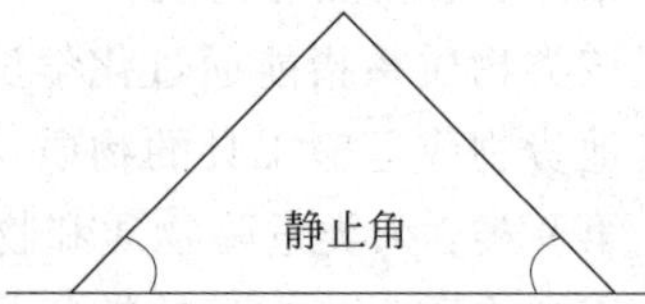

静止角的大小取决于货物的流动性。静止角大的货物流动性差；静止角小的货物流动性好。从运输安全的角度来衡量，静止角越小的货物危险性越大。当船舶在海上航行遇到风浪发生摇晃时，舱内的

图 8-1　静止角示意图

货物就会流向一侧,从而使船舶倾斜,严重的甚至倾覆。静止角大的货物相对就安全些。

货物的静止角并不是一个固定的常数,如滑石的静止角为 $20°\sim45°$,煤的静止角为 $30°\sim65°$。散装固体货物的静止角受很多因素的影响,如货物颗粒的大小、形状、表面状态、含水量、杂质等,凡能增加货物表面摩擦力的因素,都会降低货物的流动性。

(2) 易流态性。这里所说的"流态"并非指固体变成液体,而是某些货物从外观上看似干燥,实际上含有一定量的水分,当含水量超过一定的限度时,在船舶运动或震动条件下会析出水分,形成泥浆状的表层从而具有流动性,产生类似于液体的自由液面效应,降低船舶的稳性。

"流态"是具备两个条件才能发生的。一是货物的含水量超过一定限度而且至少有一定比例的小颗粒。完全干燥或完全由大颗粒、大块物质组成的货物不会"液化"。二是船舶的运动和震动。后者是无法避免的,所以只能通过限制货物的含水量来确保运输安全,即前面所介绍的流动水分点。

流动的货物可能随船舶的横摇从船舶的一侧流向另一侧,但当船舶又摇向另一侧时,货物不会完全流回来,船舶可能因此逐渐地倾斜以至于倾覆。

4. 化学危险性

有些货物在散装运输时会自行生热,由于散货堆积通风不良而积热不散,当达到货物自燃点时有自燃着火的危险,如种子饼、鱼粉、鱼渣及黑色金属的钻、削、旋、切屑等。

有些散装货物会放出有毒或易燃易爆气体;或造成强烈腐蚀;或造成缺氧;或发出放射性物质等。

因此,载运前一定要充分了解所载货物的物理性质或化学性质,否则,一旦发生危险就难以确定应采取怎样的预防措施来保证运输安全。

8.2　散装固体货物的安全适运条件

8.2.1　识别和分类

对散装固体危险货物而言,托运人在装船前应保证货物已达到 IMSBC Code 所要求的运输条件,并向主管机关和承运人提供有关货物的详细资料,所以首先需要对危险货物进行识别和分类。

(1) IMSBC Code 中的货物均被指定了一个散货运输名称(BCSN),一些货物还指定了一个联合国编号(UN)。如果某散货经海上运输,应在其运输单证上用这个散货运输名称予以识别。如果有指定的联合国编号,还应以联合国编号加以补充。

(2) 如果废弃货物是为处置或为处置前加工而运输的,该货物名称前须标有"废物"字样。

(3) 散装货物的正确识别有利于确定安全装运该货物的必要条件和适用的应急程序。

(4) 固体散货须酌情根据联合国《试验和标准手册》第Ⅲ部分的要求进行分类。若存在原产地国主管当局认可的试验程序,则 IMSBC Code 要求的固体散货的各种特性须按照此种程序以适合该货物的方式予以测定。若不存在此种试验程序,则固体散货的那些特性须按照 IMSBC Code 附录 2 所述的试验程序以适合该货物的方式予以测定。

8.2.2 提供信息

（1）在装载前，托运人应向承运人提供装运货物的详细信息，以便船方能够采取必要的措施对货物进行妥善积载和安全运输。

（2）这些信息应以书面形式通过适当的运输单证予以确认。货物信息包括以下内容。

① 若该货物已列入 IMSBC Code，则有散货运输名称。除散货运输名称之外，还可使用第二名称。

② 货物组别（A 和 B，A、B 或 C）。

③ 该货物的海事组织类别，如适用。

④ 该类货物的联合国编号，以字母 UN 开头，如适用。

⑤ 交运货物的总量。

⑥ 积载因数。

⑦ 平舱的需要和平舱程序，必要时。

⑧ 移动的可能性，包括静止角（如适用）。

⑨ 以证书形式提供的关于货物水分含量及精矿或其他易流态化货物的适运水分极限的附加信息。

⑩ 形成湿底的可能性（见 IMSBC Code 第 7.2.3 节）。

⑪ 货物可能产生的有毒或易燃气体，如适用。

⑫ 货物的易燃性、毒性、腐蚀性以及耗氧倾向，如适用。

⑬ 货物自热的特性，以及平舱的需要，如适用。

⑭ 与水接触释放出易燃气体的特性，如适用。

⑮ 放射特性，如适用。

⑯ 国家主管当局要求的任何其他相关信息。

（3）托运人提供的信息须随附一份声明。货物声明表格的样本见表 8-1。货物声明可用其他表格，可使用电子数据处理（EDP）或电子数据交换（EDI）技术，作为纸头单证的辅助手段。

8.2.3 测试证书

（1）为获得上述所要求的信息，托运人应安排货物妥善取样和试验。在装载港口向船长或其代表提供适当的测试证书。

（2）当船舶装运精矿或其他货物时，托运人须向船长或其代表提供一份经签字的适运水分极限证书和一份经签字的水分含量证书或声明。该适运水分极限证书须包括或另附测定适运水分极限的试验结果。该水分含量声明须包括或附有托运人的声明，表明就其所知和看法，在将该声明提交船长时，货物的水分含量是当时货物的平均水分含量。

（3）如果易流态化精矿或其他货物拟装入船上 1 个以上货舱，则水分含量证书或声明须证明装入各舱中的每一种细颗粒货物的水分含量。尽管有此规定，但是如果按国际或国家认可的标准程序进行的采样表明货物的水分含量对于整批货物是均匀的，则可接受一份关于所有货物处所平均水分含量的证书。

（4）如果具有化学危险的货物的明细表要求提交证书，则该证书须包括或另附托运人声明，表明就其所知，船舶装货当时的货物化学性质即为证书中所列者。

表 8-1　货物信息表

散装货物船运名	
托运人	运输单证编号
收货人	承运人
名称/运输工具 出发港/出发地点	指南或其他事项
到达港/目的地	
货物一般性描述(物质种类/颗粒大小)	总重(kg/t)

散装货物说明,如适用:

积载因数:

静止角,如适用:

平舱程序:

如有潜在危险的,化学特性 ＊:

＊ 例如:类别和联合国编号或者仅在散装运输时具有化学危险的物质

货物组别 □A 组和 B 组 ＊ □A 组 ＊ □B 组 □C 组 ＊ 易流态化货物(A 组及 A 和 B 组货物)	适运水分极限 运输时水分含量
货物的相关特殊性质(如:可快速溶于水)	补充证书 ＊ □水分含量和适运水分限制证书 □风化证书 □免除证书 □其他(需要说明) ＊ 如有要求的话
声明 　本人特此声明:对托运货物的说明全面而准确。据我所知,所给出的试验结果和其他说明准确无误,我也相信如此,该批货物可视为对拟装货物具有代表性。	签字人姓名/身份,公司/组织名称 地点和日期 代表托运人签字

8.2.4　采样程序

(1) 货样应是装货前货物的真实样本。

(2) 试样的采集应由熟悉货物特性、采样方法和采样步骤的人员进行。

(3) 采集试样前,应对货物进行检查,对看上去受到污染或性质明显不同、含水量明显不同的部分应分别采样和分析。根据测定结果,对不适于运输的那部分货物应拒绝装运。

（4）试样的采集应考虑以下因素：

① 货物的种类。

② 颗粒大小的分布。

③ 货物的组成成分及其差异。

④ 货物的储存方式。

⑤ 化学危险性（毒性、腐蚀性等），如堆积、装在铁路货车或其他容器内；货物的转运或装载方式，如利用传送带、装货滑槽、抓斗起重机等。

⑥ 需测定的特性，如含水量、流动水分点、货物密度/积载因数、静止角等。

⑦ 由于天气和自然排水条件等因素，在整批货物中水分分布的差异，如水分向货堆或容器底部的渗移或其他形式的移动。

⑧ 因货物冻结而产生的差异。

（5）在采样过程中，必须特别注意防止品质和特性的变化。采样后，试样应立即存放在合适的密封容器中，并妥善做出标记。

（6）取样方法必须是国际或国家认可的方法。在 IMSBC Code 中列出了精矿货堆的采样程序和一些国际标准化采样程序。

8.2.5　确定"适运水分极限"和"水分含量"的采样/试验与装载的间隔期

（1）固体散装货物的适运水分极限的测定试验须在装货之日前 6 个月内进行。尽管有此规定，但是如果货物成分或性质因某种原因发生了变化，在有理由认为此种变化已经发生的情况下，须再次进行试验以测定适运水分极限。

（2）测定水分含量的采样和试验时间应尽可能与装货时间接近。若从试验到装货期间遇到大的雨雪，则须进行核对试验，以确保货物水分含量仍低于适运水分极限。采样/试验与装货的间隔期不得超过 7 天。

冻结货物的试样，须在全部解冻后测定其适运水分极限或水分含量。

8.2.6　精矿货堆的采样程序

（1）因为物质的性质及其状态会影响采样程序的选择，所以目前对所有货物规定单一的采样方法是不切实际的。如果没有国际或国家承认的采样程序，则可使用下述精矿采样程序来测定适运水分极限和水分含量。这些程序无意取代可得出相等或更准确适运水分极限和水分含量的采样方法，如使用自动采样法。

（2）如果从平整的货堆中取样，则子样应在基本均布的格点上采集。

（3）画出货堆平面图，划分成区，根据待运精矿的数量，每区约包括 125t、250t 或 500t。此平面图将为采样人员指出所需子样的数量以及每一子样的采集点。每一子样应从指定区域的表面下约 50cm 处提取。

（4）所需子样的数量及试样的重量应由主管当局确定，或按下述比例确定：货重在 15000t 以下时，每 125t 货物应取子样 200g；货重超过 15000t 但少于 60000t 时，每 250t 货物应取子样 200g；货重在 60000t 以上时，每 500t 货物应取子样 200g。

（5）用于测定水分含量的子样，提取后应立即装入密封的容器中（如塑料袋、罐或小型金属桶），以便运往实验室。应在实验室将子样充分混合，以得到一份具有充分代表性的试样。如果试验场所没有试验设施，则子样应在货堆处且在控制条件下混合，然后将代表性试样装入密封容器中运往实验室。

(6) 基本采样步骤包括:

① 确定拟采样的货物;

② 按上述第 4 点确定所需子样和代表性试样的数量;

③ 确定子样的采样点和混合这些子样以取得代表性试样的方法;

④ 收集各子样并将它们封装在密封容器中;

⑤ 充分混合各子样,以得到代表性试样;

⑥ 如果需将试样运往试验室,则将代表性试样封装在密封容器中。

8.2.7　装运危险货物的船舶上要求配备的文件

(1) 每条装运散装固体危险货物的船舶须持有一份符合 SOLAS 公约第Ⅶ/7—2.2 条的特殊清单或舱单,列明危险货物及其位置。标明船载危险货物类别及其所在位置的详细积载图可用来代替此特殊清单或舱单。

(2) 船上装运散装固体危险货物时,须随船配备危险货物事故或事件应急反应的适当说明。

(3) 需满足 SOLAS 公约第Ⅱ/2—19.4 条(或第Ⅱ/2—54.3 条)的规定,即 1984 年 9 月 1 日或以后建造的 500 总吨以上的货船和 1992 年 2 月 1 日或以后建造的 500 总吨以下的货船,在装运散装固体危险货物(第 6.2 类和第 7 类除外)时,须持有《符合证明》。

8.2.8　测试方法

1. 静止角的测试方法

静止角的测试方法有多种,下列两种为常用的方法:

(1) 倾箱法。这是实验室测试方法,适合颗粒度不大于 10mm 的非黏性粒状物质,对黏性物质(所有潮湿散货和某些干散货)不适用。非黏性物质系指在运输期间,由于船舶运动,易于转移的干燥物质;黏性物质系指除非黏性物质以外的物质。

(2) 船上测定法。这是一种在没有倾箱测量仪时的测定近似静止角的替代方法。

这两种测试方法的具体内容和所使用的设备见 IMSBC Code 附录 2"实验室测试程序、使用仪器和标准"中的第 2 部分。

2. 易流态化货物的测试方法

易流态化货物是指至少含有一部分细颗粒和湿度(通常为水)的物质。这类货物在装载时可能呈干燥的颗粒状,但却可能含有相当的水分,由于航行中出现的沉积和震动作用使之流态化。

在运输中,如果这些货物的水分含量超过其适运水分极限,则会流态化。适运水分极限即公认为安全运输的最大含水量。目前,测定适运水分极限有流盘试验、插入度试验、葡氏/樊氏试验三种方法。这三种测试方法各有优点,应按实际情况或由主管机关选择。三种测试方法的具体内容和所使用的设备见 IMSBC Code 附录 2"实验室测试程序、使用仪器和标准"中的第一部分。

如果船方根据货物的外表状况怀疑其安全适运性,则可以在船上或岸边利用下述辅助方法近似测定货物的流动可能性。

(1) 取一圆筒或类似容器(0.5~1L),将物质的试样盛到容器的一半。

（2）用一只手提起容器，从高度约 0.2m 处砸向一硬表面，如硬桌面。以 1~2s 为间隔，重复 25 次。

（3）观察货样表面是否出现游离水分或流动状态。如果出现游离水分或流动状态，则在装货前必须进行实验室试验。

3. 含硝酸盐化肥自续放热分解试验

化肥自续放热分解系指在其中局部开始的分解将扩散至全部化肥。

用专门设计的试验槽试验可以测定化肥发生自续放热分解的倾向。试验中，将拟交付运输的化肥盛入水平试验槽中，使分解从局部开始，然后移去热源，测出其分解的扩散速度。具体内容和所使用的设备见 IMSBC Code 附录 2"实验室测试程序、使用仪器和标准"中的第 4 部分。

4. 抗爆性试验

对硝酸铵化肥还要进行抗爆性试验，以满足起运国主管机关的要求。

将试样装入钢管，以经受住爆药的爆炸震动。试验期间，钢管平置在铅柱上，以铅柱受到挤压的程度来确定爆炸的蔓延度。具体内容和所使用的设备见 IMSBC Code 附录 2"实验室测试程序、使用仪器和标准"中的第 5 部分。

5. 木炭自热试验

只有属于 MHB 的木炭才能散装运输，所以，对木炭应按 IMSBC Code 附录 2"实验室测试程序、使用仪器和标准"中的第 6 部分进行自热试验，证明其不属于第 4.2 类。

另外，在 IMSBC Code 中还介绍了固体散装货物的密度测量规范和货煤气体的监测程序等。

8.3　装 运 要 求

8.3.1　货物重量合理分配

为了避免船体结构受力过度，船舶应具有适度的稳性，散装货物在全船的重量合理分配是非常重要的。为此，托运人必须向船方提供有关货物的积载因数、以往货物发生移动的记录以及特别注意事项等详细资料。

1. 防止船体结构受力过度

一般情况下，普通杂货船的设计和构造在满舱满载时适于装载积载因数为 1.39~1.67m³/t 的货物。由于某些货物的密度较大，积载因数较小，不合理的重量分布可能会使承载货物的局部结构或整个船体受力过大。所以，当装载积载因数为 0.56m³/t 或以下的高密度散货时，应特别注意货物重量的合理分布，以避免船体产生过度的应力。船长应依照稳性资料手册中提供的装载信息和使用配载计算机所取得的结果（如果有）来进行配载。

若无法获得有关高密度散货的详细信息，建议采取下列预防措施：

（1）货物重量的纵向分布不应与正常合理的杂货分布相差太大；

（2）任何一舱中的货物最大吨数不应超过 $0.9LBD$(t)，其中 L 为货舱长度(m)，B 为货舱平均宽度(m)，D 为夏季满载吃水(m)；

（3）如果货物未经平舱或只经过部分平舱，从货物处所底部算起的相应堆尖高度不应超过 1.1D×积载因数(m)，其中积载因数以 m^3/t 为单位。

（4）若货物已经完全平舱，则任何底舱所装货物的最大吨数可由上述（2）中公式计算出的结果增加 20%，但必须符合（1）的要求。

（5）由于船舶底轴隧的加强作用，在机舱后部的底舱货物处所的装载量可超过（2）、（3）、（4）所规定数值的 10%，但必须符合（1）的要求。

2. 保证船舶具有适度的稳性

根据经修正的 SOLAS 1974 第 Ⅱ/1—22.1 条的规定，在受公约约束的所有船舶上必须配备稳性资料手册。装载 IMSBC Code 列明的、有特别装载和操作要求的货物时，船长应根据托运人提供的资料，计算出航程中最不利状态下及离港时的稳性，计算结果应表明稳性足够。

高密度货物应装载在底舱，而不是二层舱中。如果需要将高密度货物装载在二层舱或较高的货物处所时，应注意保证其下的甲板不得超负荷，并且稳性减小后不得低于船舶稳性报告书中的最小允许值。在运输高密度散货时，应特别注意估计 GM 值，以免 GM 值过高而引起船舶在大风浪中剧烈摇摆。

当将有可能产生移动的散货装载在二层舱中或未将货舱装满时，则应设置具有足够强度的止移板或漏斗。

8.3.2　货物装卸要求

装卸货物时应当遵照如下要求。

（1）在装货前应检查货舱，使其适于装载货物。

（2）船舶应保证污水沟管系、测深管系及舱内的其他管系处于良好状态。考虑到高密度散货装入货舱时具有较大的冲击力，装舱时应注意采取必要措施以防货舱设备受到损坏。在装货结束后，最好再次测量舱内污水沟的污水深度。

（3）应特别注意保持污水井和滤板畅通无阻。

（4）应采取措施，尽可能减少粉尘与甲板机械及助航仪器的接触。

（5）若可能，在装卸期间应关闭或遮盖通风系统，以减少粉尘进入船舶生活区或其他舱室。

8.3.3　平舱措施

平舱系指在货舱内对部分货物或全部货物进行平整。对货物进行平舱可减少货物移动的可能性，并能最大限度地减少可能导致自热的空气进入货物。平舱可利用装货滑槽、装货筒、便携机器、设备或人力进行。

（1）货物处所应尽量装满，但不应超过底舱或二层甲板强度。货物应尽可能合理地平整到货物处所边界。

（2）所需平舱程度根据货物的特性决定。托运人在装货前应以书面形式提供所有有关货物平舱资料。

（3）通过平舱有效减少货物移动的措施，对于船长 100m 及以下的船舶尤其重要。

（4）对于多层甲板的船舶，如果货物仅装入底舱，则应进行充分平舱以使货物重量均匀分布在舱底板上；如在二层舱中装载货物时，货物资料载明敞开二层盖会使舱底结构的应力超负荷，则应关闭一层舱盖。货物应予以合理平舱并将货面平至两舷，或者利用具有足够强度的纵向隔板进行稳定,同时应注意二层甲板的安全载荷能力,保证甲板不超载。

（5）对于黏性货物按上述要求进行平舱。

（6）对于非黏性货物的平舱应根据静止角的大小进行。

① 静止角小于或等于 30°的非黏性货物会像谷物一样自由流动,应按谷物积载规定进行运输,并且应考虑货物的密度以确定隔板和漏斗边壁的尺寸和稳定性,以及自由货面对稳性的影响。

② 静止角大于 30°但小于等于 35°的非黏性货物的平舱应满足:货物表面的不平整程度即货物表面最高点与最低点间的垂直距离(Δh)应不超过 $B/10$,其中 B 为船宽(m),Δh 的最大允许值为 1.5m。Δh 不能测量时,如果装货中使用了主管机关认可的平舱设备,则装载亦可接受。

③ 静止角大于 35°的非黏性货物,装载中应特别注意使货物均匀,避免在货物平整表面外部和舱壁之间形成宽而陡的空当。货物表面的倾角应平整到远小于静止角。

8.3.4　积载和隔离要求

由于散装固体危险货物没有包装保护,因此较同种包装危险货物的积载隔离要求更为严格,而且散装货物大多数是整船装运的,因此对积载处所的要求也更严。

1. 一般要求

（1）对于具有化学危险性的散装固体货物,在装载时必须将性质不相容的物质隔离,隔离还应考虑已经识别的任何副危险性。

（2）除了各类物质之间的一般隔离要求外,可能还需要与增加其危险性的其他物质隔离。就与易燃物质的隔离而言,不包括包装材料、天花板和垫舱材料,但应减少垫舱物料的使用。

（3）为了隔离不相容的物质,"货舱"和"舱室"系指由钢质舱壁或船壳板和钢质甲板围蔽起来的装货处所。这类处所的围壁应为防火和防液的。

（4）当散装运输两种或两种以上不相容物质时,它们之间的隔离要求应至少与"散装固体危险货物隔离表"(见表 8-2)的要求等效。

（5）如果同一货舱中装有不同隔离等级的货物,则应按各等级中最严格的隔离要求对所有货物进行隔离。

（6）当固体散货与包装危险货物同船运输时,它们之间的隔离应至少符合"散装固体危险货物与包装危险货物之间的隔离表"的要求。

（7）不相容货物不应同时装卸,特别要避免对食品的污染。在这种情况下,当一种货物装卸完毕、下一种货物装卸之前,应关闭每个货物处所的舱盖并清除甲板上的残留物。

（8）为防止污染,标志为有毒的货物应与一切食品隔离。

（9）可能产生的毒气足以危害健康的物质,不得装载在能使毒气渗入起居处所、工作区或通风系统的货舱中。

（10）腐蚀强度足以损害人体组织或船舶结构的物质,只有在采取了充分的预防措施和保护措施之后方可装船。

（11）卸出有毒物质后,必须对用于运输这些物质的货物处所的污染状况进行检查。在用于装载其他货物特别是食品之前,必须对受到污染的货舱进行彻底清洗和检查。

（12）卸货后必须对船舶进行仔细检查,以便在载运其他货物之前将残余物清除。在运输了具有腐蚀性的物质后,此项检查尤为重要。

表 8-2　散装固体危险货物隔离表

货物类型	类别	4.1	4.2	4.3	5.1	6.1	7	8	9	MHB
易燃固体	4.1	×	—	—	—	—	—	—	—	—
易自燃物质	4.2	2	×	—	—	—	—	—	—	—
遇水放出易燃气体的物质	4.3	3	3	×	—	—	—	—	—	—
氧化性物质（氧化剂）	5.1	3	3	3	×	—	—	—	—	—
有毒物质	6.1	×	×	×	×	×	—	—	—	—
放射性物质	7	2	2	2	2	2	×	—	—	—
腐蚀性物质	8	2	2	2	2	×	2	×	—	—
杂类危险物质和物品	9	×	×	×	×	×	2	×	×	—
仅在散装时有危险的物质	MHB	—	—	—	—	—	—	—	—	—
货物类型	类别	4.1	4.2	4.3	5.1	6.1	7	8	9	MHB

注：1. 2 为隔离，在舱内积载时，装在不同的货舱中，只有中间甲板是防火和防液时，才可接受垂向隔离（即在不同的舱室中积载）为等效隔离。

2. 3 为用一整个舱室或货舱隔离，垂直或水平分隔，如果中间甲板不是防火和防液的，则只能用一介于中间的整个舱室或货舱做纵向隔离。

3. × 为无一般隔离要求，应查阅 IMSBC Code 的条目和 IMDG Code 中的"危险货物一览表"。

（13）对于在紧急情况下应将舱盖打开的货物，货舱的舱盖应保持随时能够打开的状态。

2. 特殊要求

（1）第 4 类物质。这类物质应尽可能保持凉爽和干燥，并在远离一切热源和火源的处所积载。电器设备和电缆应处于良好状态，并要妥善保护，避免短路和产生电火花。如果要求舱壁适合于用作隔离的条件，则穿过甲板和舱壁的电缆及导管处应作密封处理，以防有害气体和蒸气通过。散发出的气体能与空气形成可爆混合物的货物，应在有机械通风的处所积载。应严格禁止在危险区内吸烟，并应显著标示"严禁吸烟"字样。

（2）第 5.1 类物质。这类货物必须尽可能保持凉爽和干燥，并在远离一切热源和火源的处所积载。这些货物还应与其他可燃物质隔离积载。装载此类货物之前，应特别注意保证货舱清洁。尽可能使用不燃的固定和防护材料，最小限度地使用干燥垫舱木。应采取防护措施，防止氧化性物质渗入其他货物处所或舱底等处。

（3）第 7 类物质。用于载运低比度放射性物质（LSA-Ⅰ）和表面污染体（SCO-Ⅰ）的货物处所，不得用于装载其他货物，除非经过合格人员消除了放射性污染，使任何表面上非固定污染平均每 $300\,cm^2$ 不超过下述水平：

$4Bq/cm^2$ $(10^{-4}\mu Ci/cm^2)$	β 和 γ 放射源和低毒性的 α 放射源；天然铀；天然钍；铀-235 或铀-238；钍-228 和钍-230 的矿石、物理或化学精矿；半衰期低于 10 天的放射性核素
$0.4Bq/cm^2$ $(10^{-5}\mu Ci/cm^2)$	所有其他 α 放射源

（4）第 8 类物质或具有类似性质的物质。这类物质应尽可能保持干燥。在装载此类货

物之前,应注意保证货舱的清洁和干燥。应防止此类货物漏入其他货物处所、污水沟、污水井及舱壁护板间的缝隙。卸货后应特别注意货物处所的清扫,因为这类货物的残渣可能对船体结构具有极强的腐蚀性。最好用水冲洗后再进行干燥处理。

8.3.5　人员的安全措施

1. 一般要求

在装载、装运和卸载散装固体散货之前和期间,须遵守所有必要的安全预防措施。每艘船舶须配备一套处理散装固体危险货物事故的应急反应和医疗急救指南。

2. 对于中毒、腐蚀和窒息危险

某些散装固体货物易于氧化,从而造成缺氧、散发毒气或烟雾及自热。某些货物不易于氧化,但可能散发毒性气体,尤其是在潮湿时。还有一些货物潮湿时对皮肤、眼睛、黏膜或对船舶结构具有腐蚀性。在装运这些货物时,须特别注意人身防护以及在装载前或卸载后采取必要的特别预防措施。

须适当注意货物处所及其毗邻处所可能缺氧或存在毒性、窒息性气体,而且曾在一段时间内保持关闭状态的空货物处所或液舱中的氧气可能不足以维持生命。

很多固体散装货物容易在货物处所或液体舱内造成缺氧。这类货物包括但不限于大多数植物和林木制品、黑色金属、硫金属矿和货煤等。

进入船上封闭处所之前,须遵守适当的程序,同时考虑国际海事组织制定的建议案。需要注意的是,经测试发现可安全进入的货物处所或液舱中,仍可能存在缺氧或存在有毒气体的局部区域。

在运输易散发有毒气体或易燃气体和(或)易造成货物处所缺氧的散货时,须配备可测量货物处所内气体或氧气浓度的合适仪器。

在紧急情况下进入货物处所时,须佩戴自给式呼吸器和防护服,总是在负责的高级船员的监督下由经过训练的人员进入。

3. 粉尘对健康的危害

为了将因人体暴露于某些固体散货粉尘中所造成的慢性和急性危险减小到最低程度,那些暴露于粉尘中的人员需要高标准的个人卫生,这一点无论怎样强调也不过分。须根据需要采取预防措施,包括使用合适的呼吸保护装置、穿防护服、涂抹护肤膏、充分的人体冲洗和外衣洗涤。

4. 易燃混合气、易燃粉尘的危险

某些固体散装货物产生的粉尘会构成爆炸危险,特别是在装载、卸载和清扫时。通风以防止形成充满粉尘的空气以及用水龙头冲洗而不用扫把清扫,会使爆炸危险减至最小。

某些货物可能放出大量的可燃气体,足以构成火灾或爆炸危险。若货物的这一性质列明在货物明细表中或者托运人提供的货物信息中,则货物处所须根据需要进行有效通风。须使用适当气体探测器对货物处所内的空气进行监测,并须充分注意通风和监测货物处所的毗邻封闭处所中的空气。

5. 通风措施

如果所载运的货物可以释放有毒、腐蚀、窒息或易燃的气体,则货物处所应提供有效的通风。通风系指从货物处所外向内交换空气,使处所内积聚的易燃气体或蒸气降低到爆炸下限以下,或使有毒气体、蒸气或粉尘含量保持在安全水平,或使含氧量恢复到正常

水平。

在运输这些货物时,应配备可测量货物处所内气体或氧气浓度的适当仪器。未经检测确认安全,不允许人员进入封闭处所。紧急情况下进入货物处所必须佩戴自给式呼吸器和穿防护服,在负责的高级船员的监督下由经过训练的人员进行。

根据 IMSBC Code 的条目或托运人提供的信息,选择合适的通风方法。可选择的通风方法有:

(1) 自然通风。即指不需要动力进行的通风,通过管道和(或)其他适当设计开口提供空气流通。

(2) 表面通风。即指仅在货物表面进行的通风。

(3) 机械通风。即指通过动力进行的通风。

(4) 持续通风。即指一直持续不断地进行的通风。

6. 正在途中熏蒸的货物

为保证人员安全,正在途中熏蒸的化物须按照 IMO 制定的《船上安全使用杀虫剂的建议案》中的规定(第 MSC. 1/Circ. 1264 号通函)。

煤炭的装运特点

煤炭是主要的能源之一,在海运运量中占有相当的比重。在 BC 规则中被列为仅在散装运输时会产生危险,同时又有易流态化性质的货物。

1. 煤炭的主要特性

煤炭的主要成分是固定碳、挥发物(氢、氧、一氧化碳、硫、磷、甲烷等)及灰分等,其与运输有关的主要特性如下。

(1) 会产生可燃易爆气体。煤炭会产生甲烷气体,由于甲烷较空气轻,会积存于货舱的上部,当空气中甲烷的含量达到 $5\%\sim15\%$ 时便成为可爆性气体,遇明火即可爆炸。

(2) 具有自热和自燃性。煤炭在空气中会氧化而放出热量,当热量积聚达到其自燃点时便会自燃。挥发物含量越高的煤炭越易自燃。煤炭在自燃的同时会产生一氧化碳,人员吸入有毒,而且煤炭的氧化会使舱内缺氧,二氧化碳增多。

(3) 煤炭的粉尘在空气中含量达到 $10\sim30g/m^3$ 时,遇明火也会爆炸。

(4) 煤炭(粉)具有易流态化的特性。

2. 煤炭的装运要求

(1) 装运前,应弄清拟运煤炭所属种类、特性、岸上堆存时间、煤堆温湿度、开采季节等,煤中应不含杂草、粪便、废油渣等有机物质。若煤温达 35℃ 及以上或含水量过大者应拒绝装船。

(2) 货物装船前,船舶应做好以下工作:货舱,包括可移动的舱壁护板都必须清洁、干燥,清除舱内残存的一切垃圾杂物;污水沟(井)必须畅通并封盖其盖板,以防被煤粉堵塞;货舱及其毗邻舱室内的电缆、电气设备的技术状况必须良好、符合安全规定并能在含有甲烷或粉尘的空间安全使用,备妥安全灯,货舱内的电气设备均应为防爆型;船上 CO_2 灭火系统(包括烟雾探测器)、货舱管系、CO_2 钢瓶、CO_2 站的照明灯和门锁等均应处于良好的备用状态。

(3)货物应避免装于热源附近。在靠近机舱舱壁处,应采用斜坡式装载,以减少机舱对煤的传热增温。煤舱下的双层底中所装的燃油黏度不宜太大,尽量做到不加温或少加温。

(4)货煤装毕必须进行合理平舱。

(5)货舱及其毗邻舱室应禁止一切明火作业。人员进入装有煤炭的舱室时,不能穿能产生静电的服装;装有煤炭的货舱上的甲板区域内,所有非防爆型电气设备均应切断电源。

(6)装货期间及装货后不久的一段时间内,应对易进入易燃气体的舱室,如起货机室、配电室、物料间等进行通风并禁止吸烟和明火作业。

(7)装运煤炭的船舶应做到快装、快卸,尽量缩短货物在船时间,以避免其自燃。

(8)运输途中必须经常测温并做好记录。如货温较低且稳定应进行间断性的持续通风,以排除有害气体。经验认为,煤炭装船后应先进行 4～5d 的表面通风,然后,每隔一天进行表面通风 6 h,即可达到排除可燃气体的目的,并可根据不同季节、地区特点、外界气温,采取甲板喷水的降温措施。

(9)当舱内货温接近 45℃ 时,应立即停止通风,封闭货舱及通风筒,防止空气进入货舱。如货温继续升高并有烟雾,则应在严格封舱的前提下有步骤地施放足量的 CO_2 进行灭火。不能用海水冷却煤炭或灭火。

(10)在开舱卸货前,应对货舱进行通风,以排除有害气体,确保人员安全。人员不得随意进入可能积存甲烷气体或缺氧的舱室,必须进入时,应先对舱室进行检测并确认其安全或佩戴自给式呼吸器。

资料来源:船舶货运

职业指导

(1)企业的实际需求:掌握固体散货的相关知识,可以在工作中正确地托运和安排运输,从而保护货物在运输过程中不被损坏,提高运输质量,同时有利于提高货物在运输、装卸、仓储各环节的工作安全性和高效性。

(2)固体散货知识在企业中的应用要点:根据货物的具体情况选择适合的运输方式;合理地安排托运、装卸、积载、运输、交接等。

(3)学生应该具备的基本素养和专业技能:熟悉散装固体货物的定义、分类及特性;掌握散装货物的识别、分类、测试、采样、配备文件以及积载、装卸、隔离等内容。

实训项目

以小组为单位(4～6 人为一组)开展以下实训内容:

(1)以特定货物为例,说出装运该货物时的一般要求及附加要求;

(2)选择某一散装固体货物运输案例,分别扮演托运人、承运人、港方、收货人等完成整个运输过程。

练习题

1. 选择题

(1) 有些物质仅在散装时具有一定的化学危险性,这类物质简称(　　　)。

    A. MHB　　　　　　B. NLS　　　　　　C. LSA　　　　　　D. SCO

(2) 根据固体散货的特性,静止角较小的固体散货(　　　)。

    A. 易流态化　　　　　　　　　　B. 流动水分点较大

    C. 在运输中易移动　　　　　　　D. 在运输中不易移动

(3)《BC 规则》是指(　　　)。

    A. 木材甲板船安全操作规则　　　B. 散装谷物安全运输规则

    C. 固体散货安全操作规则　　　　D. 散装危险货物运输规则

(4) 散装货船航行中稳性减小或丧失的原因可能是(　　　)。

    A. 未平舱导致货物移动　　　　　B. 易流态化货物呈流态化

    C. 双层底油水的消耗　　　　　　D. 以上均是

(5) 下列选项中(　　　)是固体散货船在运输过程中造成船体结构损坏的原因。

    A. 各舱重量分配不合理　　　　　B. 货物的化学反应

    C. 散货表面出现大量液体　　　　D. 航行中船舶震动

2. 简答题

(1) 什么是散装固体危险货物?散装固体危险货物具有哪些一般特性和危险特性?

(2) 散装固体危险货物是如何进行分类的?

(3) 运输散装固体危险货物时托运人应向承运人提供哪些详细信息?

(4) 简述散装固体危险货物积载隔离的一般要求。

(5) 适用水分极限有何意义?其测试方法有哪些?

(6) 货物的静止角有何意义?其测试方法有哪些?

(7) 散装固体危险货物有哪些危险性?运输中应采取哪些措施以保证安全?

(8) 散装固体危险货物装运中的平舱有什么作用?通风有哪些作用?

(9) 散装固体危险货物装运中在人员安全方面可采取哪些措施?

CHAPTER ·

第 9 章

危险货物的应急管理

 引导案例

某航运公司制定的船舶载运危险品货物"次氯酸钙"的火灾应急预案和应急处置措施

1. 编制依据

依据国际海事组织发布的《国际海运危险货物规则》制定本专项应急预案。

2. 适用范围

本专项应急预案适用于我司自有船舶运载最新版《国际海运危险货物规则》危险货物一览表中 UN2880 和 UN3487 次氯酸钙产品,上述产品的分类鉴别应以我司认可的具有资质的鉴定机构判定为准。

3. 应急处置基本原则

船舶在运载危险化学品货物次氯酸钙过程中,对造成或可能造成的危害、隐患要做到充分估计,坚持"安全第一,预防为主,综合治理"的原则,建立健全各项防范措施;当发生火灾、爆炸、溢漏、毒害等突发性事件时,采取有效的应急措施,尽最大努力减少人身伤亡,环境危害和财产损失。

4. 应急组织

船长为船舶应急总指挥,大副为事故现场指挥员,所有船员应在船长、大副的统一指挥下开展突发事件的应急处置工作。

5. 预防措施

(1) 装运次氯酸钙的危险性较高,船方一定要把握好预配、监管、消防准备等关键环节,确保运输次氯酸钙时的安全。

(2) 积载要求。必须严格按照《国际海运危险货物规则》的有关要求进行次氯酸钙货物集装箱的配载和隔离。相关集装箱应装载在船舶甲板第一层或第二层,远离热源、避免阳光直射并与其他危险品类货物进行符合规则规定的隔离。因船舶单根消防皮龙长度通常在20~25 米,为便于紧急状况下的抢险作业,相关集装箱不宜装载在船舶横向中部位置,以便快速进行消防栓和专用破拆消防工具的连接,并便于打开箱门。

(3) 冷藏集装箱运输要求。当使用冷藏箱运输次氯酸钙时,规定冷藏箱参数设定为:温度+10℃,通风量 40 立方米/小时,相对湿度 50%。

（4）装船前检查。船舶负责危险品货物装船前检查，包括单证审核和箱体外观检查。负责次氯酸钙货物装货监督，确保实际装载位置与预配位置一致。负责检查相关危险品集装箱标牌和标记粘贴是否准确和完整。

（5）运输途中管理。船舶应根据体系文件要求负责危险货物在航期间的检查和记录，特别是使用冷藏箱运输次氯酸钙时，要核查冷藏箱参数的设定并确保冷藏箱工况正常。负责相关危险品货物的过境港、目的港申报。

6. 应急器材准备

船舶应配备合适的消防器材、消防员装备、防化服等装备和集装箱破拆工具等。全体船员应熟悉掌握船舶消防救生等器材使用方法、配备情况和存放位置，在发生紧急情况时要做到熟练操作、随时取用；船舶还应在适当的场所张贴消防救生等器材的存放位置图和操作示意图。

7. 应急演练

船舶在装运危险品货物时应根据体系文件要求编制《危险货物应急应变措施表》，报送岸基值班室，同时抄送公司总调度室。定期进行针对危险化学品货物燃烧、爆炸、毒害等项目进行演习训练工作，全面提高船员的应急应变能力。严格按照应急预案的要求落实各项应急准备和演练。

8. 险情报告

船舶发生载运危险化学品货物险情时，应按照《应急程序》的要求立即报告岸基值班室和公司总调度室。

9. 应急措施

（1）火灾应急措施。总体建议：在火灾中，暴露的货物可能爆炸或其包装可能破裂。船员应了解爆炸的危险并采取相应的措施。尽可能在远处有保护位置上灭火。突发或瞬间爆发（如爆炸）可能危及船舶安全。甲板集装箱货物着火，可用大量的水冷却箱体，在安全的前提下，如实际可行，用破拆工具破箱后，向火灾集装箱内大量灌水灭火。

如货物暴露在火中，不要移动已暴露受热的包件。如实际可行，清除或抛弃可能着火的包件。假如包件没有直接着火，要尽量防止其着火，通常的做法是在尽可能的远处用水枪驱赶火势，而不让包件着火。如果货物着火了，消防人员须撤离至安全地方继续灭火。如可行，暴露于火中的货物应与没有暴露于火里的货物分隔开来。货物需要保持潮湿，并在安全的距离监控。

消防人员要穿戴适当的防护服并配备自给式呼吸器，加强自我保护，避免人员伤亡。在布置和实施应急消防措施的同时，布置好可能的救生弃船应急准备。

（2）溢漏应急措施。总体建议：穿戴合适的防护服并配备自给式呼吸器。避免所有着火源（如明火、无防护灯、电动手工工具、摩擦）。穿戴防火花的软底鞋。如实际可行，立即阻止溢漏。

舱面溢漏时用大量水将溢漏物冲洗下船，清除污水。

（3）准备使用危险货物事故医疗急救指南（MFAG）。

（4）岸基应急保障。公司收到船舶险情报告后，应根据突发事件的类别、性质、严重程度等情况由公司应急总指挥视情决定是否启动公司专项应急预案为船舶提供必要的岸基应急保障。

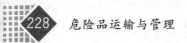

10. 应急结束

经船舶总指挥(船长)确认,突发事件现场得以控制、环境符合有关标准,可能会导致次生、衍生事件的隐患消除后,船舶向岸基值班室和公司总调度室报告请示,经公司应急总指挥批准同意宣布应急终止后,现场应急处置工作结束。

资料来源:http://www.ycseaman.com/bencandy.php? fid-65-id-13573-page-1.htm

案例解析:在危险货物的运输、装卸、储存保管过程中,一旦发生事故,如何采取及时、有序、有效的应急措施来控制事态的发展,使事故造成的危害降至最低程度非常重要。因此每一个从事危险货物运输的船舶、企业和地区都必须防患于未然,预先作好应急预案,建立起一套应急方案,制订事故应急计划,建立应急队伍,配备应急器材,发生事故时可以迅速按应急预案采取应急行动,使危害和损失降至最低程度。

本案例涉及的主要知识点:应急措施。

➡ 学习导航

重点掌握危险货物事故应急程序和医疗急救指南。

▶ 教学建议

本章的备课要点:火灾和溢漏事故的一般、通用准则和应急程序;危险货物事故医疗急救指南;医疗急救的"三步法"。教学以理论为主,实训为辅,采用多媒体教学,穿插案例讲解。建议授课学时为 4 学时。

9.1 《船舶载运危险货物事故应急措施》(EmS)

9.1.1 《船舶载运危险货物事故应急措施》(EmS)简介

IMDG Code 第 36 版收编的 EmS 指南是 2012 年 5 月海上安全委员会在第 90 次会议上通过的,EmS 指南的英文全名为 The EmS Guide-Emergency Procedures for Ships Carrying Dangerous Goods。编制该指南的目的是为在 IMDG Code 中所列货物的火灾和溢漏事故应急提供建议。该指南明确说明不包括散装货物和非危险货物等其他火灾。该修正案于 2013 年 1 月 1 日起自愿实施,于 2014 年 1 月 1 日起强制生效。

EmS 指南依据《国际安全管理规则》(ISM Code)的要求,所有船舶和负责船舶运行的公司应建立一套船舶安全管理体系(SMS),在这个体系里应有对船上潜在的紧急情况的反应措施。指南的意图是帮助船东、船舶经营人和其他有关方面建立这样的应急计划,并汇总到船舶的应急计划中去。

在火灾和溢漏事故中,应根据船上应急计划采取及时的行动。在涉及危险货物的事故中,应根据本指南针对具体的危险货物、船型、危险货物包装的类型和数量、积载位置(舱内还是舱面)、是火灾还是溢漏事故等指导采取正确的行动。行动的具体内容应结合针对每条船(包括船上设备)制订的应急计划。

当船舶发生危险货物溢漏或可能的溢漏时,应向最近的沿海国或船舶报告系统指定的岸台报告。

该指南的结构和使用方法如下。

（1）一般准则（The General Introductions）：应在任何紧急事故发生之前熟悉内容，并结合到船舶日常的训练制度中。

（2）通用导则（The General Guidelines）：在涉及包装危险货物事故发生时，首先查阅的内容。

（3）应急程序（Emergency Schedules）：针对具体涉及的危险货物应急的详细指导信息。

9.1.2　火灾（Fire）应急

1. 一般准则的内容

火灾应急的一般准则的内容如下。

（1）防备；

（2）确认涉及的危险货物；

（3）降温和窒息；

（4）寻求建议；

（5）撤离；

（6）灭火介质：水、固定式气体灭火系统、固定式压力水雾系统、泡沫、干粉灭火剂；

（7）对暴露到火中的危险货物的处置；

（8）个人防护；

（9）在灭火结束后的急救和行动；

（10）对各类危险货物消防的特殊说明。

2. 通用导则的内容

火灾应急通用导则的内容如下。

（1）首先要想到安全；

（2）避免与危险货物接触；

（3）远离火、烟雾和蒸气；

（4）报警并启动灭火程序；

（5）尽可能使步桥和生活区在上风；

（6）确定着火或释放烟雾货物的积载位置；

（7）确认货物；

（8）查找涉及事故危险货物的联合国编号和相应的 EmS 灭火程序；

（9）考虑灭火程序应用的方法并采取行动；

（10）检查是否有其他会卷入火灾的危险货物并确认它们的 EmS 灭火程序；

（11）穿戴合适的防护服并配戴自给式呼吸器；

（12）准备使用 MFAG；

（13）与船公司的责任人或救助协调机构联系获得对危险货物适当的应急行动建议。

3. 应急程序的内容

火灾应急程序的内容如下。

F-A：一般的灭火程序；

F-B：爆炸性物质和物品；

F-C：非易燃气体(在火中会爆炸)；

F-D：易燃气体；

F-E：不与水反应的易燃液体；

F-F：控温的自反应物质和有机过氧化物；

F-G：与水反应的物质；

F-H：具有爆炸性的氧化物质；

F-I：放射性物质；

F-J：非控温的自反应物质和有机过氧化物。

9.1.3 溢漏(Spillage or leakage)应急

1. 一般准则的内容

溢漏应急一般准则的内容如下。

(1) 防备；

(2) 个人防护；

(3) 通用响应行动；

(4) 货物的确认；

(5) 抢救；

(6) 隔离；

(7) 对溢漏事故应急反应；

(8) 寻找建议；

(9) 所用的处理介质；

(10) 溢漏处理后的行动；

(11) 首要的医疗救护；

(12) 对各危险货物类别的特殊事项。

2. 通用导则的内容

溢漏应急通用导则的内容如下。

(1) 首先要考虑安全；

(2) 避免与危险物质接触,不要踩踏溢出的液体或固体；

(3) 远离蒸气和气体；

(4) 报警；

(5) 尽可能保持步桥和生活区处于上风；

(6) 穿戴能抗化学品影响的全套防护服和自给式呼吸器；

(7) 找出溢漏货物的积载位置；

(8) 确认溢漏危险货物的联合国编号,考虑应用溢漏的应急措施；

(9) 应用 MFAG；

(10) 与船公司的责任人或救助协调机构联系,获得对危险货物适当的应急行动建议。

3. 应急程序的内容

溢漏应急程序的内容如下。

S-A：有毒物质；

S-B：腐蚀性物质；

S-C：易燃、腐蚀性物质；

S-D：易燃液体；

S-E：易燃液体、浮在水面；

S-F：水溶性海洋污染物；

S-G：易燃固体和自反应物质；

S-H：易燃固体(熔融的物质)；

S-I：易燃固体(可能重新包装)；

S-J：浸湿的爆炸品和某些自热物质；

S-K：控温的自反应物质；

S-L：自燃、与水反应物质；

S-M：引火性自燃物质；

S-N：与水发生强烈反应的物质；

S-O：遇湿危险的物质(不可收集的物品)；

S-P：遇湿危险的物 质(可收集的)；

S-Q：氧化物质；

S-R：有机过氧化物；

S-S：放射性物质 ；

S-T：有生物危害的物质；

S-U：气体(易燃、有毒或腐蚀性的)；

S-V：气体(非易燃、无毒的)；

S-W：氧化性气体；

S-X：爆炸性物品；

S-Y：爆炸性化合物；

S-Z：有毒的爆炸品。

9.1.4　火灾应急和溢漏应急的注意事项

1. 火灾应急的注意事项

(1) 一般注意事项。发生危险货物火灾时,首先要弄清楚是什么物质在燃烧,然后根据危险货物的理化性质采取相应的消防方法。具体可根据"EmS 指南"。一般而言,水是最有效、最方便的灭火剂,但对某些危险货物而言则会加剧火势,因此在扑灭火灾时应注意下列事项。

① 禁止用水扑救的危险货物：遇水生成可燃气体或有毒气体的物质,如钾、钠、钙、镁、钛、铝、碳化钙、三乙基铝等；遇水放出大量热量的物质,如硫酸、氯磺酸、三氧化硫等；比水轻的易燃液体,如汽油、乙醚、丙酮等；没有切断电源的火灾现场,用水灭火易造成触电事故。

② 禁用泡沫、酸碱灭火剂扑救的危险货物：这两类灭火剂内既含有酸性物质又含有水分,毒害品中的氰化钠、氰化钾以及其他氰化物,遇酸能生成剧毒、易燃的氰化氢气体,因此禁用酸碱灭火剂；对遇水能够反应的物质也不能使用,并且不能扑救带电设备的火灾。

③ 禁用二氧化碳灭火剂扑救的危险货物：遇水燃烧的物质,如金属钠、钾、钠汞齐等,

在高温条件下能夺取二氧化碳中的氧而继续燃烧;过氧化钠、过氧化钾等与二氧化碳反应放出氧气,也不能用二氧化碳灭火。

④ 禁用卤代烷灭火剂扑救的危险货物:活泼的金属,如钠、钾、镁等;本身是氧化剂的可燃物,如硝化纤维等。

⑤ 砂土不能用来扑救爆炸物质的火灾,否则会带来更大的危险。

⑥ 扑灭气体危险货物:堵塞气体来源是最主要的扑救方法,并用雾状水或二氧化碳喷射,切断火焰与喷出气体的接触,火焰即可扑灭,同时,将未着火的钢瓶转移到安全地带。

⑦ 虽然氧化剂与水会产生反应,但是使用大量的水是控制氧化剂火灾的最有效的方法。

(2) 各类危险货物火灾应急注意事项。

① 对于爆炸品的火灾,无论是切断空气还是用窒息材料隔绝都是无效的,用水灭火是最有效的方法。在最短的时间里尽可能用最大量的水是试图防止温度上升的唯一途径,而温度的上升能影响爆炸品的化学稳定性。如可行,清除或抛弃可能着火的包件,如包件没有直接卷入火灾,应尽最大努力防止包件着火,在尽可能远的安全地带用水喷射使货物保持潮湿;如果货物着火,消防人员应撤离至安全地区继续灭火。如可行,将暴露于火灾的物品与没有暴露于火灾的物品分开,保持潮湿,并在安全的地方监视。爆炸品发生火灾都应在坚实的掩蔽物后面进行灭火。如果危险性太大,消防人员可以将皮龙绑在围栏或固定物体上而不用人工操作。很多爆炸品会燃烧至爆炸点,因此要特别注意是否有整体爆炸的危险,这种爆炸会损坏船体。第1.1类或第1.5类货物存在发生整体爆炸的危险,从火势蔓延至发生整体爆炸的时间从几秒钟到几分钟不等。船长应判明卷入火灾的爆炸品的数量,几千克的爆炸品可能不会使船舶沉没,但超过这个数量就应考虑对船员安全和船舶稳性所造成的影响。

② 气体容器受热是最危险的,因为它可能会破裂、急速飞升或爆炸,所以在火灾中尽可能使用多个水龙喷水,保持气瓶冷却。如可行,清除或抛弃可能着火的包件,否则用水冷却几小时。乙炔具有潜在爆炸的危险,任何粗暴的操作或局部发热都可能导致日后发生爆炸,用水冷却几小时,不要挪动容器,对于经过任何粗暴的操作或局部发热的容器应抛弃。易燃气体从容器中溢漏,虽然没有燃烧但会与空气形成爆炸性的混合物,如果由溢漏气体引发的火灾在阻止溢漏之前于货舱内被扑灭的话,货舱内会聚集气体,这样会导致形成爆炸性混合物或有毒窒息性气体。对此情况应查阅溢漏应急措施。

③ 比水轻又不溶于水的易燃液体发生火灾时,可选用泡沫或干粉灭火。能溶于水或部分溶于水的易燃液体发生火灾时,可用雾状水、抗溶性泡沫、干粉或大量的水(不能使用水射流)进行扑救。遇水或受潮时有危险反应的易燃液体发生火灾时,禁止用水或泡沫扑救。

易燃液体着火时,直接向货物喷水非常危险,因为很多易燃液体漂浮在水面上,如果喷水会扩散液体而导致更大的危险。封闭的容器遇火会导致内压增大而使容器破裂。受热的易燃液体会释放出易燃易爆的蒸气,因此消防人员要站在有良好防护的位置向着火区域使用水喷雾以降低液体、空气和空气混合物的温度。

④ 第4类货物中浸湿的爆炸品具有第1类的性质,应查阅第1类爆炸品的特别注释和相关的火灾应急措施表,严禁使用砂土。易自燃物质和遇湿危险物质应首先选用干的惰性

粉末物质窒息灭火。遇湿危险的物质严禁使用水、酸碱式灭火剂、泡沫灭火剂、二氧化碳灭火剂。粉末物品不得使用水射流。

需要温度控制的自反应物质如果超过了控制温度,要检查冷藏设备。如果温度无法恢复,则需尽快咨询厂商;发生冒烟也需请教厂商。此时该货物需监管。

⑤ 第 5 类氧化剂物质的火灾一般需使用多个水龙喷雾。在船上扑灭这类物质着火是比较困难的,因为船上的消防设备可能不起作用,能做的是尽可能防止火蔓延到装有这类危险货物的容器。一旦火势蔓延到这类货物,人员须立即撤至有良好防护的位置。

需要温度控制的有机过氧化物如温度无法恢复,即使停止排烟,也应立即与厂商联系。灭火人员应在一个确认受到保护的地方雾状水灭火,当火灾扑灭后,应当保持对其监视,周围需隔离,因为液态物质有可能从泄放装置里喷射出来。

⑥ 接触和吸入有毒物质会中毒,所以在处理有毒物质事故时配戴自给式呼吸器和穿戴消防服很重要。感染性物质的病原体可在火灾中生存,所以要使用自给式呼吸器。

⑦ 放射性物质着火要有选择地使用水雾和水射流,保持邻近容器的冷却,如有可能,转移可能卷入火中的容器。

很多放射性物质以包装形式运输,其包装的设计能保持其对内装物的限制和屏蔽的功效。在严重火灾中,内装物的限制或屏蔽失效或关键的安全性能受到影响将会对人员产生极大的危害性。应避免任何装有第 7 类物质的包件长期暴露在高热的环境中,在紧急情况下尽可能用大量水喷淋保持冷却。如果放射性物质包件遭遇大火,应立即咨询专家。怀疑安全性能受损的包件和消防设备应尽快移走。装有放射性监测设备的船舶建议检测放射性程度。

⑧ 腐蚀性物质着火应有选择地使用水雾和水射流,保持邻近容器的冷却,如有可能,转移可能卷入火中的容器。这类货物燃烧会产生强烈的腐蚀性气体,需配戴自给式呼吸器。

⑨ 第 9 类货物一旦发生火灾,则根据其危险性参见相应的火灾应急措施。

2. 溢漏应急注意事项

(1) 一般注意事项。

① 船舶在港区、河流、湖泊和沿海水域发生危险货物泄漏事故,应立即向海事管理部门报告,并尽可能将泄露物收集起来,清除到岸上的接受设备中,不得任意倾倒。

② 船舶在航行中,为保护船舶和人命,不得不将泄漏物倾倒或将冲洗水排放到水中时,应尽快向就近的港务(航)监督机构报告。

③ 泄漏货物处理后,应对受污染处所进行清洗,消除危害。船舶发生强腐蚀性货物泄漏,应仔细检查是否对船舶造成结构上的损坏,必要时应申请船舶检验部门检验。

④ 危险货物运输中有关防污染要求,应符合我国有关环境保护法规的规定。

(2) 各类危险货物溢漏应急注意事项。各类危险货物溢漏应急措施的详细内容可根据该货物申报时提供的应急措施要求和查阅"EmS 指南"。处理各类危险货物溢漏时应注意以下事项。

① 一般来讲,保持爆炸品湿润将减少爆炸的危险,所以爆炸品溢漏应用水将其湿润,再收集起来或用大量水冲洗(对水域无污染的)。但某些爆炸混合物是稳定的,而水可以

将爆炸品与稳定剂分开,可能产生更大的危险,应将这类遇湿的爆炸物品抛弃,清除到船外。

② 在处理易燃气体溢漏时,可让其蒸发或飘逸,远离所有火源,喷水雾可降低气体被点燃的潜在危险,必须严禁火种;有毒气体发生溢漏,应迅速将溢漏容器转移至安全处所,戴上防毒面具,在上风处进行处置,拧紧钢瓶气嘴;船舶在航行中若怀疑货舱内有气体溢漏,在采取有效防范措施前,不允许进入货舱或其他封闭处所;在紧急情况下需要进入时,应由受过训练的人员,戴上自给式呼吸器去处理,必要时,还应穿戴防护服,整个过程应始终在值班驾驶人员监督下进行。在航船舶,舱面积载的容器发生溢漏时,应调整航向使溢漏的气体从下风向消散。若风向有利于气体的安全消散,可按正常的方法处置。

若不能迅速制止漏气现象,应立即将气瓶浸入水中,最好浸入石灰水中(液氨钢瓶不宜浸入石灰水中),以防止事故的扩大和剧毒气体的蔓延扩散。将漏气的钢瓶浸入水中,不仅可以降低钢瓶的温度,减小瓶内的压力,从而减弱或制止漏气现象,而且可以防止剧毒气体扩散到空气中去,因多数的剧毒气体能溶解于水,有的甚至能大量地溶解于水中。浸过剧毒气体的水,应撒入过量的石灰进行消毒。

③ 易燃液体包件发生溢漏时,应及时将溢漏部分向上,移至安全通风处,溢漏物可用砂土覆盖后扫净,也可用不与其发生反应的吸收材料加以吸收,或用大量的水冲洗(对水域无污染的),但不得将水直接喷到溢漏物上。

④ 第 4 类货物在干燥状态下为爆炸品的物质以及黄磷溢漏时,应迅速用水浸湿,然后收集在封闭的容器中妥善处理;接触空气即能燃烧的物质溢漏时,应立即用惰性材料(如硅藻土)覆盖,并用安全的方法清除;与水发生反应的货物溢漏时,禁止用水进行处理,收集后剩余的少量物质可用水进行大量冲洗,但必须注意周围不得有任何火种。

⑤ 氧化剂或有机过氧化物溢漏时,应小心地用惰性材料将溢漏物质收集起来,然后用大量的水冲洗残留物,严禁用木屑、棉纱等可燃物作为吸收材料,严禁将收集好的漏物重新装到完好的包装内,以免杂质混入发生危险。

⑥ 有毒物品发生溢漏时,应谨慎地将溢漏物品收集起来,撒漏处应及时地洗刷消毒,并注意防止扩大污染。

⑦ 感染性物质发生溢漏时,应立即阻止溢漏,将溢漏物质收集、隔离并覆盖,用类似漂白剂的产品彻底清洁被污染区域。立即通知有关防疫部门及收货人、发货人。

⑧ 发现放射性包件破损时,应由辐射防护人员进行检测。当内容物未溢漏时,操作人员应对包件进行修复;当内容物溢漏而造成污染或环境辐射水平增高时,应立即划定区域并做出标记,尽快进行处理。

⑨ 腐蚀品溢漏时,可用惰性吸收材料将溢漏物收集起来,并用大量清水冲洗溢漏处。大量溢漏时,酸性物质可用碱性稀溶液中和,碱性物质可用酸性稀溶液中和。处理人员应该穿戴防护用品,防止溢漏物飞溅到眼睛或者皮肤上。

⑩ 海洋污染物溢漏时,任何被冲到海里的海洋污染物都会污染海洋,所以应根据报告程序的规定,用最快的通信手段向最近沿岸国报告。无论怎样,保护海员的生命和满载货物的安全比防止海洋污染更重要。

9.2 医疗急救

《危险货物事故医疗急救指南》(Medical First Aid Guide for Use in Accidents Involving Dangerous Goods)是指由国际海事组织、世界卫生组织和国际劳工组织共同编写的《国际船用医疗指南》(IMGS)的增补本。该指南旨在利用船上所配备的有限器械,对化学中毒提供诊断所需要的建议。该指南中的建议是针对《国际海运危险货物规则》中所包括的物质、材料和物品,以及《固体散货安全操作规则》附录 B 中所包括的物质。该指南应与《国际海运危险货物规则》《固体散货安全操作规则》以及《船舶载运危险货物应急措施》中的资料配合使用。该指南包括的内容有:如何使用该指南;与船舶装运化学品危险有关的医疗建议;中毒的诊断、急救;中毒并发症;一般毒性危害;应急处理;化学物品急救表;药品录;等等。

9.2.1 《危险货物事故医疗急救指南》的结构

从结构上来看,指南的三部分内容,即紧急抢救和诊断问题图(见图 9-1 和图 9-2)、20 个"表"、15 个附录形成"三步法"。

第一步:紧急抢救——诊断。在进行紧急抢救和诊断时,先顺序回答紧急抢救和诊断问题图中的提问,并根据提示参见有关的"表"和"附录"。例如,在回答紧急抢救问题图中的提问"伤员不省人事吗?",如果回答"是",则根据提示"参见表 4";在回答诊断问题图中的提问"伤员现在处于昏迷状态吗?",如果回答"是",则根据提示"参见表 4 和附录 4"。

第二步:通过"表"的简要指导处置急救。"医疗急救指南"中的 20 个"表",分别给出了各种特殊情况处理的简要指导,如对"抢救""心肺复苏""输氧与控制通风""化学品引起的意识障碍""化学品引起的惊厥""中毒性精神错乱""眼睛接触化学品""皮肤接触化学品""吸入化学品""休克"等特殊情况处理的简要指导。救治者可根据紧急抢救和诊断问题表中给出的提示查阅相应的"表",以获取相应的医疗急救建议和指导。

第三步:通过"附录"的详细指导进行治疗。"医疗急救指南"中有 15 个"附录",分别提供了各种特殊情况处理的详细指导,以及药品和设备清单、物质清单等。同样,救治者可根据诊断问题表中给出的提示查阅相应的"附录",以获取更为详细的建议和指导。

《危险货物事故医疗急救指南》包括 20 张表和 15 个附录,其中 20 张表分别为:

表 1——抢救;

表 2——CPR(心肺复苏);

表 3——输氧与控制通风;

表 4——化学品引起的意识障碍;

表 5——化学品引起的惊厥(癫痫、痉挛);

表 6——中毒性精神错乱;

表 7——眼睛接触化学品;

表 8——皮肤接触化学品;

表 9——吸入化学品;

表 10——摄入化学品;

表 11——休克；

表 12——急性肾衰竭；

表 13——镇痛；

表 14——化学品引起的出血；

表 15——化学品引起的黄疸；

表 16——氢氟酸和氟化氢；

表 17——有机磷和氨基甲酸酯类农药；

表 18——氰化物；

表 19——甲醇和乙二醇；

表 20——放射性物质。

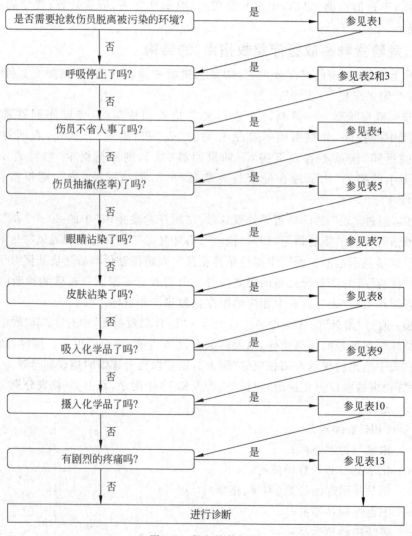

图 9-1　紧急抢救问题

在这些表中列明了化学品中毒所引起的各种症状以及医疗急救的方法与步骤。对一些引起伤害较严重及较特殊的物质则单独列出，如放射性物质、氢氟酸和氟化氢、有机磷

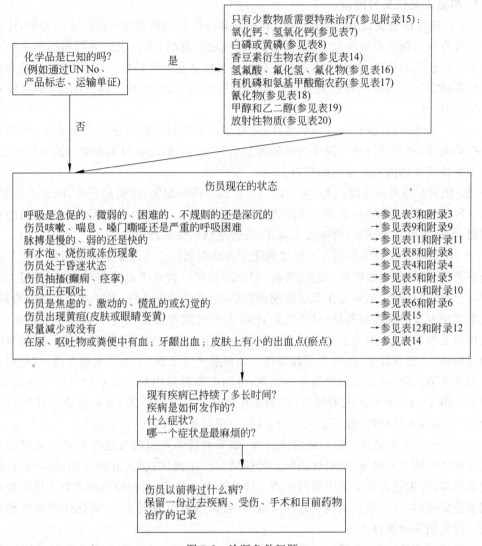

图 9-2　诊断急救问题

和氨基甲酸酯类农药、氰化物、甲醇和乙二醇等。

在表 1——抢救、表 2——心肺复苏（CPR）、表 3——输氧与控制通风 3 个表中，给出了进行抢救的具体步骤和操作方法，以及抢救人员的自我防护的具体要求。

除此 20 个表外，《危险货物事故医疗急救指南》还编入了 15 个附录，对上面所列的 20 个表进行细化与补充。具体为指南的 15 个附录中前 12 个附录与前 12 个表逐一对应，附录 13——补充液体；附录 14——药品和设备清单；附录 15——物质清单。

9.2.2　抢救及注意事项

1. 抢救伤员的一般原则

对于吞咽毒性物质进入消化系统的伤员，一般原则是对于口服性中毒、非腐蚀性中毒应立即催吐；强酸、强碱等腐蚀性中毒，不能催吐，应服用牛奶、蛋清；出现抽搐、呼吸困难、神志不清者不能催吐。

2. 事故现场伤员的抢救

（1）立即将伤员脱离被污染的环境，移至新鲜空气处。如果伤员被化学品污染，应剪掉或除去所有怀疑被污染的衣服，包括首饰、手表或随身物品，刷掉或擦去明显的污染物。小心保护未经包扎的伤口不受感染，盖好或包好伤员以防止污染扩散。初步处置后，将伤员从污染区移动至安全的空气新鲜的处所。如果伤员无法行走，用担架将其抬走，如果没有担架，应小心搬动。

到达安全处所后，应对伤员彻底清污，先对暴露的伤口和眼睛进行污染清除，然后是未经受伤的皮肤，用水轻轻地清洗受污染的地方至少 10 分钟，然后再用香皂和温水仔细清洗。注意不要让污染物进入未包扎的伤口。

（2）伤员眼睛溅入化学品时，应立即用大量的水清洗眼镜，将眼皮分开，除去隐形眼镜，将水从内眼角流至外眼角，清洗时可用表计时，彻底清洗 10 分钟。如现场没有流动的水可以利用，可以用脸盆盛满水，将头浸入水中，睁开眼睛转动眼球清洗。

（3）伤员皮肤接触化学品。皮肤接触化学品会引起局部化学品烧伤或冻伤。化学品烧伤类似烫伤，可引起皮肤红肿、发炎、疼痛、起泡和溃烂。被化学品烧伤时，应立即用大量的水冲洗至少 10 分钟。如果化学品已影响到眼睛，应优先给予重视，要立即用水清洗眼睛，再用肥皂或洗发液清洗接触部位（包括皮肤皱褶、指甲缝隙和头发）。全方位清洗灼伤部位时，不要用棉毛制品擦洗，因为它们可能会在伤口上留下碎屑。用温水浸湿的刷子轻轻擦洗剩余的污染物，一定要轻柔，否则会引起疼痛。如皮肤产生水泡，不要将水泡弄破，以免引起感染。如果水泡已破，可用无菌剪刀剪去死皮，再用干净容器中的温开水清洗出血的地方，清除残渣。用 5～10cm 厚的无菌绷带（例如多孔硅带或凡士林纱布）叠盖在烧伤或灼伤的伤口上，然后用吸水性材料（如一层无菌棉毛制品）覆盖并用合适的绷带包扎。

（4）伤员吸入化学品。吸入刺激性气体、烟雾或粉尘可引起气道痉挛或喉黏膜肿胀而造成咽喉部位或气道堵塞，刺激性烟气还可使肺泡产生液体；吸入有毒气体，如一氧化碳和氰化氢气体，可引起人体血液中毒而妨碍人体输送氧的功能，有机磷农药能对人体胸腔内呼吸机能造成障碍，吸入氯代烷能引起脑中毒等；吸入事故中的烟尘（二氧化碳或氮化物），由于空气缺氧而不能维持生命。

应从运输文件、标志或其他单证中获得化学品的信息，以确定是哪一种气体引起的伤害。如伤员呼吸困难，应立即提供氧气。与其让伤员虚弱地自主呼吸，不如对其进行良好的人工给氧呼吸，可用给氧面罩将口、鼻罩上，面罩必须紧贴于脸上以防止氧气泄漏。

（5）伤员抽搐（痉挛）。化学品引起的抽搐可在因直接刺激大脑的物质中毒时发生。此前伤员可能会焦虑不安。抽搐是无意识的肌肉收缩，其严重程度不同，可从肌肉颤抖直到全身挺直。发生痉挛时，伤员会出现短时间的神志不清，然后头痛、头脑混乱，接着通常会睡眠。严重时，伤员在发作间隙不会恢复神志。

中毒后伤员随时可能会出现抽搐并多次发生。发生越频繁，时间越长，对生命危害越大。暴露于某些化学品后，尤其是皮肤暴露后，抽搐可能延迟几个小时再发生。

抽搐的主要危险是通气受阻，导致组织的供氧量不足。如果受害者呼吸不充足，可以以每分钟 8 升氧气的量给氧。伤员在抽搐时可能会伤害自己，绝不要强迫限制其活动，不要将坚硬的物品放在伤员身边，以免造成伤员自身伤害或伤害他人。抽搐过后，由于伤员可能相当困倦和晕眩，应让伤员睡觉使之恢复，帮助伤员安下心来，在你确信他已清楚周围环境及自己的所作所为前不能离开他。

（6）伤员不省人事。有些化学品经大量的吸入或皮肤吸收，会迅速作用于大脑，使其意识低迷，出现不同程度的昏迷。长时间的皮肤接触或偶然摄入也能引起类似的反应，但其发作比较缓慢。所幸多数情况下，将伤员脱离污染环境后症状会迅速减轻。如伤员呼吸正常，只需要简单的清污处理，清除伤员口中的呕吐物，将伤员恢复到不省人事时的姿势，等待医疗专业人员救治。

如果伤员呼吸困难，每分钟正常深度呼吸不到 8 次，应将伤员背部向下平放，用一只手将头部用力向后倾斜，用另一只手抬起其颈部以缓解呼吸阻碍，一旦气道畅通，可插入格德尔导管，并按厂商说明书使用正压力手控氧气恢复袋，以每分钟 8 升的流速供氧。氧气袋应平均有力地挤压，以每分钟 12 次的频率释放。只要伤员能自主呼吸，可让其处于恢复自然姿势。

（7）伤员没有呼吸或心脏停止跳动。此时，应对伤员进行心肺复苏（CPR），具体步骤如下。

① 检查是否有呼吸。用一只手使伤员的头部尽量向后仰，另一只手把其颈部抬高以缓解受阻碍的呼吸。将其舌头前拉，吸出或擦洗掉过量的分泌物，清除嘴中和喉后部的呕吐物，将松动的假牙除去。由于在气道阻塞不通的情况下，胸部和腹部会鼓动，所以应倾听伤员是否有气流进出声。在看、听、感觉 5 秒钟后再确定其是否有呼吸。

② 检查心脏是否跳动。测脉搏，发生紧急情况时最容易找到脉搏的地方是颈动脉。摸找 5 秒钟后再确定是否已无脉搏。如果找不到脉搏或脉搏微弱，说明血液循环不良。如果有脉搏但无呼吸，则应以口对口或口对鼻方式进行人工呼吸。可快速呼吸 4 次且按每分钟吹气 12 次的速度连续进行。这时伤员胸部应有起伏。如果没有起伏现象，应检查以确保伤员的呼吸道清洁畅通。如果伤员受到了氰化物、有机磷酸酯或辐射污染，为了防止抢救人员被污染，不能采用口对口呼吸的方式，可采用袋阀面罩和供氧装置以连续改善其通气状况。提供氧气，除非有火灾和爆炸危险。

③ 检查是否有呼吸无脉搏。如确定伤员有呼吸而无脉搏，则应立即在现场进行心脏按压术。如有可能，应由两名抢救人员实施抢救，可做 5 次心脏按压，再向肺部吹气 1 次。不要延误。一名抢救人员也可完成任务，可做 15 次心脏按压并快速向肺吹气 2 次。应找到压力点（胸骨的下半部分，距离胸骨顶部约 4cm 处），压下胸骨 3cm，每分钟 80 到 100 次。

 **职业指导**

在危险品运输过程中，一旦遇到危险品事故，应按照预先制订的应急计划的要求采取应急行动。在船舶上要依据 EmS 对火灾和溢漏事故的建议采取相应的措施，如果事故对人体造成了影响，则要应用 MFAG 开展急救活动。通过本章内容的学习，学生能够具备的素养和专业技能有：了解危险品运输企业的应急计划的制订；熟练掌握 EmS 和 MFAG 的使用方法。

实训项目

将同学分为 8～10 人的小组，为某危险品物流公司制订一份应急计划。

📖 练习题

1. 选择题

（1）IMDG Code 中针对货物的火灾和溢漏事故应急提出建议的《船舶载运危险货物事故应急措施》,缩写为(   )。

    A. MFAG   B. EmS   C. EmO   D. SADT

（2）下列选项中(   )不属于危险品应急表的内容。

    A. 应急表编号   B. 应急措施和应急指南

    C. 危险品包装类别   D. 应配备的应急设备

（3）关于应急措施表的主要内容,以下说法正确的是(   )。

    A. 应急措施表提供了船舶应配备的专用应急器材和一般医疗急救常识

    B. 应急措施表提供了发生事故后应急处理的措施和特定危险品造成人员伤害的症状

    C. 应急措施表提供了船舶应配备的专用应急器材和事故发生后的应急处理程序

    D. 应急措施表提供了一般的急救常识和特定危险品造成人员伤害的治疗方案

（4）《危险货物事故医疗急救指南》的内容包括(   )。

    A. 化学品中毒的症状与诊断   B. 应急治疗指导

    C. 治疗用药品清单   D. A、B、C 都是

2. 简答题

（1）怎样查阅船舶载运危险货物应急措施表? 其内容主要是哪两方面的应急措施?

（2）扑灭危险货物火灾应注意哪些事项? 各类危险货物灭火时应注意哪些事项?

（3）危险货物溢漏应急应注意哪些事项? 各类危险货物溢漏处理应注意哪些事项?

（4）怎样使用医疗急救指南?

（5）如何进行心肺复苏?

参 考 文 献

[1] 周晶洁,周在青.危险货物运输与管理[M].上海:上海浦江教育出版社,2013.

[2] 刘敬贤,谭志荣,邓健,张迪.水路危险品运输与管理[M].武汉:武汉理工大学出版社,2015.

[3] 张硕慧.水上危险品安全运输管理[M].大连:大连海事大学出版社,2003.

[4] 周晶洁.危险品运输与仓储[M].大连:大连海事大学出版社,2009.

[5] 吴宗之,任常兴,多英全.危险品道路运输事故风险评价方法[M].北京:化学工业出版社,2014.

[6] 鲁广斌.国际货运代理实务及集装箱运输业务[M].北京:清华大学出版社,2010.

[7] 武德春,鲁广斌.集装箱运输管理[M].北京:机械工业出版社,2006.

[8] 国际海事组织海上安全委员会.国际海运危险货物规则[S].36版.2014.

[9] 中华人民共和国交通运输部.港口危险货物安全管理规定[S].2013.

[10] 中华人民共和国交通运输部.船舶载运危险货物安全监督管理规定[S].2003.

[11] 国际海事组织.国际海运固体散装货物规则[S].2009.

[12] 国际海事组织.国际散装运输危险化学品船舶构造和设备规则(2004年修正案)[S].2004.

[13] 国际海事组织.国际散装运输液化气体船舶构造和设备规则[S].1993.

[14] 中华人民共和国交通运输部.水路危险货物运输规则[S].北京:人民交通出版社,1996.

[15] 刘敏文.危险货物运输管理教程[M].北京:人民交通出版社,2008.